# 現代経営学再入門

経営学を学び直すための 基礎〜最新理論

手塚公登
小山明宏  編著
上田　泰
米山茂美

同友館

# まえがき

　経営学を構成する領域ごとに，その領域で学ばなければならない基本的な内容を1冊にまとめた旧『経営学再入門』は，大学で研究教育にかかわる方や，経営学に関心を持つ多くの実務家に受け容れられ，幸いなことに何度も版を重ねることができた。しかし，初版から約8年が経過して，その間，若干の改定を繰り返してきたとはいえ，経営学の急速な進歩に伴ってより新しい内容を含ませる必要性が高まっていた。そこで，発行元の同友館と相談の上，執筆者や内容を一新して新たに発行したのが，この『現代経営学再入門』である。

　内容を一新したとはいえ，もちろん，本書の基本的な狙いは旧著と変わるところはない。本書は，まだ経営学を勉強したことがない読者が初めて接する基本的な経営学の入門書であるだけではなく，経営学の勉強を始めたものの，知識の整理がうまくできないと感じる読者，さらにかつて経営学を学んだことはあるが，改めて体系的に学ぼうとする読者にとって，経営学の基本的な内容を1冊で鳥瞰するのに最適なものとなるように執筆されている。

　本書は全体で16の章から構成されている。その構成について簡単に紹介すると，まず，第1章から第4章までは，経営学の根幹となる最も基本的な領域を扱っている。特に第4章は，経営の問題に対する経済学的なアプローチに焦点を当てている。このアプローチは，経営学の学際的性格を反映して今日では特に関心を向けられているものである。

　第5章から第7章までは，特に組織の人的資源に焦点を当てている。従来の人事管理や人的資源管理のアプローチでは雇用する側の視点から議論が展開されることが一般的であるが，ほとんどの読者は，むしろ「雇用される側」である。第7章の内容はそのような読者を想定して展開されており，この視点の転換も今後の経営学では重要になると考えている。

　第8章から第10章は経営戦略，第11章と第12章はマーケティングを扱っている。戦略やマーケティングは，経営学系統のどの学部や学科においても，学生

の履修者が多い人気科目であり，そうした学生のニーズにこたえるとともに，この領域を拡充することは大学にとっても不可欠であることから，本書でも5つの章を当てている。

　第13章と第14章は企業の「カネ」の側面にかかわる重要な領域である会計と財務をそれぞれ扱っている。経営学と会計学は，誰もがその関連性を認めながらも，別々の領域の研究者によって別々の本として解説されることが多い。しかし，特に経営財務の理解の前提には会計学の知識が不可欠であり，したがって，その会計学の基本を扱った章が本書に含まれる意義は大きいと思われる。

　第15章と第16章は経営情報に関する議論である。特に第15章では企業内の情報化について，第16章では情報技術を活用したビジネスについて解説している。今日の高度情報化社会において，このような議論が経営学において極めて重要な位置を占めていることは異論の余地がない。

　なお，各専門領域では基本的な専門用語についてはゴシック体で強調されており，読者は，これらの用語が一通り理解できているかを自分自身で確認することで，経営学に対する自らの知識の度合いを知ることができる。また，各章ごとに，基本的な内容の説明の後には，「アドバンス」として，特に読者が興味を持つと思われるトピックが紹介されている。読者には，このようなトピックが一種の呼び水となって，さらに経営学の深い世界へと進む機会になれば幸いである。

　このたびの出版においても，前著と同じく，同友館の編集部には大変にお世話になった。特に，今回編集を担当された佐藤文彦氏には心より感謝申し上げたい。

平成22年4月

編　者

# 目 次

まえがき

## 第1編：経営学の基本問題

## 第1章　経営学の系譜　　　　　　　　手塚公登・遠藤健哉

1．経営学の対象　3
2．マネジメント理論の展開　4
  (1) 科学的管理法　4
  (2) 管理過程論　5
  (3) 官僚制組織論　6
  (4) 人間関係論　8
  (5) 近代的組織論　9
  (6) コンティンジェンシー理論　10
  (7) 認知的組織論　12
  (8) 知識創造論　13
3．戦略論の登場　14

【アドバンス】
1．能力ベース・アプローチ　15
2．創発的な戦略形成プロセス　17

## 第2章　経営組織論の基礎と組織構造　　　　　　遠藤健哉

1．組織とは　21
  (1) 組織の存在意義—組織とは何のためにあるのか　21

(2) 組織の定義―組織を成り立たせる 3 つの要素　22
　2．組織構造の意義とその編成原理　23
　　(1) 組織構造の意義と定義　23
　　(2) 組織構造の編成と分業・調整の原理　24
　3．組織構造の基本タイプ　27
　　(1) 職能別組織　27
　　(2) 事業部制組織　28
　　(3) マトリックス組織　29
【アドバンス】
　1．経営戦略と組織　30
　2．部門横断的交流の重要性と全社横断的プロジェクト・チーム　32

## 第 3 章　企業環境と社会的責任　　　　　　　　谷口勇仁

　1．はじめに　35
　2．企業環境　36
　　(1) 企業環境という概念　36
　　(2) 企業環境の捉え方　37
　3．社会的責任　40
　　(1) 社会的責任の背景　40
　　(2) 社会的責任の内容　42
　　(3) 社会的責任の実践　45
【アドバンス】
　1．SRI　48
　2．社会業績と経済業績　50

## 第4章　市場と組織の経済学　　　　　　　　　手塚公登

　1．新制度派経済学の概観　53
　2．取引コスト理論　55
　　(1) 企業組織と市場　55
　　(2) 取引コスト理論の基本的枠組み　56
　　(3) 取引特性と取引コスト　58
　　(4) 代替的な統治構造　60
　3．エージェンシー理論　61
　　(1) アドバース・セレクション　62
　　(2) モラルハザード　62
　4．所有権理論　63
　　(1) 所有権とは　63
　　(2) 所有権の分布と統治構造　64
【アドバンス】
　1．信頼とネットワーク　66
　2．企業家の役割と組織　66

## 第2編：人事と組織行動

## 第5章　組織行動：組織の中の人間行動と心理　　　上田　泰

　1．組織行動論とは　73
　2．個人行動への影響要因　74
　　(1) 意思決定と行動　74
　　(2) モティベーション　76
　　(3) 態度・知覚・パーソナリティ　80
　3．集団行動への影響要因　83

(1) 集団力学からの知見　83
　　(2) コミュニケーション　85
　　(3) 役割とリーダーシップ　87
【アドバンス】
　組織公正とその次元　89

## 第6章　組織における意思決定　　　　　　　　山崎由香里

　1．意思決定論の基礎　93
　　(1) 意思決定の特徴　93
　　(2) 経営科学的アプローチ　100
　　(3) 決定理論的アプローチ　103
　　(4) 行動科学的アプローチ　108
【アドバンス】
　1．処方的意思決定論　109
　2．情報技術による意思決定支援　110

## 第7章　雇用と人材育成　　　　　　　　　　　鈴木賞子

　1．雇用の実態と外的環境　115
　　(1) 日本的雇用制度の特徴と変遷　115
　　(2) 雇用形態の基本　117
　　(3) 雇用を取り巻く外的環境　117
　　(4) 雇用の実態と企業内部の変化　118
　2．企業人事から見た雇用制度　119
　　(1) 人材ポートフォリオに基づく雇用　119
　　(2) 採用と労働の実態　121
　3．今後の雇用制度　123

(1) 雇用形態の多様化　123
　(2) 組織の最大効果を考えた雇用制度　123
　(3) 企業の人材育成　125
　(4) 雇用における課題　126
【アドバンス】
　1．アウトソーシングの現状　127
　2．非正社員のリストラ　128

## 第3編：経営戦略と製品開発

## 第8章　経営戦略の基礎と展開　　　　　米山茂美

　1．経営戦略の概念と構成要素　133
　(1) 経営戦略とは何か　133
　(2) 経営戦略の構成要素　134
　2．ドメインの決定　134
　(1) 企業のあるべき姿としてのドメイン　134
　(2) ドメインの意義　135
　(3) ドメイン決定の際の留意点　136
　3．資源展開とシナジーの設計　137
　(1) 資源展開の戦略　137
　(2) 多角化とシナジー　139
　(3) PPM分析　140
　4．競争の戦略　143
　(1) 業界構造分析　143
　(2) 競争の基本戦略　144
　(3) 市場地位別の競争戦略　145
【アドバンス】

1．資源ベース視点　146
　　2．ゲーム論的視点　147
　　3．戦略の計画性と柔軟性　149

## 第9章　イノベーションと製品開発　　　　　　　　池田武俊

　　1．イノベーションという言葉　153
　　2．イノベーションの質的な違い　154
　　3．イノベーションのダイナミックス　155
　　　(1)　産業の流動期　156
　　　(2)　産業の移行期　156
　　　(3)　産業の固定期　158
　　4．脱成熟（de-maturity）とイノベーターのジレンマ　158
　　　(1)　脱成熟（de-maturity）とは　158
　　　(2)　イノベーターのジレンマ　160
　　5．イノベーションの出発点と製品開発　161
　　6．製品アーキテクチャと製品開発　164
　　　(1)　製品アーキテクチャという視点　164
　　　(2)　モジュラー化とアーキテクチャのオープン化　165
【アドバンス】
　　1．オープン・イノベーションの重要性　167
　　2．サービス・イノベーションの重要性　168

## 第10章　生産計画と生産コントロール　　　　　　　小沢　浩

　　1．生産における計画とコントロール　171
　　2．生産の計画　172
　　　(1)　品質の概念と分業　172

(2) スケジューリング　172
　　(3) 工場のレイアウト　175
　　(4) 原価企画　176
　3．生産のコントロール　176
　　(1) 品質のコントロール　177
　　(2) 納期のコントロール　178
　　(3) 原価のコントロール　179
　4．生産管理システムの発展　181
　　(1) フォード・システム　181
　　(2) トヨタ生産方式　181
　5．サプライ・チェーン・マネジメント（SCM）　183
【アドバンス】
　1．制約条件理論（TOC）　184
　2．セル生産方式　186

## 第4編：マーケティング

## 第11章　マーケティング戦略　　　　　　　　高橋昭夫

　1．はじめに　191
　2．マーケティング戦略　193
　　(1) 市場細分化　193
　　(2) マーケティング・ミックス　195
　3．マーケティング調査　196
　4．製品　197
　　(1) プロダクト概念の拡張　197
　　(2) プロダクト・コンセプト　198
　　(3) ブランド　199

(4) 新製品開発プロセス　199
　　(5) プロダクト・ライフサイクル　200
　5．価格，プロモーション，チャネルについての戦略　202
　　(1) 価格　202
　　(2) プロモーション　203
　　(3) チャネル　204
【アドバンス】
　1．ブランド研究の展開　205
　2．（伝統的）マーケティングからリレーションシップ・マーケティングへ　206

## 第12章　消費者行動：市場を構成する人間の行動と心理　福田康典

　1．消費者行動を理解することとその意義　211
　2．消費者行動モデルにおける2つのアプローチ　213
　3．消費者行動の流れ：購買意思決定プロセス　214
　4．消費者行動への影響要因　218
　5．消費者行動の類型　220
　　(1) J. A. ハワードによる3分類　221
　　(2) 関与と知識水準による類型　221
【アドバンス】
　1．消費者行動に関するポストモダン・アプローチ　223
　2．消費者によるアドホックな製品カテゴリー化　224

# 第5編：会計と経営財務

## 第13章　会計情報と経営分析　　金田直之

　１．会計情報の基礎　　231
　　(1)　複式簿記と財務諸表　　231
　　(2)　損益計算書　　234
　　(3)　貸借対照表　　235
　２．経営分析の基礎　　240
　　(1)　財務指標分析　　240
　　(2)　CVP分析　　242

【アドバンス】
　１．無形資産の重要性　　243
　２．国際会計基準（International Financial Reporting Standards）
　　適用の可能性　　245

## 第14章　財務の意思決定：資金調達と投資・成果配分　　小山明宏

　１．経営財務論の基礎　　247
　　(1)　経営財務および財務的意思決定の3大コンポーネント　　247
　　(2)　投資の意思決定　　248
　　(3)　資本構成と資本コスト　　250
　　(4)　日本企業の財務政策　　255

【アドバンス】
　１．組織論的な経営財務分析の重要性　　258
　２．金融工学　　259
　３．国際経営財務　　260

## 第6編：経営情報

## 第15章　経営と情報システム　　　　佐藤　修

　1．経営情報化の重要性　　265
　　(1) 経営情報論の意義　　265
　　(2) 経営情報論の体系　　266
　2．情報システムの基礎　　267
　　(1) 情報システムの構成要素　　267
　　(2) 情報システムの種類と発展の歴史　　268
　3．データと情報の管理　　270
　4．エンタープライズアーキテクチャ　　271
　　(1) エンタープライズアーキテクチャとは　　271
　　(2) 新しい情報技術　　271
　　(3) リスクの考慮　　272
　5．プロジェクト管理　　274
　　(1) 開発プロジェクト　　274
　　(2) 調達方法　　274
　　(3) 開発アプローチ　　274
　6．システム分析・設計　　275
　　(1) 業務分析　　275
　　(2) リエンジニアリング　　276
　8．情報システム戦略　　276

【アドバンス】
　1．エンタープライズアーキテクチャ　　277
　2．Web2.0　　278

## 第16章　情報技術とネットビジネス　　　　　　　　　　野島美保

1．ネットビジネスとは　　283
2．ネットビジネスの影響力　　285
　(1) ネットビジネスへの期待とニューエコノミー論　　285
　(2) 物理的制約からの解放　　286
　(3) 産業構造の質的変化　　287
3．ネットビジネスの新しいロジック　　289
　(1) 物理的制限からの解放と新ビジネス　　289
　(2) 低価格の実現　　290
　(3) クリック＆モルタル　　291
　(4) ネットワーク外部性と収穫逓増　　291
　(5) ロングテール　　293
　(6) カスタマイズとOne to Oneマーケティング　　294
　(7) 口コミ効果の活用　　295
　(8) 消費者生成メディア　　296
4．ネットビジネスの課題　　297
　(1) 信頼性の担保　　297
　(2) 情報洪水と情報処理能力　　298

【アドバンス】
　　インターネットの仕組み　　299

索　引　　303

# 第1編 経営学の基本問題

- 第1章　経営学の系譜
- 第2章　経営組織論の基礎と組織構造
- 第3章　企業環境と社会的責任
- 第4章　市場と組織の経済学

# 第1章 経営学の系譜

> この章では，経営学がどのような問題を扱う学問であるのか，そしてどんな理論が展開されてきたのか，歴史的に辿ってみることにしたい。経営学の主要な理論を概説してあるので，それを理解することを通して経営学の世界への第一歩を踏み出すことができるだろう。経営学は現実の課題に応えなければならない実践的性格の色濃い学問分野であるが，そのためにもまず経営学の理論的な系譜をきちんと習得することが大切である。

## 1．経営学の対象

　経営学は，企業のさまざまな活動やその構造についての実態やそのあり方を説明・記述する学問であり，企業活動の多様な側面が主たる分析対象となる。戦略をいかに立てるか，組織をどのように編成するか，従業員をどのように動機づけるか，資金の調達や運用をいかに行うか，研究開発をどう進めるかなど，ヒト，モノ，カネ，さらには情報の効率的な活用と配分をめぐる実に多くの問題領域を扱う。それぞれの分野で専門的な研究が蓄積されてきているが，本章では，現代の経営学の主要なテーマの一つを構成する組織と管理ないしマネジメントに関わる理論を中心に，歴史的な展望を踏まえながら，経営学の大まかな流れを俯瞰することにしたい。

　経営という現象は，人類が社会的な活動を開始して何千年来続いてきたが，その営みを学問的に探求するようになったのはそれほど古いことではない。19世紀後半から20世紀の初頭にかけて，アメリカにおいてテイラーが科学的管理法を確立したときに始まるといわれている。なぜその時期に成立したのか。18世紀後半，イギリスに産業革命が起こり，機械工業が発展するにつれて次第に

企業規模が拡大した。19世紀後半，巨大企業が成立するとともに，そうした大規模企業を如何に効率的に経営し，管理するかが，企業の成長発展を左右する重大な要因となり，そうした経営管理上の問題に対する解が求められたのである。

当初においては，工場での現場管理が重要な問題であり，テイラーが取り組んだのはそのレベルの管理であった。同時期，フランスにおいてファヨールが経営全体の管理のあり方をめぐって，管理原則を示し，これが管理過程論として展開されることになった。以下，テイラーとファヨールの理論を出発点として取り上げ，マネジメントの理論展開を順次概説していくことにしよう。

## 2．マネジメント理論の展開

### (1) 科学的管理法

**科学的管理法**（scientific management）は，20世紀初頭にアメリカの**テイラー**（Taylor）が創始した管理論で，彼は組織を「効率的な生産志向の管理構造」とみなして，最高の能率をあげるのに必要な管理の方法論を考えだした。テイラーがこの管理論を考案したきっかけは，彼が一職工として工場で働いていたときに観察した労務者による組織的怠業であった。怠業の結果，生産量は正常と思われる量の2分の1ないし3分の1にとどまっており，改善の余地が大いにあると判断し，その原因をテイラーは管理のあり方に求めた。

彼は，それまでの経営者や管理者の個人的な勘や経験などに依存した場当たり的な管理―**成行管理**（drifting management）―に代えて，客観的・合理的な管理の規則や原理を確立しようとした。生産性や能率の増進を図るためには，管理は自由放任にするのではなく，科学が必要であると考えたのである。

科学的管理法は大別して，**課業管理**（task management）と**職能化原理**（principle of functionalization）という2つの要素から構成されている。まず，課業管理は，「動作研究」と「時間研究」を通じて労働者の1日の公正な作業量と最適な作業方法を科学的に決め，それを基準に労働者を管理することを狙いと

している。割り当てられた課業を達成した人には高い賃率を適用し，達成できなかった人には低い賃率を適用する**差別的出来高給制度**（differential piece rate system）を使用することで，労働者に経済的なインセンティブを与え，能率を確保した。

　職能化原理は，組織の一人一人の構成員が担う職能の種類をできるだけ少なくし，単純化することで，能率を確保しようという原理である。計画職能と作業職能を分離し，前者はもっぱら管理者が，後者は労働者が担当することとし，さらに計画職能を細かい管理職能に分割し，一人の管理者の担当職能を少なくすることで全体の効率を上げようとした。

　科学的管理法ではあたかも精密な機械を作るように組織を細かく分割し，その部品が効率的に動くような仕掛けを設計することを目指した。そこでは，労働者は機械の部品のように見立てられ，「アメとムチ」によって刺激され続けた。労働意欲は経済的報酬の多寡によってのみ，影響されると想定されていた。つまり，人間観としては，**経済人**の仮説が採用されていたといえよう。

　この流れを汲む研究者としては，日程計画や生産における進度を管理するのに便利な「ガント・チャート」で有名なガント（Gantt）や，「サーブリック」という名称で知られる微細動作研究を完成したギルブレス夫妻（F. Gilbreth, L. Gilbreth）があげられる。

### (2)　管理過程論

　**管理過程論**（management process school）はフランスの**ファヨール**（Fayol）が創始した理論で，効率的な経営成果を達成するために組織が依るべき管理の諸原則を示したものである（Fayol, 1930）。ファヨールは鉱山技師として素晴らしい研究業績を上げていたが，管理者として，また経営者として企業経営に成功した体験に基づいて管理の原理に関する研究を発表したのである。

　彼は，企業の活動を(1)技術活動，(2)商業活動，(3)財務活動，(4)保全活動，(5)会計活動，(6)管理活動の6つに分け，管理活動は他の活動とは異なった意義を持つとしている。管理活動は，他の人々に対して働きかける職能であるという

意味において，他の5つの活動とは違った独特の機能を果たしているとみなされている。

それでは管理職能とは何か。計画し，組織し，命令し，調整し，統制することである，とファヨールは述べている。管理過程論という名称は，管理職能をこうしたプロセスとして捉えたことに由来している。また彼は管理の原則を数多く提示しているが，組織編成の原理として，①分業の原理，②権限と責任の一致，③命令の一元化，④階層の原理などをあげている。これらの原理は組織の混乱を防ぎ，効率性を発揮するために必要である。

「原理」といえば，厳格で，絶対的なもの，として捉えられがちであるが，必ずしもそうではなく，それは「航海にて進路を決定させる灯台である。灯台は港への航路を知っているものにのみ役立ちうるのである」(Fayol, 邦訳1972, p. 70)。

この理論は，その後，影響力を増大させ，1950年代に最盛期を迎えることになる。しかし，管理過程論は，経営者や管理者が組織において何をしているかの記述的分析が中心であり，組織現象の本質を理解し，究明するという観点からすると，不十分な点が多い。

後にサイモン（Simon）は，この学派の唱える管理原則は，曖昧であり，かつ相互に矛盾する原則もあって単純にすぎ，非現実的であると，痛烈に批判している。

### (3) 官僚制組織論

**官僚制**（bureaucracy）は，今日では，しばしば非効率の代名詞のように使用されているが，元来は一定の目的を遂行するための合理的な組織として位置づけられる。官僚制論は，ウェーバー（Weber）の議論を嚆矢とし，その後の研究者はウェーバーの理論を批判的に検討し，それを基にして官僚制論を新たな形で展開することになった。

ウェーバーによれば，近代的官僚制は，伝統的支配―その正当性が伝統の神聖さに基づく―や，カリスマ的支配―その支配は非日常的な天賦の資質に基づ

く―に代わって，その正当性が制定された秩序の合法性に基づく合法的支配による官僚制である（Weber, 1921）。

それは次のような特徴を持っている（山倉,1989, pp. 31-2）。

①持続的な規則に拘束された職務の経営が存在していること
②規則によって秩序づけられた明確な職務権限の内で経営が行われること
③上位が下位に命令するという職務と権限の階層性が存在すること
④職務活動は，通常，専門的な訓練を必要とすること
⑤管理スタッフが行政手段・生産手段から分離されていること
⑥職位はある特定の人間によって専有されることはないこと
⑦職務の遂行は文書によって行われ，記録されること
⑧職務活動は職員の組織への専従化を必要としていること

その特徴を短く表現するならば，集権化，公式化，専門化，没人格性，といった点に集約される。権限は組織階層の上位に集中し，職務は明確に区分され，規則や手続きが尊重され，情実が排除された組織である。このような特徴を有する組織は，理想的に機能すれば最高の能率を発揮できる組織である。官僚制論も科学的管理法で想定されていたのと同じように組織を機械のように設計できると考え，そうしてこそ高能率が達成できるとみている。

ところが，その後の研究において，官僚制の能率性や合理性の経験的妥当性が確かめられていく中で，その画一性，繁文縟礼，形式主義といった逆機能性や病理的側面が明らかにされた。機械のごとく精密に組み立てられ，能率的に動くはずであった官僚制も，組織内の集団や個人の動機づけと抵触することが示されたのである。

以上が組織の**機械観**にたつ代表的な理論である。経営学の成立の初期において有力な見方を形成し，特に科学的管理法は当時のアメリカの産業界に多大の影響を及ぼしたが，次第にその拠ってたつ人間観の単純さ，偏狭さが，労働者にも社会にも受け容れがたいものとなっていった。

### (4) 人間関係論

人間関係論 (human relations theory) は，1920年代後半から30年代前半にかけて行われたホーソン工場実験での知見に基づいて，生産性を決める重要な要因は，職場における人間関係であると主張した (Mayo, 1933 ; Roethlisberger & Dickson, 1939)。この実験の舞台となったウエスタン・エレクトリック社では，当初，工場内の照明の強度と生産能率の関係を調査することを目的として照明実験を実施したが，両者の関係を明らかにできなかった。この照明実験の後，1927年からハーバード大学の**メイヨー** (Mayo)，**レスリスバーガー** (Roethlisberger) らの参加を得て，継電器組立実験を始めた。

彼らは，作業条件を種々に変化させて，作業員の疲労と生産高の関係を究明しようとした。しかし，この実験の結果も実験者の予想を裏切り，作業の物理的環境と能率との間に明瞭な関係を認めることができなかった。むしろ，労務者相互間の人間関係や，管理者と労務者との関係が生産能率に影響を与えることがわかった。

このような労務者の人間的側面を調べるために，面接実験が多数の労務者について実施され，また，社会的存在としての労務者のあり方を把握するために，バンク配線観察実験が行われた。これらの一連の実験の結果，労務者の人間的感情や労務者集団に共有されている価値観や規範が，生産能率に甚大な影響を及ぼしていることが確認された。工場の物理的な作業条件や経済的な誘因が労働意欲を規定する決定的な要因ではなく，人間関係の善し悪しや，作業者集団の中で非公式的な接触を通して自然発生的に形成される集団規範が，生産性を規定していることを発見したのである。会社には，規則で定められた**公式組織** (formal organization) 以外に，従業員相互間の**非公式組織** (informal organization) が存在し，それの持つ倫理や規範が仕事の能率を少なからず決めるのである。

人間は機械の部品ではなく，感情を有した社会的な存在であることを見いだし，公式的な組織図に表された職務に基づく指揮命令関係よりも，非公式的，自生的な組織が重要であること明らかにした。そして，管理者はそうした非公

式集団に巧みに働きかけることによって，会社の生産性を向上させるべく管理できるのである。ここでの人間観は，経済人ではなく，社会的存在を希求する社会人であったといえよう。

### (5) 近代的組織論

　近代的組織論は，バーナード（Barnard）によって創始され，その後サイモン（Simon）によって継承・発展させられたもので，両者の名をとって**バーナード＝サイモン理論**といわれることもある（Barnard, 1938 ; Simon, 1957）。バーナードは，人間を物的・生物的・社会的要因からなる統合体として認識し，**協働システム**（corporate system）や組織の成立・存続に関わる議論を，環境ないし組織の置かれた状況と関連づけて展開している。彼の定義によると，組織とは「2人以上の人間の意識的に調整された行動，あるいは諸力のシステム」である。この定義は，組織を集団概念ではなく，活動の体系とみているところに特徴がある。

　バーナードは組織を成立させる要素として，共通目的，協働意欲，コミュニケーションの3つをあげている。しかし，組織が環境の中で存続していくには，この条件だけでは，十分ではない。組織が長期的に存続可能であるためには，均衡状態を維持し続けなければならない。ここで**均衡**（equilibrium）とは二重の意味を持っており，1つには，組織を構成する諸要素間の均衡であり，2つ目は，外部環境との適合ないし均衡の達成である。組織はそれを取り巻く環境の中で孤立した存在であるわけではなく，資源や情報を交換しながら生存し続けていくのであるから，第2の意味での均衡の達成も不可欠なのである。ここには組織を**オープン・システム**（open system）とみる見方がはっきりと確認できる。

　この均衡状態の形成及び維持可能性は，組織の提供できる誘因と構成員の貢献の大きさに依存する。構成員の貢献には，労働力や資金の提供，旺盛な労働意欲といったものがあるが，それらは無条件に提供されるわけではもちろんない。貢献に見合うだけの誘因—賃金・給与，地位・名誉，組織との一体感など

——を与えることが必要とされる。この誘因と貢献のバランスを図ることによって，組織は維持・発展できる。この場合，組織は2つの要件を満足させることが不可欠である。

第1は，組織の公式目的を成就することである。これは**有効性**(effectiveness)という尺度で測られる。企業であれば，利潤の獲得である。第2は，組織に参加している個人の欲望や動機の満足である。これは**能率性**（efficiency）という尺度で測られる。有効性がいくら高くとも，成員の個人的な欲求を満たせず，不満が強く残るようであれば，組織の長期存続は困難となろう。

こうした誘因・貢献分析を中核とする公式組織の検討がバーナードの理論の一つの柱であり，近代的組織論の特徴である。バーナードの理論を継承したサイモンは，意思決定主体としての人間の側面を濃厚に打ち出し，これ以前の，経済人的人間観や情緒的・依存的志向の濃い社会人的人間観とは異なった，能動的な個人によって構成される組織の問題を論じた。サイモンは，ミクロ経済学で仮定されているような全知全能の人間ではなく，認知的に合理性の限界を有した人間を描き，そうした人間観を基礎に組織内の意思決定，コミュニケーション，コンフリクトなどの問題を分析し，**組織均衡論**（organizational equilibrium）を発展させた。

近代的組織論はそれまでの多くの理論を吸収し，独自の見解を加えながら，組織現象の本質に迫る議論を展開し，経営学の発展に比類なき貢献をした，と評価できる。それ以後，現在に至るまでの組織論と経営学の基礎を確立したといえよう。

人間関係論と近代的組織論は，組織を環境の中で適応しながら生存しようとする観点から捉え，生物学的アナロジーを用いて理解したものであり，組織の**有機体観**に立った分析であるといえよう。

## (6) コンティンジェンシー理論

科学的管理法や管理過程論では，良好な業績や生産性を上げるためのさまざまな原理や原則を提示した。しかし，その後の研究でそれらの原則は，あまり

にも皮相的でかつ整合性に欠けるとの批判が浴びせられ，さらにそうした原則はどんな組織に対しても当てはまるのか，疑問が呈せられるようになった。

1960年代に入ってから組織の構造や管理のあり方の有効性は，当該組織の直面する環境によって異なるのではないか，との認識が経営学者の間に次第に広がり，その研究の流れが**コンティンジェンシー理論**（contingency theory）として1つの学派を形成した。これまで述べてきた学派には，上述したように大きく分けると，組織を機械として把握する立場と，有機体として捉える立場があった。それぞれの理論のいずれも効率性の観点からして，どのような組織のあり方あるいは管理のあり方が望ましいかを論じてきた。ところが実は，組織を変動する環境下にあるオープン・システムとして眺めた場合，あらゆる環境下で最適な組織構造あるいは管理システムなるものは存在しないというのが，コンティンジェンシー理論の結論であった。

環境要因が変わると有効な組織構造のあり方も異なるという関係を発見した初期の研究としてバーンズとストーカーの調査がある（Burns and Staker, 1961）。彼らは，職務がリジッドで，権限が公式的で，情報が上位に集中するといった特徴を持つ機械的組織が安定的な環境下で高業績をあげているのに対して，職務の境界が曖昧で，権限関係が非公式的で，情報の分散した有機的組織は不安定で変化に富む環境で高い業績をあげていることを明らかにした。

同様の調査結果は，ローレンスとロッシュの研究でも得られ，あらゆる環境の下で有効な組織構造は存在しないことが追認された（Lawrence and Lorsch, 1967）。また，環境だけでなく，企業の業績を左右する要因として，技術のタイプを取り上げて両者の関係を検討した研究も存在する。たとえば，ペローは，技術を例外の頻度と，分析可能性の2次元で捉え，組織構造との適合関係を論じた（Perrow, 1967）。

結局コンティンジェンシー理論によれば，あらゆる状況に妥当する唯一最善の組織構造やマネジメントの原則は存在せず，状況によって異なるというのが結論となる。その理論的な根拠は，環境の**不確実性**（uncertainty）の程度によって，効率的な情報処理のあり方が異なることに求められた。どんな状況のと

きに，どんな組織が有効であるかをめぐって多くの研究者が実証的研究を進め，技術や市場環境をいくつかの次元に分類して，それぞれの次元に有効な組織のあり方が追究された。

1960年代から1970年代にかけてコンティンジェンシー理論は経営学において一世を風靡したが，その後，その環境決定論的な枠組みが批判され，急速に影響力をなくしていくことになった。

## (7) 認知的組織論

コンティンジェンシー理論は，組織の構造を重視した議論であり，組織の安定した側面に注目したのであるが，その後の新しい組織論は環境との相互作用をダイナミックに描き，組織の目標や価値そのものの創出も視野に入れ，組織環境の意味解釈に関する認知過程をより明示的に取り入れた方向に発展した。

組織のプロセスや行動の仕方を重視する理論として**組織文化論**（organizational culture theory）が1980年代に入って注目された。組織文化とは，「組織構成員に共通の思考と行動の様式を与える価値や規範の体系」である。企業にはそれぞれ独特の文化が定着しており，それによってエクセレントな企業とそうでない企業との間の業績の差異が生まれると考えるのである。ピーターズとウォーターマンの『エクセレント・カンパニー』はこうした観点に立って，優良企業に共通する組織文化を解明し，世界的なベストセラーになった（Peters and Waterman, 1982）。

さらに，組織文化論を基礎にして**認知的組織論**（cognitive organization theory）を展開したシャインは，組織文化を絶えず進行しているメンバー間の相互作用それ自体及びその産物として捉え，そこではメンバー間の主観的解釈の相互作用がキーポイントになっている。客観的な観察を大事にする合理的モデルとは質的に異なった視点を付加し，組織現象についての深い理解を探求しようと試みている（Shein, 1985）。

## (8) 知識創造論

　組織論の課題は従来，主としていかに情報の効率的処理を行う仕組みをつくるかということに重点が置かれてきた。これはサイモンの制約された合理性を有する人間観を反映している。しかし，経営者の意思決定はただ企業環境の変化に受動的に対応し，問題を処理するだけでは不十分であり，これからは如何に環境を能動的に創造していくかという視点が決定的に重要となろう。そのためにはどんな組織が編成されるべきか。野中と竹内によれば，企業組織は，ダイナミックなスパイラル・プロセスの繰り返しによって新しい知識を創造，共有，蓄積，利用できる戦略的能力を備えていなければならず，そのためにはハイパーテキスト型でなければならい（野中・竹内, 1996）。この組織は，通常の業務を行うビジネス・システム，緊急性のある製品開発活動を中心として知識創造活動に従事するプロジェクト・チーム，実態としては存在しないが創られた知識を再構成する知識ベースの三層から成り立ち，効率性と創造性を両立させることを目的としている。

　新しい知識を創造できるかどうかは，激変する企業環境において企業の存続の鍵となろう。今日では，企業における知識創造の取り組みは**ナレッジマネジメント**（knowledge management）という名のもとで議論されている。実際に知識創造がどのようなプロセスを経て行われるのか，未だ明らかになっていない面も多いが，野中らは，人間の知識を**形式知**（explicit knowledge）と**暗黙知**（tacit knowledge）の2種類に分け，形式言語では表現することの難しい暗黙知が人間の集団行動にとって極めて大事な要素であり，企業の競争力の源泉となりうると論じている。創造という視点は今後の組織の管理のあり方を考える場合，考慮すべき最も重要な課題となることは間違いないであろう。

　こうしたマネジメント理論の流れは，組織で働く成員をどう捉えるかという人間観の変遷の歴史でもある。上記したように，初期の管理論では人間は物質的報酬にのみ反応する経済人とみなされ，人間関係論では情緒的側面を重視した社会人仮説を採用していた。そして，近代的組織論では，人間をトータルに

把握した全人あるいは意思決定人と認識され，コンティンジェンシー理論では複雑人として認識されるようになった。時代が進むにつれて，人間観が次第に深められてきたといえよう。

また，組織を，環境との相互作用を無視した閉じたシステムから，よりオープンなシステムであると把握する方向へ理論は進んできた。環境との相互作用を明示的に考慮した組織や管理のあり方を問うようになってきたのである。こうした環境との関係を考察する経営学の流れは，次に戦略論の登場につながることになる。

## 3．戦略論の登場

長期的，全体的な観点から事業展開のあり方を立案し，それに基づいて人的資源や資金の配分を行う意思決定が企業経営にとって極めて重要であるとの認識は，とりわけ1960年代以降のアメリカの産業社会で急速に芽生えてきた。それまでの経営学では，どちらかというと企業の内部に目を向けて，いかに労務者を怠けさせずに働かせるか，あるいはいかに生産工程や在庫管理上の問題を改善するか，といった管理の効率性の向上に重点を置いていた。企業を外部の環境から切り放して，一種の閉鎖的なシステムとして捉えていたのである。しかしながら，企業の経済的・技術的な環境が激変するようになると，そうした企業の把握の仕方では経営が必ずしもうまくいかない事態が生じてきた。内部的な管理問題にのみ専念していては，発展や成長の実現が困難となってきたのである。

つまり，企業の事業活動分野を長期的な観点から策定する戦略の良し悪しが企業の盛衰を決める時代に入り，**経営戦略**（corporate strategy）という用語が学会においても，実業界においても幅広く使われるようになったのである。

戦略という言葉が広く使われるようになると，論者によっていろいろな意味合いが込められ，厳密な定義はなかなか難しくなるが，経営戦略論の体系化を図った草分け的存在であり，最も代表的な論者でもある**アンソフ**によると，次

のような内容になる。「企業の事業活動についての広範な概念を提供し，企業が新しい機会を探求するための個別的指針を設定し，企業の選択の過程を最も魅力的な機会だけにしぼるような意思決定ルールによって企業の目標の役割を補足するもの」である（Ansoff, 1965）。彼は企業の成長を実現する方策としての多角化戦略について，その動機，種類などを分析し，多角化のためのチェックリストを提示した。その後，多くの研究者によって企業の多角化に関する実証的な研究が積み重ねられた。1980年代になると，経済学の産業組織論の枠組みを援用して議論を展開した，**ポーター**の競争戦略が注目を浴びた（Porter, 1980）。そこでは個別市場における競争優位を確立するための方法論が論じられた。戦略論は，現在，経営学の最も重要な分野を形成し，わが国においてもアメリカにおいても多くの研究成果が生まれている。

以上，経営学の系譜を，主として組織と管理の問題を中心に扱う理論をマネジメント理論と位置づけ，その変遷を辿ってきたが，近年では最後に触れた戦略論，さらには社会の中で活動する企業のよき経営のあり方を問うコーポレートガバナンス論や社会的責任（CSR）論が大きな注目を浴びている。

## 【アドバンス】

### 1．能力ベース・アプローチ

1980年代後半以降，企業の内部特性に焦点をあてて持続的な競争優位の源泉を説明しようとする2つの理論が脚光を浴びてきた。資源ベース・アプローチと能力ベース・アプローチと呼ばれる理論である。能力ベース・アプローチは，資源ベース・アプローチの発展形態と位置づけられ，企業に蓄積された経営資源そのものよりも，それらを活用する組織の能力を重視するという特徴を持っている。

能力ベース・アプローチの特徴のひとつは，企業が蓄積している経営資源のストックという側面と，経営資源を有効に活用するという側面を概念的に区別

することにある。グラント（Grant）によれば，経営資源は経営活動へのインプットであるが，単にそれらを寄せ集めただけでは価値を生み出すことはできない。経営活動における価値は，経営資源を適切に統合することによって創り出されるのである。彼は，経営資源を独自の方法で統合する力を**組織能力**（capability）と呼び，競争優位の構築におけるその重要性を論じた（Grant, 1991）。

こうした主張に代表されるように，能力ベース・アプローチでは，企業がどれほど豊富な経営資源を持っているとしても，それだけでは競争優位を獲得することはできないと考えられる。経営資源を他社とは違うやり方で組み合わせて活用する組織能力こそが，企業の競争優位の源泉として位置づけられるのである。組織能力とは，多様な経営資源を単にストックとして保有するばかりでなく，それらを独自の方法で組み合わせて価値を創造する力であるととらえられる。このことは，企業が同様の経営資源をストックとして蓄積しているとしても，組織能力の違いによってそれらが別の目的のために別の方法で使用される，あるいは違ったタイプの経営資源と結びつけられる場合，異なる価値が提供されることを示唆している。

しかし一方で，組織能力は，新たな競争優位の獲得に向けた活動を阻害する負の性質をあわせ持つことが指摘されてきた。レオナルド―バートン（Leonard-Barton）は，組織能力が新たな競争優位の実現を妨げるような硬直性，すなわち**コア・リジディティ**（core rigidity）を有していると主張した（Leonard-Barton, 1995）。組織能力を特徴づける既存の資源組み合わせパターンや価値観にあまりにも固執してしまうと，その枠内では正当化されない戦略行動をとりにくくしてしまう可能性がある。とくに，過去に大きな成功を収めてきた企業のなかには，自らの成功をもたらした組織能力にこだわりすぎて次第に競争優位を失ってしまうという，いわゆる「成功体験の罠」に陥ってしまうケースが少なくない。そのため，とくに激しい環境変化に直面している企業は，既存の組織能力を強化するだけでなく，自らの組織能力をつねに問い直し，必要とあれば積極的に更新していくことがきるような**ダイナミック・ケイパビリティ**（dynamic capability）を求められるのである（Teece, Pisano, and Shuen, 1997）。

## 2．創発的な戦略形成プロセス

　従来，戦略形成プロセスは，策定と実行という2つの段階を明確に区別してとらえられてきた。トップや本社スタッフが外部要因と内部要因を詳細に分析したうえで戦略を策定し，それ以外のメンバーはその実現に向けて仕事を進めるという関係が想定されてきたのである。策定された戦略は，意図どおり実現することが前提とされた。そのため，戦略の問題は，策定段階を支援するための分析枠組みの問題として扱われてきた。

　このようないわゆる**計画的な戦略形成**（deliberate strategy）があまりにも強調されると，策定された戦略を厳密に実行するために組織メンバーの行動をいかにコントロールするかが重要視されることになる。その結果，予測できない不確実な問題を避け，実現可能性の高い戦略を優先的に選択する傾向が生み出されてしまう。また，組織内で新たな発想が要求される機会は減り，組織メンバーの自由で創造的な発想を封じ込めてしまうのである。

　ミンツバーグ（Mintzberg）は，こうした計画的な戦略形成に対して「意図された戦略は常に実現されるわけではないのではないか」，「実現された戦略は常に意図されたものでなければならないのか」という疑問を持ち，戦略形成プロセスに関する新たな考え方を示した。環境が変化し，予想もしていなかった状況が生じるならば，トップが当初持っていた意図は実現することが不可能になり，変更を余儀なくされる。つまり，意図された戦略のなかのいくつかは，実現されることなく放棄される。ミンツバーグの枠組みのなかには，意図どおり実現しない戦略も含まれているのである。一方，環境の予期しない変化によって当初予想もしなかった事業機会が認識されるかもしれない。企業がこのようなチャンスをとらえて，発展のきっかけにできるか否かはきわめて重要である。ここでは，実際の事業活動で生じる予期せぬ事象を計画の阻害要因としてしりぞけるのではなく，学習の機会として積極的にとらえ，事後的に対応していくという行動も戦略のひとつとして考えられる。これを**創発戦略**（emergent strategy）と呼ぶ（Minzberg, Ahlstrand, and Lampel, 1998）。

（手塚公登・遠藤健哉）

＜参考文献＞

Ansoff, H. I., *Corporate Strategy,* McGraw-Hill, 1965.（広田壽亮訳『企業戦略論』産業能率大学出版部, 1977年）

Barnard C. I., *The Functions of the Executive,* Harvard University Press, 1938.（山本安次郎・田杉競・飯野春樹訳『新訳・経営者の役割』ダイヤモンド社, 1968年)。

Burns, T and Stalker, G. M., *The Manegement of Innovation,* Tavistock, 1961.

Fayol, H., *Industrial and General Administration,* London, 1930.（山本安次郎訳『産業ならびに一般の管理』ダイヤモンド社, 1985年）

Grant, R. M., "The Resource-Based Theory of Competitive Advantage : Implications for Strategy Formulation," *California Management Review,* Vo. 33, No. 3, 1991, pp. 114-135.

岸田民樹「コンティンジェンシー理論の系譜」(土屋守章・二村敏子編『現代経営学説の系譜』第7章, 有斐閣, 1989年)

岸田民樹・田中政光『経営学説史』有斐閣, 2009年。

桑田耕太郎「マクロ組織論の新展開」(土屋守章・二村敏子編『現代経営学説の系譜』第10章, 有斐閣, 1989年)

Lawrence, P. R. and Lorsch, J. W., *Organization and Environment,* Harverd Business School, 1967.（吉田博訳『組織の条件適応理論』産業能率短期大学出版部, 1977年）

Leonard-Barton, D., *Wellsprings of Knowledge : Building and Sustaining the Sources of Innovation,* Harvard Business School Press, 1995.（安部孝太郎・田畑暁生訳『知識の源泉―イノベーションの構築と持続』ダイヤモンド社, 2001年）

Mayor, E., *The Human Problems of an Industrial Civilization,* Macmillan Company, 1933.（村本栄一訳『産業文明における人間問題』日本能率協会, 1967年）

Mintzberg, H., *Mintzberg on Management,* Free Press, 1989.（北野利信訳『人間感覚のマネジメント―行き過ぎた合理主義への抗議』ダイヤモンド社, 1991年）

Mintzberg, H., Ahlstrand, B., and Lampel, J., *Strategy Safari : A Guided Tour through the Wilds of Strategic Management,* Free Press, 1998.（斎藤嘉則・奥沢朋美・木村充・山口あけも訳『戦略サファリ―戦略マネジメント・ガイドブック』東洋経済新報社, 1999

年)

野中郁次郎・竹内弘高『知識創造企業』東洋経済新報社，1996年。

Perrow, C., A Framework for the Comparative Analysis of Organizations, *American Sociological Review,* Vol. 32, 1967, pp. 194-208.

Peter, T. J., and R. H. Waterman, Jr, *In search of Excellence,* Haper and Row, 1982. (大前研一訳『エクセレント・カンパニー』講談社，1983年)

Porter, M. E., *Competitive Strategy,* The Free Press, 1980. (土岐坤・中辻萬治・服部照夫『新訂競争の戦略』ダイヤモンド社，1995年)

Roethlisberger, F. J. and Dickson, W. J., *Management and the Worker,* Harvard University Press, 1939.

榊原清則『経営学入門［上］』日本経済新聞社，2002年。

坂下昭宣『経営学への招待 第3版』白桃書房，2007年。

Simon H. A., *Administrative Behavior,* 2 nd ed., Macmillan, 1957. (松田武彦・高柳暁・二村敏子『経営行動』ダイヤモンド社，1965年)

Shein, E. H., *Organizational Culture and Leadership,* Jossey-Bass Inc, 1985. (清水紀彦・浜田幸雄訳『組織文化とリーダーシップ』ダイヤモンド社，1989年)

Taylor, F. W., *The Principles of Scientific Management,* London, 1911.

Teece, D. J., Pisano, G. and Shuen, A. Dynamic Capabilities and Strategic Management, *Strategic Management Journal,* Vol. 18, No. 7, 1997, pp. 509-533.

土屋守章・二村敏子編『現代経営学説の系譜』有斐閣，1989年。

山倉健嗣「官僚制論の系譜」(土屋守章・二村敏子編(『現代経営学説の系譜』第3章，有斐閣，1989年)。

Weber, M., *Theory of Social and Economic Organization,* Henderson, A. M. and Pason, T., Trams, Oxford University Press, 1921.

# 第2章 経営組織論の基礎と組織構造

　経営学は，企業を組織としてとらえるという特徴を持っている。したがって企業経営にかかわるさまざまな事柄に接近していくためには，組織を理解することが不可欠である。一般に，経営学における組織研究には，（第5章で学ぶ）ミクロ組織論と，マクロ組織論という二つの大きな理論の流れがあると捉えられている。マクロ組織論は，組織全体を分析単位として組織の編成や組織の環境適応といったテーマについて検討を重ねてきた。本章では「なぜ組織が必要なのか」，「組織とは何か」という経営組織論の土台となる問いに答えるとともに，マクロ組織論の視点から組織構造の意義，組織の編成原理，さらに基本的組織構造の特徴と問題点について考えていきたい。

## 1．組織とは

### (1) 組織の存在意義——組織は何のためにあるのか

　現代社会では，私たちの活動の多くが組織によって行われている。企業，学校，病院，役所などの組織は，社会で必要とされているさまざまな機能を担うことによって，生活のあらゆる側面に影響を及ぼしている。このことは，組織によって遂行される諸活動を適切な方向に導いていくことがより豊かな社会を実現するための重要課題の一つであることを意味している。それだけに組織の活動とそれを支えるメカニズムを理解することは，現代社会に生きる我々にとって不可欠の取り組みであるといえよう。本節ではその出発点として，「なぜそれほど多くの組織が存在するのか」，「組織は何のためにあるのか」という基本的な問題を考察していくことにしたい。

組織を構成するのは個人である。いうまでもなく一人一人の個人は複雑な存在だが，経営学では個人を「**経営人**（administrative man）」であるととらえる。組織を構成する個人は，命令されたことを実行するだけの受動的な機械ではないし，感情のおもむくままに行動する存在でもない。個人は，さまざまな欲求や目標を持ち，それを充たすための行動を自らの意思のもとに選択する存在，すなわち**意思決定**（decision making）する存在である。

一方で，個人の能力には限界がある。個人は選択しうる代替案のすべてを思い浮かべることができず，また選択の結果を正確に予測するために必要なすべての知識を手に入れることもできない。サイモン（Simon）によれば，個人は意図としては合理的であろうとするが，**限定された合理性**（bounded rationality）しか持ちえないということになる。そのため個人は，常に最適で合理的な選択を行えるわけではなく，あらかじめ満足できる基準を設定しておいてそれを満たす代替案を選択するという満足化基準に沿って行動するのである（Simon, 1997）。このように経営人とは，限りある能力のなかで，欲求や目標を充たすための行動を選択しなければならない個人の姿をあらわしている。

しかし，個人は自己の限界の前に立ちすくむだけの存在ではない。経営人としての個人は，他の人と力を合わせて自らの能力の限界を乗り越えようとする。ここになぜ組織が生まれるのかという問いに対する一つの答えがある。組織は，個人では達成できない，あるいは少なくとも効率的には達成できないけれども**協働**（cooperation）すれば成し遂げられそうな欲求や目標があるときにつくられるということである。組織が誕生するそもそもの理由は，協働によって個人の限界を超えるところに求めることができる。

(2) **組織の定義——組織を成り立たせる3つの要素**

それでは組織とはどのようなものとして捉えられるのであろうか。バーナード（Barnard）によれば 組織とは「二人以上の人々の意識的に調整された活動のシステム」である（Barnard, 1938）。

少しややこしい定義をしたので，組織の概念についてより具体的なイメージ

を持つために次のような例を考えてみたい。ある道に通行を妨げる大きな岩が転がっている。そこにA，B，Cという3人の男が通りかかった。Aは家に帰るために，Bは友人との待ち合わせのために，Cはスーパーへ買い物に行くためにそれぞれその岩の反対側に行きたいという欲求を持っている。しかし，その岩は1人の力では動かすことができない。この状況で岩をどかすにはどうすればよいのだろうか。

3人は，何とか協働できないかと考えるだろう。そのために彼らは，個人的な欲求とは別に「岩を道からどける」という共通目標を確認し合うことからはじめることになる。そのうえで，それぞれが全力で岩を押すという活動を提供しなければならない。しかし，3人が好き勝手に岩を動かそうとしても十分ではない。各人は岩のどの部分をどのようなタイミングで押すのかを相談し役割分担を決め，互いの意見を調整して間合いをはかりながら力を合わせていく必要がある。

このように①共通目標，②活動を提供しようという貢献意欲，③複数の活動を結びつけるためのコミュニケーションという3つの要素，すなわち組織成立の3つの条件が揃い，3人の提供する活動や力が意識的に調整されているときに組織は生まれる。そして，組織という手段を通じて3人は岩を動かすことができるのである。組織とは，個人では達成できない欲求や目標を実現する協働のための手段であり，意識的な調整を通じた複数の個人の活動のまとまりであると捉えることができる。

## 2．組織構造の意義とその編成原理

### (1) 組織構造の意義と定義

上の例のように参加者が3人だけの組織では，直面する課題によってそのつど役割分担を決め，相互に意思疎通を図りながら各々の活動を連動させることは可能であろう。しかし，参加者が増え，組織が大きくなってくるとそうはいかない。組織のなかで誰がどのような仕事を担当するのか，それをいかに調整

するのかについての基本的な枠組みをあらかじめ決めておくことが必要となってくる。このような組織における分業と調整の基本的な枠組みは，**組織構造**（organizational structure）と呼ばれる。

　組織構造は，仕事の分担と役割を決定し，指揮・命令関係，情報伝達の方法，さらには個々人の仕事の進め方を定めるものであり，組織の活動に独自のパターンをもたらす骨格の役割を果たしている。適切な組織構造を編成することは，共通目的の効率的な達成を，ひいては企業成果を左右する重要な要因の一つとして位置づけられるのである。

(2)　**組織構造の編成と分業・調整の原理**

　組織構造を編成するという作業は，**分業**（division of labor）を設計し，人々の活動が時間的・空間的に**調整・統合**（coordination／integration）されたものになるように工夫を施すことである。それゆえに，適切な組織構造を編成するためには分業と調整の原理・原則に通じていることが必要となる。ここでは，組織編成の基盤となる分業の原理や基本的な調整手段について述べていくことにしたい。

1）**分業の原理**

　分業とは，役割を分化させ，一人一人に任せる仕事の範囲を限定することをさす。役割を明確に分けてそれぞれの専門性を活用することで仕事の生産性は劇的に高められていくのである。では，なぜ分業によって生産性が劇的に高まるのか。

　人は仕事を続けることでそれに慣れていき，作業効率を向上させていく。分業を通じて専門化を進めることは，仕事に習熟する期間を早めるとともに，効率的な学習を促してその仕事に関するより深い知識を獲得できるという効果を持っている。これが分業によって生産性が高まる第1の理由である。第2の理由は，分業によって道具や機械が発明される可能性が高まることである。個々のメンバーが特定の専門的な仕事に従事するため，無駄をなくそうとさまざま

な改善を試みる余地が生まれやすい。その過程で効果的な道具や機械が発明され，実際に導入されることで生産性は非常に高まる。第3に，段取り替え時間の節約ができるという理由をあげることができる。段取り替えとは，仕事の内容が替わる際に，使用する道具類や仕事に臨む姿勢・考え方などを変更する作業である。段取り替えには時間がかかるが，分業によって個人の仕事の範囲が限定されていれば，各人が段取り替えをする必要が少なくなり，時間短縮が可能となる。

　分業は，こうしたいくつかの理由により生産性を高める可能性を持っている。しかし一方で，分業の進展に伴って発生するデメリットも少なくない。第1に，組織メンバーの意欲が低下してしまう場合がある。たとえば，個々の仕事が細かくなりすぎると，担当者は自分の遂行していることが組織全体のなかでどのような位置づけにあるのか，どれほど重要であるのかを理解できなくなり，次第に無気力な態度を醸し出すようになる。また，極端な仕事の細分化によって，自ら考えて判断する余地のない単調な仕事を繰り返すという状況が続くことで，メンバーの意欲低下が発生することも少なくない。第2に，組織内での調整を難しくしてしまうというデメリットもある。各メンバーは，割り当てられた仕事に応じて異なる目標を追及し，それぞれの仕事に特有の対人志向や時間感覚を身につけるようになる。分業が進むほど，目標の違いによる利害対立や発想の違いが顕著になり，性質の異なる仕事間のやりとりや相互関係が阻害される傾向は高くなると考えられる。

## 2）基本的な調整手段

　過度の分業によるデメリットを念頭において，どの程度分業を進めていくかを決定するのが組織編成の一つ目の課題である。しかし，いったん分割された仕事をまとめなければ，組織全体として効率的にアウトプットを生み出すことはできない。分業の結果として生じる調整の困難さを克服する手段が必要になる。相互に関連を持つ組織メンバーやグループ間に統合的な行動が生まれてくるような仕組みにはどのようなものがあるのか，それらはいかなる状況でうま

く機能するのかを考えてみたい。

　ガルブレイス（Galbraith）は，組織内で相互に依存しあった仕事を調整するための手段を次のように分類した（Galbraith, 1973）。各メンバーに割り当てられた仕事を調整する最もシンプルな方法は，必要とされる仕事内容やその手順をルールやプログラムとして事前に定めておくことである。個々のメンバーが事前の取り決めに従って仕事を進めれば，相互調整の必要性はあらかじめ削減できるはずである。次いで，仕事の不確実性が高まり，前もって想定していなかった例外事項が発生する場合には，そのたびに判断を下す監督や管理者といった新たな役割を組織の上位に置くこと，すなわち階層（ヒエラルキー）を形成することが効果的となる。第3に，階層上部で処理されるべき例外事項が増え，階層を通じた問題への対処だけでは調整に滞りが生じてくると，目標を設定するという手段が講じられるようになる。ルールやプログラムではなく達成すべき目標を事前に規定しておき，目標への到達方法は担当者の自由裁量に任せることによって異なる仕事同士の調整がそれほど深刻な問題でなくなることが期待されるのである。

　さらに不確実性が増し，調整のために対処すべき例外事項が多くなると次のような方策を導入することが必要となる。1つは，諸活動の調整に必要な情報処理の削減である。情報処理を削減する方法には，スラック資源の活用と自律的な職務の形成という2つの手段が含まれる。もう1つは，組織の情報処理能力の拡充であり，垂直的情報システムの充実と横断的関係の形成という2つの手段に分けることができる。

　スラック資源の活用とは，工程間在庫の許容，納期の延長，業績水準の引き下げなどによって資源や時間の余裕をつくりだし，例外事項の発生や調整の必要性を抑えるという手段である。また，自律的な職務の形成も情報処理の削減に寄与する。職務の遂行に必要なすべてのインプット資源を備えた自律的な組織単位を作り上げることは，異なる仕事を担う他の組織単位との調整を極力減らしていくことを可能にするからである。

　一方，組織の情報処理能力を拡充する手段の一つは，垂直的な情報システム

を充実させることである。たとえば，組織内に分散している経営資源の在り処と内容を蓄積したデータベースの構築は，これまで結びつくことのなかったメンバー間でのコミュニケーションを成立させ，情報を共有しながら例外事項の処理に立ち向かえる機会を増やすであろう。最後に横断的関係の形成とは，すでに設定されているラインの区分を横切って意思決定を進めることによって不確実性に対処していく方法の総称である。具体的方策としては，最もシンプルな直接の連絡，仕事・部門間の連絡を専門的に担当する連絡調整役の選任，複数の仕事や部門の代表者が集まって問題解決にあたるタスク・フォースやプロジェクト・チームの形成，さらにはこうしたタスク・フォースやプロジェクト・チームを組織全体の立場から方向づけ，調整していく統合管理者や統合部門の設置などが想定される。組織は，これらの方策を組み合わせて導入し，適切な調整メカニズムを構築することが必要となる。

## 3．組織構造の基本タイプ

　企業は，分業のメリット・デメリット，そして多様な調整手段の特徴を十分に吟味して組織構造の編成に取り組む。こうして編成される組織構造は，細かくみていけば各企業ごとに異なるものである。しかし，組織構造は，大まかにみるといくつかの基本タイプに類型化できる。以下ではより具体的に，実際の企業で採用されている組織構造のタイプを確認し，経営組織に対する理解を深めていくことにしよう。

### (1)　職能別組織

　**職能別組織**（functional organization）とは，研究開発，購買，生産，販売などの主要な職能を単位として部門化された組織構造をいう（図表2－1）。職能ごとに分業がなされているため，専門化のメリットを発揮して各職能の生産性を最大限高めることが可能になる。また，開発，生産，販売などの機能を集約することによって資源の集中利用が可能になり，規模の経済を享受できると

図表2－1　職能別組織

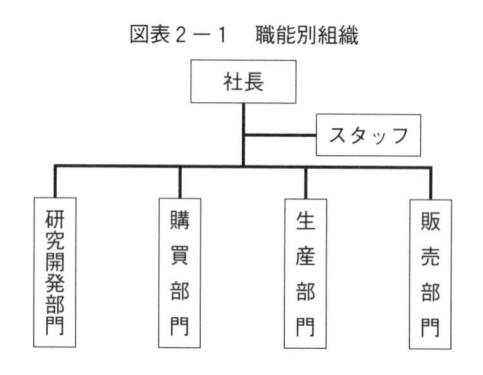

```
        社長
         ├────スタッフ
    ┌────┼────┬────┐
  研究   購買   生産   販売
  開発   部門   部門   部門
  部門
```

いう長所もある。さらに，トップが部門間の調整を行うことになるので，権限が上位に集中するという特徴を持つ傾向がある。

　しかし，企業の手がける製品分野や市場領域が多様になると，部門間の調整が難しくなり，調整にあたるトップ経営層の負担が重くなるという欠点が現れてくる。トップが日常的な活動の管理・調整に多くの時間を奪われることになり，全社的な戦略の構築のために十分な時間を割けないという状況に陥ってしまうのである。また，トップへの権限の集中が，次世代の経営者育成をにらんで下位階層に自律的な判断を行わせるという機会を限定してしまうという別のデメリットも指摘されている。

(2)　**事業部制組織**

　**事業部制組織**（divisional organization）は，製品別，地域別，あるいは顧客別などに事業部が編成され，これらの事業部を中央本社が全社的観点から管理する分権的な組織構造である（図表2－2）。各事業部は，一定の製品や地域などを取り扱う際に必要なすべての職能を備え，通常業務に関する意思決定権限を与えられている。一方，事業部は担当製品や地域の損益に責任を持つ利益責任単位（プロフィット・センター）として位置づけられる。

　事業部は自律的な組織単位として活動するのであるが，それぞれの活動が全社的な業績の向上に結びつくためには，最高経営層である本社の役割も重要である。本社は，全社的な経営戦略を策定して企業全体を方向づけるとともに，

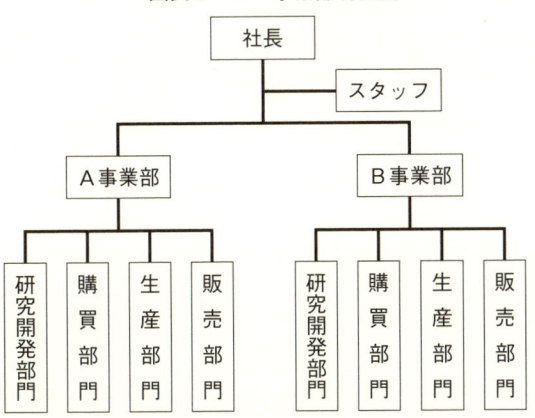

図表2－2　事業部制組織

```
                    社長
                     ├──────スタッフ
          ┌──────────┴──────────┐
        A事業部                B事業部
     ┌───┬───┬───┐       ┌───┬───┬───┐
    研究 購買 生産 販売    研究 購買 生産 販売
    開発 部門 部門 部門    開発 部門 部門 部門
    部門                  部門
```

事業活動と業績の評価ならびに経営資源の配分を通じて事業部を統括するという役割を担っている。

　事業部制組織は，事業部への権限委譲によって機動的な意思決定を可能にするとともに，トップを日常的な業務の管理・調整に関する負担から開放し，より長期的で大局的な判断を必要とする全社戦略の策定に専念できるようにするという利点を持っている。また，事業部長はあたかも一つの企業の長と同じような発想や行動が要求されることから，経営者育成の機会を提供しうるという側面でのメリットも存在する。

　しかし，その反面，事業部が部門固有のやり方に固執するあまり事業部間のコミュニケーションが阻害され，製品・設備の重複やダイナミックな事業の再編が困難になるという欠点を持っている。さらに，業績評価の仕方によっては短期的な視野での行動を誘発し，目先の利益に追われ長期的な観点からの投資が不十分になってしまう場合も少なくない。

(3) **マトリックス組織**

　**マトリックス組織**（matrix organization）とは，職能と事業といった2つ以上の軸を同時に用いて編成された組織をさしている（図表2－3）。それは，

図表2-3　マトリックス組織

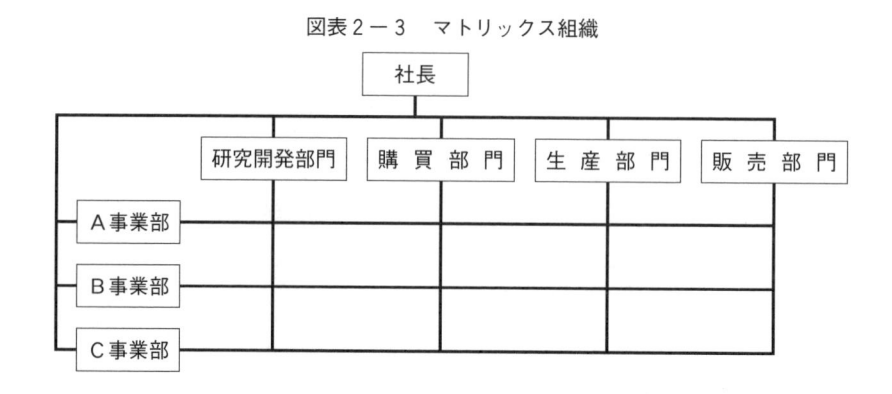

|  | 研究開発部門 | 購買部門 | 生産部門 | 販売部門 |
|---|---|---|---|---|
| A事業部 |  |  |  |  |
| B事業部 |  |  |  |  |
| C事業部 |  |  |  |  |

（社長）

職能別組織と事業部制組織の両者の利点を取り入れて、専門化による効率性と市場に対する柔軟性とを同時に達成することを狙ったものである。

しかし、マトリックス組織においては、1人のメンバーに2人の上司が配置され、命令系統が二重になるため、パワー関係やコミュニケーションが複雑になるという欠点が存在する。また、2人の上司の間で利害が衝突し、両者の調整に労力を要する場合も少なくない。そのため、現実には責任・権限がまったく同じレベルの2人の上司を置くという純粋なマトリックス組織ではなく、どちらかの軸に配置されている上司により大きな責任・権限を与えた形態が広く採用されている。

## 【アドバンス】

### 1．経営戦略と組織

いかなる環境下でもつねに有効な組織というものは存在しない。企業が好業績をあげるためには、さまざまな環境条件を考慮して適切な戦略を形成するとともに、それにふさわしい組織を整えることが必要となる。

経営環境の変化と新たな経営戦略の採用が組織の成長にいかなる影響を及ぼすのかを見出そうとした代表として、チャンドラー（Chandler）の研究をあげることができる（Chandler, 1962）。彼は、アメリカの大企業を対象とした歴史

分析に基づいて，経営戦略と組織構造との関連性，ならびにそれらの変化の過程について次のように論じた。アメリカにおいては，当初ほとんどの企業が単一製品を扱い，生産や販売といった単一機能に特化して一地域のみで活動を行っていた。その後，人口増加など外部条件の変化に伴う急速な需要の増加を満たすために，多くの企業が，製品販路を確保するための販売網を確立し，原材料を安定的に調達するために川上へと勢力を拡大していった。また，一地域のみで活動を繰り広げることの限界に直面して，地域的な拡張をめざす企業も多かった。

　垂直統合や地域拡大という戦略を推進していくにつれて，企業は従来の組織構造では新たな戦略の実行に支障をきたすという事態に直面していくことになった。そこで複数の職能を備え，需要の動きにあわせて仕事の流れを調整できるような職能別組織が生み出され，多くの企業で採用されていったのである。

　その後企業を見舞ったのは，主力製品市場の成熟化という問題であった。企業は，既存事業の収益性低下を懸念して，あるいは未利用資源の有効活用を狙って多角化戦略を積極的に採用していく。しかし，複数の製品や事業領域を効率的に管理するためには，職能別組織におけるコミュニケーション経路や権限関係を再編成する必要があった。こうして多角化した製品—市場領域ごとに事業部を設置し，それらを全般的に管理する本社機能をそなえた事業部制組織が新たに成立していったのである。

　このようにチャンドラーは，経営戦略と組織構造の関係に着目して企業の成長過程を考察し，「**組織構造は戦略に従う**」という命題を導き出した。チャンドラーによれば，戦略が垂直統合・地域拡大，さらには多角化へと進化するにつれて，組織構造もまた単一機能組織から職能別組織，事業部制組織へと段階的に成長していった。経営戦略と組織構造の間には段階的・逐次的な発展がみられ，組織構造は新たに採用された戦略を効果的に実行できるように変革されるのである。

　しかし，チャンドラーの主張に対しては，組織のあり方が経営戦略の変化に規定されるという方向性にもっぱら焦点が当てられ，組織特性が経営戦略の形

成に影響を与える側面が十分に論じられていないという指摘がなされてきた。

## 2．部門横断的交流の重要性と全社横断的プロジェクト・チーム

　現代企業の直面する経営環境は激変しつつある。企業は新しいビジネスチャンスを見つけだし，それを効果的に製品や事業に具体化していくこと，すなわち製品イノベーションを求められている。製品イノベーションとは，組織に蓄積された経営資源を多方面に応用・展開して新たな組み合わせを実現していく継続的作業である。したがって，現代企業が挑戦すべき課題は，組織メンバーが積極的に部門横断的な交流をはかり，独自の経営資源を今までにないやり方で臨機応変に組み合わせることができるような柔軟な体制を構築することであると理解できる。

　活発な部門横断的な交流を通じた異質な発想の融合を促進する仕組みの一つとして**全社横断的なプロジェクト・チーム**（cross divisional／functional project team）を活用することの効果が指摘されてきている。全社横断的なプロジェクト・チームとは，企業の将来を左右する戦略的な課題を解決するために，期間を区切り編成される組織であり，全社横断的に選出された人々で構成され，目的が達成されると解散するという性格を有している。

　全社横断的なプロジェクト・チームは，組織内に散在した経営資源を一定期間結集させ，戦略的課題をより迅速に，かつ全社的意識のもとに進めていくうえでの工夫である。しかも，それは，既存事業の価値基準から独立した自律的なチームという性質を持っており，さまざまな介入を遮断することができる。そのため，目指すべき課題がこれまでの常識を破るようなものである場合，とくにその有効性が大きいといわれる。たとえば，日産がリバイバルプランの策定にあたって，9つの領域について設置した社内の関連部門横断的なクロス・ファンクショナル・チームは，その典型例である。

　近年では，製品イノベーションの効果的な実現ために全社横断的プロジェクト・チームを活用する企業も増えてきている。そのなかでもとりわけ注目されるべきは，シャープの緊急プロジェクト・チーム（以下，緊プロと略称）であ

る。緊プロは，シャープの独自技術を生かした特徴ある製品を短期間で事業化に結びつけることを目指した制度である。開発に必要な技術を有する社員を，全社から部門の枠を超えて集めてチームを編成する。社長直轄のプロジェクトであるため，大きな権限を持ち，人材，社内の設備，予算を優先的に使用できる。こうしてシャープは，全社を見渡して知恵を結集し，緊プロに最大限の能力を発揮できる環境を提供することで，事業化への最短経路を見出してきた。事実，シャープのオンリーワン製品の多くが緊プロから生みだされているのである。

（遠藤健哉）

## ＜参考文献＞

Barnard, C. I., *The Functions of the Executive,* Harvard University Press, 1938.（山本安次郎・田杉競・飯野春樹訳『新訳　経営者の役割』ダイヤモンド社，1968年）

Chandler Jr., A. D., *Strategy and Structure,* MIT Press, 1962.（三菱総合研究所訳『経営戦略と組織』実業之日本社，1967年）

Daft, R. L., *Essentials of Organization Theory and Design, 2 nd Edition,* South-Western College Publishing, 2001.（高木晴夫訳『組織の経営学』ダイヤモンド社，2002年）

Galbraith, J., *Designing Complex Organizations,* Addison-Wesley, 1973.（梅津祐良訳『横断組織の設計』ダイヤモンド社，1990年）

沼上幹『組織デザイン』日本経済新聞社，2004年。

Simon, H. A., *Administrative Behavior, 4 th Edition,* Free Press, 1997.（桑田耕太郎・西脇暢子・高柳美香・高尾義明・二村敏子訳『新版経営行動―経営組織における意思決定過程の研究』ダイヤモンド社，2009年）

十川廣國編著『経営学イノベーション3　経営組織論』中央経済社，2006年。

# 第3章 企業環境と社会的責任

> 社会的責任論（CSR論）は，「企業と社会」論とも呼ばれており，現代資本主義社会における企業の社会的影響力に注目し，企業の社会的な行動を中心に，企業の社会的役割や，企業と社会の相互作用について解明しようとする学問領域である。関連領域としては，企業倫理（経営倫理）論が存在する。企業と社会の関係は短期的には比較的安定しているため，その関係を改めて意識することは難しいかもしれない。しかし，ハラスメントや環境問題などの特定の問題について，留学生や年長者と議論してみると，国や時代によって企業と社会の関係が大きく異なっていることが実感できるだろう。

## 1．はじめに

　企業の社会的責任は，CSR（Corporate Social Responsibility）と呼ばれ，近年非常に注目されている。しかしながら，その起源は古く，アメリカにおいては，1950年代から論じられてきた（櫻井，1991）。日本では，1970年代には公害問題，消費者問題に関連して企業の社会的責任が論じられた。最近では，環境問題に関連して論じられることが多い。また，好況期には，社会貢献活動の観点から，不況期には雇用の維持という観点からというように，時代によって問題となる企業の社会的責任の内容が異なっている。

　このように，企業の社会的責任で注目される内容は，社会の状況によって変化する。したがって，この企業の社会的責任を理解するためには，企業のみならず社会をも考慮する必要がある。社会という概念は，経営学において，企業を取り巻く環境，すなわち企業環境として議論されてきた。本章の目的は，企

業環境の捉え方と社会的責任の背景，内容，実践について学ぶことである。

## 2．企業環境

### (1)　企業環境という概念

　企業は真空中に存在しているのではない。企業を取り巻く多様な環境の中で存在している。企業が存続・成長するためには，その環境との間で取引や交換といった相互作用を行わなければならない。また，環境が変化した場合，その変化に対応して相互作用も変化するであろう。つまり，企業は企業を取り巻く環境に適応しなければならない。企業にとって環境は考慮するべき重要な対象なのである。

　企業環境は企業経営にとって非常に重要な概念であるが，この概念が経営学において最初から注目されていたわけではない。1900年代初頭に展開されたテイラーの科学的管理法，ファヨールの管理過程論などの伝統的な管理論では，主に企業内部の管理問題が注目されており，企業を取り巻く環境は考察されていなかった。いわゆるクローズドシステムとして企業を捉えていたのである。

　その後，近代組織論の創始者であるバーナードは，企業をオープンシステムとして捉え，「組織と環境」の関係を考慮する重要性を指摘した。さらに，1960年代以降から企業環境が注目され，コンティンジェンシー理論などを中心に企業環境の研究が活発化していったのである（山倉，1993）。しかしながら，コンティンジェンシー理論などでは，もっぱらタスク（課業）環境の考察に焦点が当てられていた。タスク環境とは，主に企業の目標設定・目標達成に関係する諸要素のみからなる環境であり，企業にとって不確実性や複雑性をもたらすものとして捉えられてきた（野中他，1978）。

　しかしながら，資本主義社会の発展に伴い，企業は社会に対し大きな影響力を持つようになった。たとえば，現代の大企業が販売している製品は1つの種類で何万個という数になる。さらに，販売地域は全世界に広がっている。そのため，仮にその製品に安全上の問題が生じた場合，さまざまな地域で多くの消

費者に被害が及ぶことになる。また，生産工場の規模も大きくなっているため，地域に与える雇用機会や税金は地域にとって無視できない影響力を持つ。このため，仮にその工場を閉鎖するという意思決定を行った場合，その地域の経済状況に大きな影響を与える。大きな影響力を持つがゆえ，企業は社会からのさまざまな要求に応えなければならない。この社会からのさまざまな要求に応えるためには，上記のタスク環境よりも広い視点から企業環境を捉える必要がある。

### (2) 企業環境の捉え方

企業環境の分類としては，国内環境と国際環境，不確実な環境と確実な環境，スタティックな環境とダイナミックな環境などといったものが考えられる（小林，1990）。しかし，一般的には，経済的環境，政治的環境，文化的環境等に分類することが多い（小山，1997；Carroll & Buchholtz, 2008）。本節では，この種の分類の代表的なアプローチとして，セプテンバー・アプローチを概観する。次に，社会的責任を考える際に有用な企業環境の捉え方として，ステイクホルダー・アプローチをとりあげる。

### 1) セプテンバー・アプローチ

**セプテンバー・アプローチ**（SEPTEmber approach）は，社会的，経済的，政治的，技術的，生態学的環境の頭文字をとって命名されている（Wartick & Wood, 1997）。

第1の**社会的環境**（social environment）とは，人口構成，人々の生活スタイル，社会における価値観・考え方を要因とした環境である。典型的には，国の違いをあげることができるだろう。企業の国際化が進展している現在，複数の国にまたがって企業活動を展開している企業は多い。その際には，この社会的環境に注意を払う必要がある。ある地域で常識とされるやり方が，他の国では通用しない可能性も存在する。また，人口構成が異なる場合，マーケティング戦略に大きく影響を与えることになる。社会環境は他の環境に比べ比較的安

定しているが，長期的には変化する。たとえば，女性の社会進出，出生率の低下等はこの社会環境の変化として捉えることができる。

　第2の**経済的環境**（economic environment）とは，国のGDP，利率，失業率，国際貿易収支等を要因とした環境である。経済的環境は，国内にとどまらずグローバルな広がりを持っており，日本だけを考慮すればよいと言うわけではない。原油価格の暴騰などが，企業経営に大きな影響を与えることは理解できるだろう。

　第3の**政治的環境**（political environment）とは，法律，選挙，政府・地方公共団体等の政策などといった政治的な事柄を要因とした環境である。法律によって，企業競争は制限されることもあるし，逆に，促進されることもある。国家の法律体制は多国籍企業にとって進出国を決める際に重要な要因となる。たとえば，中国の市場開放政策への転換は，この政治的環境の変化として捉えることができる。

　第4の**技術的環境**（technological environment）とは，科学技術の発展や技術革新を要因とした環境である。生産技術だけではなく，情報処理や組織管理などに関連する技術も含まれる。素材や製法の技術革新によって，産業が急激に成長することがある反面，従来の製品が革新的な製品に取って代わられる可能性も存在する。たとえば，情報技術（IT）の進展は，生産方法や流通方法といった企業経営の根幹に大きな影響を及ぼしている。これは，技術的環境の変化として捉えることができる。

　第5の**生態学的環境**（ecological environment）とは，自然環境，ないしは天然資源を要因とした環境である。一般的な環境問題という用語における「環境」は，この生態学的環境のことを指す。日本においては，1960年代から70年代にかけて公害が問題となった。現在では石油資源の枯渇の可能性から，ハイブリッド自動車の開発・普及が進んでいる。たとえば，地球温暖化現象は，この生態学的環境の変化として捉えることができる。

　このようなマクロ環境の変化は，社会の企業への期待を大きく変化させる可能性を持つ。そのため，企業はこの5つの環境に対して注意を払う必要がある

図表3−1　セプテンバー・アプローチ

```
        社会的           経済的
        環境             環境
     人口構成，文化等    GDP，利率等
           S          E
              企業
    生態学的  E      P   政治的
    環境                 環境
     自然環境，      T    法律，政策等
     天然資源等
              技術的
              環境
          科学技術，技術革新等
```

出典：Wartick & Wood（1997）p.13を基に作成

（図表3−1）。

## 2）ステイクホルダー・アプローチ

　セプテンバー・アプローチは，企業にとって，環境が企業に与える影響を検討したり，環境の長期的な変化を検討する際に有効であろう。また，どの国に進出すべきかを企業が検討する際に利用されることも多い。これに対して，特定企業が誰を考慮しなければならないのかという対象に注目したアプローチも存在する。それが，図表3−2に示す**ステイクホルダー・アプローチ**（stakeholder approach）である（Freeman, 1984）。

　企業を取り巻く社会の中には様々な利害（stake）を持った集団が存在する。この集団によって企業環境を分類したアプローチが，ステイクホルダー・アプローチである。一般に，ステイクホルダーの定義には，狭義と広義の2つが存在する（Mitchell et al, 1997）。狭義のステイクホルダーとは，「企業の継続的な存続のために企業が依存する個人・グループ」である。具体的には，従業員，顧客，株主，取引業者等があげられる。他方，広義のステイクホルダーとは，

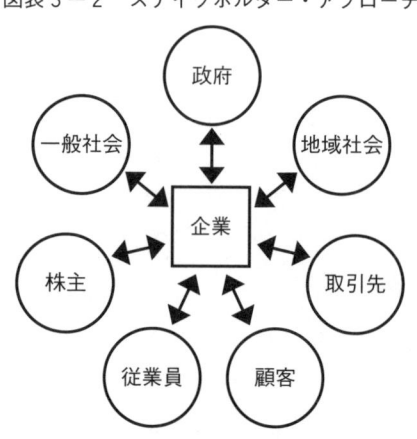

図表3-2　ステイクホルダー・アプローチ

（図：中央に「企業」、周囲に「政府」「地域社会」「取引先」「顧客」「従業員」「株主」「一般社会」が配置され、双方向の矢印で結ばれている）

「企業目的の達成に影響を与えることのできる，もしくは企業目的の達成によって影響を受けるグループ」である。具体的には，狭義のステイクホルダーに加え，地域社会や一般社会があげられる。

狭義のステイクホルダーは，いわゆるタスク環境においてもある程度は考察されていた。しかし，企業目的の達成，つまり，企業行動によって影響を受けるグループも考慮することがステイクホルダー・アプローチの特徴である。これは，企業行動によって影響を受けるグループも，将来的には企業行動に影響を与える可能性を重視している。

## 2．社会的責任

### (1) 社会的責任の背景

企業の社会的責任とは，簡単に言えば，「企業が社会からの期待に応えること」である。上記のステイクホルダー・アプローチに基づけば，社会をステイクホルダーの集合体として捉えているため，企業がステイクホルダーからの期待に応えることが企業の社会的責任となる。

企業が社会的責任を持つという見方は，**権力・責任均衡の鉄則**（iron law）

によって説明されている（森本，1994）。これは，「社会的責任は社会的権力に伴うものであり，企業は様々な権力を保有しているがゆえに，その権力に伴う責任が存在する。そして，もし，社会的責任を果たさない場合，長期的には企業の持つ社会的権力の喪失へと導く」というものである（Davis, 1960）。つまり，企業は社会的な権力を持っているがゆえに責任を果たさなければならず，長期的に企業が存続・成長するためには，企業の持つ社会的権力に見合った社会的責任を果たさなければならないということになる。

他方，企業が社会的責任を果たさなければならないという**社会的責任肯定論**（positivism）に批判的な議論も存在する。これは，**社会的責任否定論**（negativism）として知られており，「企業は株主に対する経済的責任のみを持つのであり，それ以外に関しては法律に任せるべきである」という内容である。「Business of Business is Business（企業の事業は収益をあげることだ）」という言葉に象徴される主張である。

社会的責任否定論の主な論者はフリードマンやハイエクである。代表的な根拠は次の3点である。第1に，企業が社会的責任を果たすためのコストを負担することは，市場メカニズムを阻害し，社会全体の経済的効率が低下する。第2に，企業は経済活動の専門家であり社会問題の専門家ではなく，企業経営者が政府をさしおいて社会問題に対応する政治的合法性が存在しない。第3に，企業が非経済的領域まで権力を拡大することは企業に無責任な権力を与えてしまう。

他方，否定論に対する肯定論の代表的な主張は次の3点である。第1に，市場メカニズムは完全ではなく，外部不経済が存在する。第2に，法律は制定されるまでに時間がかかり，その間は社会からの要求を無視することになる。第3に，また，法律が制定されたとしても，法の解釈を行う際に企業の姿勢が問われることになり，企業の活動を完全にコントロールすることは不可能である（Carroll, 2008）。

社会的責任否定論では，企業権力の無秩序な拡大を抑制し，企業を経済活動のみに集中させることを主張している。その意味では，上述した権力・責任均

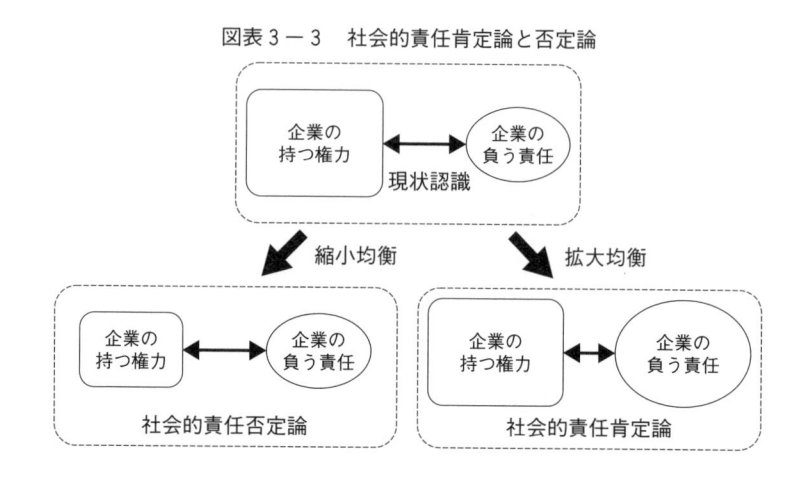

図表3-3　社会的責任肯定論と否定論

[図：現状認識における「企業の持つ権力」と「企業の負う責任」から、縮小均衡（社会的責任否定論）と拡大均衡（社会的責任肯定論）への分岐を示す図]

衡の鉄則と矛盾した考え方ではない。社会的責任否定論では，社会における企業の望ましい役割と，その役割に必要な権力を先に想定し，それに対応した責任のみを企業に負わせようとしているのである。つまり，権力・責任の縮小均衡を主張していることになる。

しかし，企業が社会とかかわりを持たずに経済活動を行うことはできない。雇用問題や公害問題等，社会問題の大部分は企業と密接なかかわりを持っている。このため，企業権力を経済的な影響力のみに限定して，社会的責任を否定することは非現実的である。そのため，現実に存在する企業の社会的影響力に着目し，その企業の権力に見合った責任を持つことを主張するのが社会的責任肯定論といえる。つまり，権力・責任の拡大均衡を主張しているのである（図表3-3）。

## (2) 社会的責任の内容

では，具体的に求められる責任の指針となる原則とはどのようなものであろうか。この社会的責任の原則には，**チャリティ原則**（charity principle），**スチュワードシップ原則**（stewardship principle）の2つがある（Lawrence & Weber, 2008）。

チャリティ原則とは,「社会の富を持つ人間は恵まれない人間に貢献しなければならない」という概念を企業に適用し,企業であっても一市民として恵まれない人間に貢献しなければならないと言う原則である。この立場は**企業市民**(corporate citizenship) という言葉で表現される。

たとえば,アメリカのニュージャージー州の水道・ガス装置製造販売会社であるA. P. SMITH の事例を見てみよう。A. P. SMITH は,プリンストン大学への1,500ドルの寄付を行ったが,これに対して株主が異論を唱えたため,寄付が有効であることの確認を求める訴訟を経営者自ら提起した。これに対して,裁判所は1953年に会社の行為を支持する判決を提示した。その内容は,「少数の個人に富が集中されているときは,個人がフィランソロピーの中心であったが,個人から企業へと富の所有が移った今日,企業が市民としての役割を担うのは当然である」というものである。企業が社会的事業に援助することであるフィランソロピー(社会貢献)はこの事例をきっかけに盛んになったのである。

他方,スチュワードシップ原則とは,企業経営者は社会に対して広範かつ多大な影響力を持っているため,企業の持つ資源を株主だけでなく,社会全体の利益となるように用いなければならないという原則である。つまり企業の行う活動が社会全体の利益となることを要求するものであり,社会と調和した企業経営の必要性を主張している。これは,**啓発された自利**(enlightened self-interest) という言葉で表現される。社会全体を考慮しつつ自らの利益を追求するという考え方であり,単に短期的な利益を得るための利己心ではなく,長期的な視点にたった利己心である。

社会的責任の内容はこれらの2つの原則から導かれており,現在では**経済的責任**(economic responsibility),**法的責任**(legal responsibility),**倫理的責任**(ethical responsibility),**社会貢献的責任**(philanthropic responsibility) という4つに分類されることが多い。

経済的責任とは社会が望む財やサービスを製造し,それを適正な価格で販売し,利益を獲得する責任である。適正な価格とは,商品やサービスの価値に相当すると社会が考える価格である。同時に,企業の存続・成長を可能にし,株

主に利益をもたらす価格である。

　法的責任とは企業が様々な活動を行う際に法を犯さないという責任である。会社の設立や運営に関わる会社法，競争に関わる独占禁止法，労働者に関する労働基準法，顧客データの取り扱いに関する個人情報保護法等，様々な法律が企業経営に関わってくる。

　倫理的責任とは，法としていまだ明文化されてはいないが社会から望まれている規範に沿って企業活動を行うという責任である。たとえば，製品の安全性に疑いがもたれる際に自主回収を行うことなどを指す。

　そして社会貢献責任とは，道徳や倫理として求められてはいないが，社会が企業に担って欲しいと望む役割を自発的に遂行する責任である。社会貢献活動という責任という概念になじまないような印象を受けるが，社会の期待に応えるという意味では責任として考えることが可能である。たとえば，寄付活動，文化支援活動（メセナ活動），ボランティア活動などが含まれる。

　これら4つの責任を整理した図表3－4は社会的責任のピラミッドモデルと呼ばれている（Carroll & Buchholtz, 2008）。スチュワードシップ原則は主に経済的，法的，倫理的責任を導き，チャリティ原則が社会貢献的責任を導いている。

図表3－4　社会的責任のピラミッドモデル

```
         社会貢献的責任
         よき企業市民となる

          倫理的責任
          倫理的である

           法的責任
           法に従う

          経済的責任
          利益をあげる
```

出典：Carroll&Buchholtz（2008）p. 45を基に作成

注意すべき点としては，法的責任と倫理的責任の区分けは，時代や地域によって異なることである。ある時代では倫理的責任であった内容が，社会の期待の高まりによって法制度化され，法的責任へと移行する。たとえば，特定の企業がセクシャルハラスメント問題を引き起こした場合，その問題についての社会的な関心が高まり，結果的に，法律が制定されるというプロセスである。長期的に見ると，倫理的責任に分類されていた項目は，法的責任へと移行する傾向にあるため，企業の果たす責任の具体的な項目は増大することになる。

### (3) 社会的責任の実践
#### 1) ステイクホルダー・マネジメント

**ステイクホルダー・マネジメント**（stakeholder management）とは，ステイクホルダー・アプローチに基づいた経営のあり方である。そこでは，経営者は企業が影響を受けるグループを考慮するだけではなく，企業行動によって影響を受けるグループにも配慮した経営を行う必要があることが主張される。たとえば，図表3－5に示した活動を行うことである。そして，経営者の役割は，ステイクホルダー間の利害の調整を行うことであることが強調される。

図表3－5　企業社会的責任の具体的内容

| 対象となるステイクホルダー | 期待される活動 |
| --- | --- |
| 株主 | ・満足な配当および株価，情報開示 |
| 従業員 | ・職場の安全性・快適性<br>・雇用維持<br>・公正な賃金 |
| 顧客 | ・価格に見合った製品の質<br>・製品の安全性 |
| 取引先 | ・迅速な代金支払い |
| 地域社会 | ・地域の振興発展<br>・地域住民の優先的雇用<br>・環境保全（排出基準遵守） |
| 政府 | ・納税 |
| 一般社会 | ・社会貢献活動 |

ステイクホルダー・マネジメントには統一したマネジメントツールは存在しないが，そこでは主に，ステイクホルダーの認識，ステイクホルダーの利害の把握，ステイクホルダーの類型化などが議論の中心となっている(谷口, 2006)。また，現実の企業では，取締役会へのステイクホルダーの参加や，企業とステイクホルダーが対話する機会を設け，特定の問題について議論するという**ステイクホルダー・ダイアログ**（stakeholder dialogue）等が行われる。これらは，ステイクホルダーの意見を企業の意思決定に反映させることを目的としている。

さて，図表3－4に示す社会的責任の分類に従えば，通常の経営学では，主に経済的責任について論じていることになる。そこで，以下では，法的責任・倫理的責任に関する取り組みであるコンプライアンスと，社会貢献の責任に関する取り組みである戦略的社会貢献について見てみよう。

## 2）コンプライアンス

近年，企業不祥事や企業犯罪の発露に伴い，その防止策として**コンプライアンス**（compliance, 法令遵守）活動が展開されている。アメリカでは，1991年に連邦量刑ガイドラインが設定された。これは，企業犯罪を防止する取り組みを制度化している企業は，企業犯罪が起こった際の量刑（罰金）が低くなる制度である。このような要因もあり，コンプライアンス活動が活発化している(ペイン, 1999)。

コンプライアンス活動の具体的な内容としては，**倫理綱領**（code of ethics）の設定，**倫理オフィサー**（ethics officer）の設置があげられる。倫理綱領とは，企業が管理者や従業員に対してどのような倫理的行動をとることを期待しているのかを示したものである。直面する倫理問題は企業の事業によって異なることが多いため，具体的な判断基準を示したものが多く見られる。たとえば，接待が何処まで認められるのかなどである。

また，倫理問題を専門に担当する機関として倫理オフィサーの設置も行われる。そこでは，倫理綱領では判断できないような倫理的問題に直面した従業員

に対してアドバイスを提供できるように倫理ホットラインの設置や，倫理教育訓練がなされる。その他，第三者機関による倫理監査等があげられる。

## 3）戦略的社会貢献

また，一見企業経営の周辺に位置づけられがちな，フィランソロピーも，企業経営と関連づけて捉えられるようになりつつある。従来，フィランソロピー活動は，寄付先の独立性を維持するために，企業の事業領域と最もかかわりの薄い分野を対象に，寄付金を提供することが中心であった。本業とのかかわりを持たないために，寄付先を選定する際に経営者の趣味を反映したり，寄付相手から要請されてから対応を考えるという消極的な対応が中心であった。日本ではそれに加え，ライバル企業がある領域に寄付を行うと自らもその領域に寄付を行うという横並び的な姿勢もあげられるかもしれない。

しかし，1980年代後半から，フィランソロピー活動を事業戦略と結びつけ，目標，予算，指標を策定し，フィランソロピー専門スタッフを配置することがなされるようになってきた。これを**戦略的フィランソロピー**（strategic philanthropy）という。フィランソロピー活動を事業戦略と結びつけるためには，自らの事業領域に関連した社会的事業に対して，単に資金を提供するだけでなく，人の派遣等のより密接なかかわりを持つことが重要になる。なぜなら，企業は，事業領域に関連した社会的事業に関する知識を獲得できるからである。たとえば，石油事業を営む企業が自らの事業に関連する環境NPOを支援することは，環境問題に関する市民の観点を企業に提供することにもなる（Porter, 2003）。

また，企業の利益に直接関連させることを目的とした，**コーズリレーテッドマーケティング**（cause-related marketing）もなされるようになった。これは，「社会改善運動と関連づけられたマーケティング」のことで，企業の商品の売上高に応じてその一定割合を社会貢献活動に寄付するマーケティングの手法である。代表的な活動に，1983年にアメリカンエクスプレス社が，カードが使用されるごとに1セント，カードを新規発行するごとに1ドルを自由の女神像の修繕のために寄付するというプロジェクトを実施した。プロモーションの結果，

修繕費用のおおよそ3分の1に相当する170万ドルの寄付が集まり、キャンペーン期間中のカード利用は28%増加し、新規申込は45%増加した。

## 【アドバンス】

### 1. SRI

SRI（socially responsible investment, 社会的責任投資）とは、「資金を投下する際に、財務的な側面からの判断だけでなく、社会的な側面からの判断も考慮して行う投資」を意味する（水口他, 1998）。

投資の財務的な側面とは、投資を行うことは、利子や配当という形で、直接金銭的な見返りにつながるという側面である。したがって、投資運用の経済的パフォーマンスが少しでも高いことが望ましいことになる。他方、投資の社会的側面とは、社会の価値観や倫理観と相容れない企業（事業）に自分の資金が投下されかねないという側面である。したがって、社会的に高い評価を得ている企業に投資することが望ましいことになる。

従来の投資は財務的な側面からの判断のみに基づいていたが、SRIは財務的な側面だけではなく、社会的な側面をも重要視するところにその特徴がある。

では、具体的にSRIの具体的な手法を見てみよう。一般にSRIは、①ソーシャル・スクリーニング、②株主行動、③コミュニティ投資に分類できる（水口他, 1998）。①のソーシャル・スクリーニングとは、株式や債券の投資に際して、投資先企業の事業内容やその遂行方法を社会的側面から評価して、投資先を選別することである。SRIの最も代表的な手法といえよう。投資先の選別方法には以下の2つがある。第1に、ネガティブスクリーンである。これは、酒やギャンブル、軍事産業など特定の業種を投資先から除外するものである。第2に、ポジティブスクリーンである。これは、企業のCSRへの取り組みに関して評価を行い、高い評価を得た企業を投資先として選別するものである。ただ、ポジティブスクリーンといっても、財務的評価が低ければ投資先として選択されることはない。あくまで、「財務的な側面からの判断だけでなく、社

会的な側面からの判断も考慮して行う投資」である。

②の株主行動とは，株主としての権利を行使することである。具体的には，株主総会での議案の提出，議決権の行使，経営陣との直接の対話を通じて環境問題や社会問題への取り組みを促す活動を指す。

③のコミュニティ投資とは，地域社会の再生と活性化のための投資である。地域の貧困層やマイノリティなどの社会的弱者が資金の受け手であり，投資の対象は，彼らの住宅取得や事業支援などが多い。一般に通常の銀行からの融資が受けにくいケースを対象とする。貸し付けの形をとることが多く，金利は通常よりも低めに設定されることが多い。

SRIを行う代表的な動機は以下の2点に整理できる。第1に，社会的動機に基づくSRIである。SRIのそもそもの発端は宗教団体であるといわれる。1920年代のキリスト教のいくつかの宗派で，協会の資産の運用に当たってアルコールやタバコの生産に関わっている企業を株式投資の対象から除外していた。自分たちが飲酒，喫煙に反対の立場をとっているにもかかわらず，他の人にアルコールやタバコを販売する企業に投資して利益を得ることは自らの倫理観と矛盾するという論理である。極端に言えば，SRIの経済的なパフォーマンスとは無関係な動機といえよう。

第2に，リスク回避動機に基づくSRIである。これは，倫理的に問題のある企業に投資することはリスクが高いという判断に基づいたものである。第1の動機の源泉となっている個人の価値観や倫理観がある規模以上になれば，それは社会的な価値観や倫理観となる。その社会的な価値観や倫理観に反する企業に投資をすることは,経済的なリスクを持つ可能性が高いという論理である。

SRIは，日本ではまだあまり一般的ではないが，アメリカ市場で活発であり，年々増加傾向にある。1995年では，6,390億ドルであったが，2007年には，4倍以上の2兆7,120億ドル（約300兆円）まで拡大しており，アメリカ全体の総運用資産の約11％を占めている（Social Investment Forum, 2008）。

さて，現実の動向として非常に興味深いSRIであるが，理論的にも興味深い。ステイクホルダー・マネジメントでは，独立したステイクホルダーがそれ

ぞれ企業と関係を持ち，企業が各ステイクホルダーの利害の調整を行うという構図で捉えられてきた。つまり，このモデルに基づけば，企業は株主に対して，株価や配当，説明責任等の株主に関連する責任に対応すればよい。しかし，SRIを行っている株主は，単に株主としての要求だけではなく，他のステイクホルダー全てに関する配慮を株主の立場から要求していることになる。つまり，ステイクホルダー同士が複雑にネットワークを形成し，企業の批判や支援を行っているという構図が浮き彫りになる。このように，現実の企業を取り巻く社会は，複雑に相互作用していることに注意しなければならない。

## 2．社会業績と経済業績

**社会業績**（social performance）とは，企業の果たす社会的責任の遂行度であり，**経済業績**（economic performance）とは，企業の獲得する収益のことを指す。この社会業績と経済業績との関係については企業の社会的責任肯定・否定論論争の際から論じられてきた問題である。そこでは，企業が社会的責任を果たすことが長期的には企業の経済業績に貢献するという命題の検証がなされてきた。それが啓発された自利という発想にもつながっている。これは，端的に言えば，「社会的責任はひき合う（social responsibility pays）」，「倫理的であることはひき合う（ethics pays）」ということである。他方，否定論では，企業が社会的責任を果たそうとしても，社会的責任を果たしている企業はコストがかかるため，企業が社会的責任を持とうとする努力は失敗すると主張されている。

このため，この仮説を検証するための実証研究が盛んに行われてきた。たとえば，上述した社会業績の高い企業と低い企業のROAや株価を比較するというように，社会業績と経済業績の関係を分析するものである。これらの研究は代表的なものだけでも30件を超え，様々な国で行われている（Margolis & Walsh, 2001）。しかし，社会業績が高いことが経済業績に貢献するという明確な結論は得られていない。「社会業績の高いことが経済業績にマイナスの影響を与えるという明白な証拠はない」という消極的な結論が現時点での「企業と

社会」論のコンセンサスとなっている。

　実際，企業を取り巻く環境によっても両者の関係は異なるであろう。たとえば，上述の SRI が盛んになることは社会業績と経済業績の両立を促進する素地を形成することにもなる。逆に，企業側の視点に立てば，戦略的フィランソロピーは両者を統合することを目的としているともいえる。他方，社会的責任の遂行や，倫理的であることはそれ自体が評価の対象であり，経済的な評価とは独立でなければならない主張も存在している。

（谷口勇仁）

＜参考文献＞

Carroll,A. B., A Three-Dimensional Conceptual Model of Corporate Performance, *Academy of Management Review,* Vol. 4, No. 4, 1979, pp. 497-505.

Carroll, A. B., and A. K. Buchholtz, *Business & Society : Ethics and Stakeholder Management, 7 th ed.,* South-Western, 2008.

Davis, K., Can Business Afford to Ignore Social Responsibilty ?, *California Management Review,* Spring, 1960, pp. 70-76.

Freeman, R. E. *Strategic Management : A Stakeholder Approach,* Pitman, 1984.

小山嚴也「経営の環境」（奥村眞一編著『経営学講義』中央経済社，第4章），1997年，pp. 39-49.

小林俊治『経営環境論の研究』成文堂，1990年.

Lawrence, A. T., and Weber, J., *Business & Society : Stakeholders, Ethics, Public Policy, 12 th Edition,* Mc Graw-Hill, 2008.

Margolis, J. D., and Walsh, J. P., *People and Profits? : The Search for a Link between a Company's Social and Financial Performance,* Lawrence Erlbaum Associates, 2001.

Mitchell, R. K., Agle, B. R., and Wood, D. J., Toward a Theory of Stakeholder Identification and Salience : Defining the Principle of Who and What Really Counts, *Academy of Management Review,* No. 22, Vol. 4, 1997, pp. 853-886.

水口剛・國部克彦・柴田武男・後藤敏彦『ソーシャル・インベストメントとは何か』日

本経済評論社,1998年。

森本三男『企業社会責任の経営学的研究』白桃書房,1994年。

野中郁次郎・加護野忠男・小松陽一・奥村昭博・坂下昭宣『組織現象の理論と測定』千倉書房,1978年。

ペイン,リン・シャープ『ハーバードのケースで学ぶ企業倫理 ―組織の誠実さを求めて』慶應義塾大学出版会,1999年。

Porter, M. E., and Kramer, M. R.,「競争優位のフィランソロピー」『Diamond ハーバード・ビジネス・レビュー』28(3), 2003年, pp. 24-43.

櫻井克彦『現代の企業と社会』千倉書房,1991年。

Social Investment Forum, *2007 Report on Socially Responsible Investing Trends in the United States,* March, 2008.

谷口勇仁「「企業と社会」論の構成と展開」(手塚公登・上田泰・小山明宏編著『経営学再入門』同友館,第10章),2002年,pp.167-182.

谷口勇仁「企業の社会的責任」(櫻井克彦編著『現代経営学―経営学研究の新潮流―』税務経理協会,第4章),2006年,pp. 95-116.

Wartick, S. L., and Wood, D. J., *International Business and Society,* Blackwell, 1997.

山倉健嗣『組織間関係』有斐閣,1993年。

# 第4章 市場と組織の経済学

　この章では，経営学の隣接分野である経済学の視点から企業の経営行動や組織を分析するアプローチを取り上げる。経営学が企業を対象としてその本質やあるべき姿，成長のための方策などに関して有益な知見を提供してきたのは間違いない。しかし，資源配分の場として市場と企業組織の効率性を相対的に捉える経済学，特に新制度派経済学の世界を俯瞰することは，経営学を学んできたものにとって新たな知的刺激と有用な概念を与えることになろう。

## 1．新制度派経済学の概観

　コース（Coase）は1937年の古典的論文で「企業はなぜ存在するのだろうか」という問いを発した（Coase, 1937）。この問いは，経営学的にみればほとんど意味のないように思えるが必ずしもそうではない。市場経済の中で，企業は他の企業と取引したり，あるいはさまざまな企業間で連携関係を構築したり，また時には合併したりしている。こうした行動は表現を変えれば，時に市場を使い，時に組織を使うということを意味している。市場とは何か，企業とは何か。その相対的な優位性を理論的に考えることは，経営学にとっても十分に興味深いことであると思われる。まず本節では，そうした問題に取り組んでいる**新制度派経済学**（new institutional economy）について説明を加えていきたい。

　新制度派経済学は，さまざまなアプローチの束であるといわれており，多様な理論が並存している。その中で，代表的なアプローチは**取引コスト理論**（transaction cost theory），**エージェンシー理論**（agency theory），**所有権理論**（property rights theory）である。これらのアプローチに共通する問題意識や方法論

的スタンスは，経済社会を構成する制度やルールの生成と変化を方法論的個人主義の観点から説明しようとする点にある。経済の仕組みや市場機構の働きを分析する現代の中心的理論は新古典派経済学であるが，それは極めて抽象的な仮定によって立つものであり，形式的・数学的なモデルに基づいて経済現象を説明しているが，現実的妥当性に欠けるとの批判が根強くある。

新制度派経済学が解明しようとするのは，新古典派経済学では十分に取り扱われなかった制度を正面から採り上げ，分析を加えていこうとするものである。それによってより具体的・現実的なインプリケーションを得ようとしている。その理論的前提として，完全合理性や完全情報に代えて，**限定された合理性**（bounded rationality）や情報の不完全性を採用し，新古典派経済学に比して相対的により現実的な説明をさまざまな経済現象について行うことが可能となっている。たとえば，系列組織やバーチャル・コーポレーションの出現の理由，コーポレート・ガバナンスの検討，企業内における報酬デザインの設計などが分析対象となっている。新古典派経済学の理想的な環境下では市場がすべてであり，多様な制度やルールや慣行の存在は必ずしも合理的基礎を持ち得なかった。それに対して，新制度派経済学は個人の合理性に関する強い仮定をより現実的なものに置き換えることで，制度やルールの問題を分析の射程に納めることに成功したといえる。

取引コスト理論の典型的な問題は，ある部品の取引を自社内で行うか，それとも市場を通じて行うか，どちらが効率的であるかという，いわゆる垂直的統合に関する問題である。取引を基本的な分析単位として，その効率性を決定する要因を明らかにすることを通してさまざまな組織設計や戦略問題に解を与えようとするものである。エージェンシー理論は，**情報の非対称性**の下でプリンシパルとエージェント間の効率的な契約関係を設計するという問題を扱う。雇用者と被雇用者，保険会社と保険加入者，株主と経営者などエージェンシー理論が分析対象とする関係は広く見られる。また所有権理論は，交換取引を所有権の束の交換であると考え，制度の生成問題を解明しようとする研究プログラムである。所有権の付与状況が交換当事者のインセンティブに影響し，そのこ

とによって多様な制度のあり方が規定されると考えるのである。

このように新制度派経済学は，制度を分析対象としつつも若干異なる問題を扱う理論群からなるのであるが，いずれも合理性の限界と情報の不完全性を前提として，組織や制度の生成と変化を検討していこうとする点で共通性を有している。

## 2．取引コスト理論

### (1) 企業組織と市場

企業という組織のなかで，従業員はさまざまな仕事を分担しながら遂行している。これを分業という。製造工程で部品の組み付けや加工作業をしている人もいれば，原材料の購入を担当している購買部門の人もいる。また完成品を販売する人もいる。現代の大企業では多種多様な仕事を組織の内部で遂行しているのであるが，原理的に考えるとそれらの仕事が単一の組織のなかで必ず行われなければならないわけではない。1つの組織のなかではなく，いくつかの組織あるいは個人が社会的分業をして，市場を通じて交換することも可能である。

むしろ現代の先進資本主義国では，基本的には市場取引が経済活動の中核を占めており，市場機構を経由した分業によって効率的な経済成果が生み出されているといってもよい。経済理論的には市場を通じた分業によって，あらゆる取引を市場に委ねることも可能なはずである。企業家は生産に必要なもの（ヒト，カネ，モノ，情報等，これを生産要素という）を，適宜，市場から調達してくればよい。新古典派のミクロ経済学では，基本的にはそのように想定している。ところが，もしそれが可能であるとすると，企業という組織の存在理由はなくなる。企業はインプットとアウトプットの技術的関係を示す生産関数に閉じ込められてしまうのである。

しかしながら，現実には組織体としての企業は存在しているし，そのなかで社会的分業の一翼が担われている。その理由はどこにあるのだろうか。この問いに，コースやウィリアムソン（Williamson）等の組織の経済学者たちは，次

のように答えたのである。

### (2) 取引コスト理論の基本的枠組み

　市場機構を利用して，適切な価格を発見したり，取引相手を探したりするにはコストがかかるので，それが著しく高い場合には市場に代えて，組織が出現することになる。これが取引コストの経済学の基本的な考え方である。分析の単位は，取引であり，それを遂行するコストの大小が，市場か，組織か，といった制度（ウィリアムソンは統治構造と呼んでいる）の選択を左右すると見るのである。

　その取引コストの大きさを決める要因として，図表4－1に示してあるように，大別すると環境要因と人間的要因の2つが挙げられる。より具体的には，環境要因は，不確実性／錯綜性と取引相手の**少数性**であり，人間的要因は合理性の限界と**機会主義**（opportunism）である。まず，環境要因のなかの**不確実性**とは，さまざまな経済事象において確定的な値が実現することはまずないし，将来生起する事象の可能性は無限に近い組み合わせがあるということを意味する。原材料の価格や人件費がどう動くのか，為替レートがどう変化するのか，といった種々の経済変数の動向をあらかじめ知ることはできない。せいぜいできても確率分布を知ることができるくらいであり，それすらも難しいかもしれない。さらには，そもそもどんな経済事象が起きるのかわからないかもしれない。そうであれば，市場で財の取引契約を結んでも，その通りに実行できるかどうかわからないし，契約の締結自体にも困難が伴うであろう。

　また，ミクロ経済学の完全市場では，売り手，買い手とも無数に存在するこ

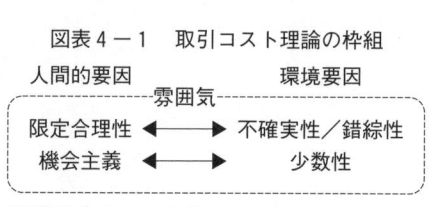

図表4－1　取引コスト理論の枠組

| 人間的要因 | 環境要因 |
|---|---|
| ------雰囲気------ | |
| 限定合理性　←→ | 不確実性／錯綜性 |
| 機会主義　　←→ | 少数性 |

出所）Duma, S. et al（2002），p. 149.

とが前提とされている。もしそうであれば，取引主体は市場で決まる価格に従うしかなく，交渉の余地はない。ところが，実際にはそうした取引環境であることは，ほとんどない。取引相手が限られている場合には，取引の場においてさまざまな駆け引きをする余地が生まれる。つまり，取引相手の数が取引のあり方を左右する重要な環境要因となるのである。取引相手が少数であれば，取引契約の締結・遂行の両者において障害が増すと考えられる。

　人間的要因としてあげられている合理性の限界，ないし限定された合理性とは，サイモンが指摘した人間の情報処理能力や認知能力についての見方である。ミクロ経済学の理想的な状況では，経済主体は完全な合理性を持つことが仮定されている。状況についての正確無比な認識，無限の計算能力，首尾一貫した，矛盾のない選好形成と行動などである。しかし，実際には最良の行動を選択しようとしても，計算能力や認知能力に限界があるためにできないというのが，取引コストの経済学の基本認識である。

　さらに，もう1つの人間的要因として，機会主義があげられている。伝統的な経済学でも取引主体は自分の都合のよいように，つまり自らの利益や効用を最大にするように行動すると仮定されている。他者への奉仕や社会全体のことを考えて製品をつくったり，売ったりするのではなく，自分の利益を最大化するように行動しても，神の見えざる手によって，市場全体の効率性の達成が可能であるというのが，経済学の基本テーゼである。利己主義的な個人を前提にして理論が組み立てられているのである。その点は，取引コスト理論でも同様の立場に立つのであるが，よりいっそう強い利己的行動を想定している。それが機会主義である。自分に有利になるように意図的に情報を隠したり，最初から守るつもりのない約束をして，それを破ったり，嘘の報告をしたりするなどの極端に利己的な行動をとる可能性がある，と想定しているのである。

　こうした環境要因と人間的要因のなかで，不確実性／錯綜性と限定された合理性，および少数性と機会主義が結びつくとき，市場での取引の困難さは増大する。取引環境が不確実であっても，完全な合理性が備わっていれば，問題とはならないし，少数間の取引であっても，機会主義的に行動しなければ，取引

は円滑に進むであろう。人間的要因と環境要因のそれぞれが図表4－1に示されたように結びついたとき，取引コスト上の問題が発生する。

### (3) 取引特性と取引コスト

　経済主体の情報収集能力や認知能力に限界があり，しかも正直に行動するとは限らないとき，そして不確実性の存在により将来の状況が予測しがたく，さらに取引相手が少ないと，市場機構はうまく機能しない。これが取引コスト理論の基本的枠組みから導かれる結論である。この枠組みにさらに取引状況を説明する2つの重要な概念を追加しておこう。1つは，取引される財やサービスの特性であり**資産特殊性**ないし投資特異性と呼ばれるものである。取引される財が標準的な性質を持たず，汎用性に欠けるとき，市場での取引コストは大きくなる。この要因は取引状況の少数化を事後的にもたらすものとして，取引コスト理論が展開されていくなかで，ウィリアムソンによって特に強調されるようになった。もう1つは，**取引頻度**である。取引が繰り返しなされるのか，一度限りであるのかによっても組織か市場かの選択は左右される。他の条件を一定とすると，取引頻度が増加すると，市場を利用するよりも，組織を使うことの有利性が増すことが多いのである。

　ところで少数性に関してもう少し説明を加えると，それはある市場で取引を開始する前の取引当事者の数を意味する事前の状態と，契約が結ばれ，取引が実施された後の事後の状態に分けて考えることができる。

　事前の問題についての最も典型的なケースは，双方独占の状態である。取引環境が不確実性にさらされているとき部品や半製品の売買の当事者が1社しか存在しなければ，納入価格の適切な水準について交渉で合意に達するのは容易でないし，かりに，一定の契約内容に合意ができたとしても，その履行をめぐって紛争の余地がある。双方独占という極端なケースでは，代替的な取引相手がいないので，取引当事者は互いに機会主義的に行動する強い誘因を持っており，市場機構に代わる統治構造を選択したいという動機が生まれる。しかし，こうした事前の意味での双方独占の状態は，現実にはあまり観察されない。む

しろ，事後的に取引相手が実質的に限定され，少数化する状況が興味深い問題である。

状況として，部品の購入か内製か，の選択に直面する産業は寡占的であり，取引相手となる産業は，多くの競争的企業から成り立っているとしよう。具体的には，自動車産業や家電産業における完成品メーカーと部品供給業者の関係が想定できよう。このケースにおいて，必要とされる部品が，どの企業の現有設備からも同一の費用で，しかも一定水準以上の品質で生産できるなら，それを内製化する誘因を持たないであろう。取引相手が多数なので，市場での競争メカニズムが適正な価格と品質を保証し，取引相手企業が機会主義的行動をとる余地が少ないからである。かりに，購入契約を締結した企業がその契約条件を誠実に履行しなければ，容易に他社との取引に移行できる。したがって，このケースでは，市場機構を利用することに難点はなく，取引コストは安い。

ところが，ある企業の発注する部品が当該企業に特有であって，その部品をつくるために特殊な設備を要するのであれば，事態は異なる。上述した資産特殊性が存在する状況である。その部品を生産する潜在的な能力のある企業が取引開始前には多数存在したとしても，ある1社が受注した契約後の状況は，双方独占的なものに変質してしまう。これをウィリアムソンは，状況の**根本的変化**（fundamental transformation）と呼んでいる。

こうした状況下では，契約が締結され，特定の投資がなされた後に，機会主義的な行動をとる恐れがある。これを**ホールド・アップ**（hold up）問題ということもできる。取引当事者は，互いに簡単には代替的な取引相手を探すことができない，という状態が生成するのである。取引が繰り返され，互いに学習をしあいながら関係を深めていけば，代替的な取引相手はますます存在しなくなるというジレンマに立たされることになる。こうした状況では，単純な市場取引を続けることができるかどうか疑わしい。取引の継続を担保する何らかの制度的仕組みが必要になってくるのである。

## (4) 代替的な統治構造

　以上のように，人間的要因と環境要因そして財および取引の特性が結びついたとき，市場で契約を締結し，それを履行することが難しくなり，取引コストが高まる。そのとき，取引を制御する制度として，市場に代替する統治構造として組織を設立する誘因が生じる。組織にも多様な形態がありうるが，**ヒエラルキー**（hierarchy）組織をその典型として取り上げよう。

　ヒエラルキー組織が市場と異なるのは，価格ではなく権限を背景とした調整が可能なことである。それによって，機会主義を抑制する適切な監視機構を整備したり，報酬システムを構築したりすることができる。市場機構を使用する場合でも，機会主義を抑制する手段がないわけではない。将来の取引を停止するといった報復措置や司法的な手段に訴えて，契約の履行を促進することも可能ではある。しかし，それを実行するには，一般に高い費用と長い時間を要する。

　また，組織内の取引では，構成員の価値観や将来への期待などが一致しやすく，市場と異なった雰囲気が生まれる。一言でいえば，敵対的ではなくなる。もちろんこうしたことが，自動的に達成されるわけではないし，組織が大規模化すれば，各部門が局所的な利益を追求し，さまざまな駆け引き的行動も見られるようになるかもしれない。しかしながら，一般論としては，組織内部には市場ではみられない雰囲気や凝集性が醸し出され，機会主義が抑制されうるといってよいであろう。ただし，組織を形成するには，一定の設立費用がかかり，それは固定的な埋没費用となる。その点，企業にとっては市場の方がセットアップ費用は安く，容易に利用できる。したがって，企業として利用すべき統治構造は，まず市場であり，そこでの取引コストが耐え難いほど上昇したときにヒエラルキー組織への移行が視野に入ることになる。このように基本的には取引コストの大きさを基準として，市場かヒエラルキーかの選択がなされるのである。

　ただし，図表4－1に示されているように，市場とヒエラルキーのどちらの取引モードを選択するかについて，雰囲気という要因も関係することをウィリ

アムソンは指摘している。雰囲気とは取引の参加者が取引のモードにおく価値のことであり，たとえば，自営という働き方にこだわる人は，取引コストの大きさだけから判断してヒエラルキーの下で従業員として働くという選択をするとは限らない可能性もある。

## 3．エージェンシー理論

　ある経済主体が他の経済主体に代わって意思決定するとき，エージェンシー関係が発生する。この関係は，車の修理工場と修理を依頼するドライバー，医者と患者，保険会社と保険加入者などわれわれの日常生活の場で頻繁にみられる。能力的な問題や時間の節約の観点からといった色々な動機で他者に意思決定を委ねることがある。この関係は企業内部でも経営者と従業員の間で，また株主と経営者との間でも成立している。人間の合理性には限界があり，あらゆる仕事や意思決定を1人で行うことは不可能であるので，他者に一部を委ねなくてはならない。企業のヒエラルキー構造は，エージェンシー関係を表現しているともいえよう。

　エージェンシー関係において，仕事を依頼する経済主体を**プリンシパル**（principal），依頼される主体を**エージェント**（agent）と呼ぶ。ここでの問題の核心は，エージェントがプリンシパルの意向に沿ってきちんと仕事をしてくれるかどうかということである。何の制度的な工夫もなく，業務を代行させると，プリンシパルの意図が達成されないかもしれない。というのは，エージェントは自らの利益を最大にするよう行動するからである。プリンシパルにとって望ましいことが，エージェントにとっても望ましいとは限らないのである。というより，そこには利害対立のあることが一般的であろう。そうした状況において，どのような契約関係を取り結ぶことがプリンシパルにとって適切であるかを解明することがエージェンシー理論の課題となる。

## (1) アドバース・セレクション

　プリンシパルとエージェントの間で契約関係が成立するかどうかは，基本的には情報の問題が深く関わる。たとえば，保険会社が保険加入希望者に保険契約を提供しようとする場合，加入しようとしている人の健康状態についての情報がなければ適切な料率を設定できない。保険会社が加入希望者全員の病気にかかる平均的なリスクがわかっていてもそれに基づいて料率を設定すると，健康に自信のある人は高い料率だと感じ，加入しなくなる。その結果リスクの高い人だけが保険に加入し，最終的には保険市場が成り立たなくなる可能性もあるのである。この問題のポイントは，健康状態に関する情報を加入者は知っているが，保険会社は知らないということである。これを**情報の非対称性**と呼ぶが，この場合，不健康な人だけが保険市場に残ってしまい，**アドバース・セレクション**（逆選択）が生じることになる。そうすると，極端な場合には市場取引そのものが成立しなくなるのである

　そこで現実にはこうした状況を回避するために，保険加入者に診断書の提出を求めることにより，情報の非対称性を緩和し，逆選択を克服している。

## (2) モラルハザード

　エージェンシー関係をめぐるもう1つの大きな問題は，契約を結んだ後に，あるいは業務を委任した後に，適切な行動をとらない可能性があるということである。かりに，エージェントの仕事ぶりを完全に観察（モニター）できるのであれば，プリンシパルは自己の効用が最大になるようエージェントに仕事をさせることは可能であろうが，通常モニターを完全に行うことは時間的にも費用的にも難しい。そこで，エージェントの努力をできるだけ引き出すよう動機付けの可能な契約を工夫する必要がある。具体的には，賃金契約において，固定賃金にするか，歩合給にするかといった問題である。難しいのは，完全に個人の業績に報酬を連動させれば動機付けは高まるが，あまりにも多くのリスクをエージェントに負わせることは，必ずしも効率的な解を提供するものではないことである。

こうした問題は，人間は契約を結んだ後に，行動をモニターされなければ，それを守らなかったり，最初から守るつもりのない約束をしたりする機会主義的性向があることから生じる。これを**モラルハザード**（moral hazard）と呼ぶ。もともとは火災保険などで保険がかけられたために，契約者が保険の対象物をきちんと管理をしなくなることを指していたが，今日では企業経営のいろいろな場面で生じる現象にも使われるようになった。経営者は株主のためにきちんと経営をしているか，従業員は上司のために働いているか，プリンシパルがエージェントを直接監視ができない場合にはいかにモラルハザードを防ぐ仕組みを構築するかが重要な課題となる。業績連動の報酬制度は1つの仕組みであるが，その他適切な業務報告制度やモニタリング制度の設計が大切であろう。

## 4．所有権理論

### (1) 所有権とは

市場取引が効率的に行われるためには，基本的には財やサービスの所有権がいずれかの経済主体に明確に帰属されていなければならない。新古典派経済学の世界では，そのことが無費用で行われるとの想定の下で，財の効率的利用と配分が実現される。しかし，経済主体の限られた合理性—情報収集，処理，伝達能力の限界—を仮定すると，所有権を確定することのコストとベネフィットの比較に基づいて，所有権をどのように割り当てるか，あるいは割り当てを行わず「公共の領域」に置いておくのか，を決めるのが望ましいことになる。

そもそも所有権とはどのように定義されるのか。それは次のような権利を含む権利の束である。

① 財を利用する権利
② 財の形態と内容を変更する権利
③ 発生した利潤を自分のものにする権利，または損失を負担する義務
④ 財を譲渡し，清算による収益を受け取る権利

こうした内容を含む所有権は，経済学の世界では法律上で規定されるものより弾力的に使われる。たとえば，企業内である職務を担当する場合，その担当者は人，物，資金，情報などの経営資源を使用する権利を有することになる。こうした権利も，所有権と呼ばれる。また，法律上の意味では絶対的な所有権を確立しているとしても，経済的な意味では契約によって曖昧さを残さず，所有権を定義し，交換し，管理し，強制することには，禁止的な取引コストがかかるため，完全な所有権を享受することは難しい。公害などの外部性―ある経済主体の自らの行為によって引き起こされる，補填されることのない効用の変化―が発生するのは，財の所有権―この場合には大気の所有権―を定義し，誰かに帰属させることにコストがかかるからであるということができる。

　また，財の価値は当該財の物理的特性のみで決まるのではなく，その財に対する所有権の中味にも依存している。たとえば，土地の価値は，その地味や広さだけではなく，耕作権や抵当権などの状態に依存するのである。というのは，それによって所有権が制限され，土地の価値が変わるからである。

　このように，所有権をどのように割り当て，それがどの程度完全であるのかによって，財の価値は大きく左右されるのであり，また所有権の割り当て自体にコストがかかることを認識して，適切な所有権のあり方を構想することによって効率的な交換取引が実現される。

### (2) 所有権の分布と統治構造

　企業組織のあり方と所有権の関係については，アルチャンとデムゼッツによるチーム生産の分析が有名である。**チーム生産**とは個々人が別々に働くよりも，共同で働いた方が生産性の高い状況であるが，一方において個々人の貢献を測定するのが困難な生産状況をさす（Alchian and Demsetz, 1972）。

　このような状況では，チームのメンバーは怠ける誘因を持つ。ある人が手抜きをして他の人の働きにただ乗りしても，それを正確に測定できないからである。そこで，そうした行動を抑えるためにメンバーを監視する監視役を設ける必要があるが，その監視役も怠ける可能性がある。そこでその上にさらに，監

視役を置くことも考えられるが，その監視役も怠けるかもしれない。こうした問題を解決するためには，監視役に所有権を与えることが効率的となる。ここでの所有権とは，メンバーに賃金を支払った後に残る残余利益をうる権利，つまり残余請求権，さらにはメンバーとの契約を改訂する権利等である。

こうした権利が監視役に与えられれば，監視役は手抜きをすることなく，できるだけ効率的な状況が達成されるよう努力するであろう。それによってより多くの収益が得られる。このような権利の束を集中的に持つ人が所有経営者であり，したがって所有経営者を頂点とする古典的な資本家企業の階層組織は効率的な組織形態でありうる。

しかし，企業資産に対する所有権を明確に誰かに帰属させ，集中させることが常に効率的であるとは限らない。現代の代表的な企業形態である株式会社は，所有権を制限することによって効率的な資源配分を達成しようとしている。巨額の資金調達が必要であって，多数の株主が存在する株式会社では，すべての株主が意思決定に参加しようとすると，その調整には莫大なコストがかかる。そのため株主の意思決定に参加する権利や資産をコントロールする権利を制限し，経営者に委ねているのである。つまり，株主の所有権を制限することによって効率的な経営の実現を目指しているということができる。

経営と資本の分離は，バーリーとミーンズの研究で指摘されたが，それは所有権理論の立場からは，企業の巨大化に伴って必然的に発生する調整コストを削減して，効率的な経営を可能にするために株主の所有権を制限したものであったと捉えなおすことができよう（Berle and Means, 1932）。そして他方において，経営者の活動の失敗からの負の外部性を制限するために，出資額を限度とする有限責任や証券の自由な譲渡といったルールが確立されたといえよう。

企業の資産や収益が誰に帰属し，その使用や処分の意思決定権限を誰が持つのかといった，広い意味での所有権のあり方によって，さまざまなタイプの企業がありうる。どのような所有権の割り当ての仕方をしている企業組織が効率的であるのかは，当該企業がどんな事業を行っているのか，どんな技術を採用しているのか，あるいはどれくらいの規模であるのか等々の条件によって異な

ってくるであろう。

# 【アドバンス】

## 1．信頼とネットワーク

　経済システムにおける資源配分の場として，市場とヒエラルキーを両極として，その中間にネットワークと称せられる形態が存在する。調整原理として，市場のように完全に価格原理が支配しているわけでもなく，さりとてヒエラルキーのように権限・命令関係が支配しているわけでもない統治構造である。そこでの調整原理は，価格でもなく，権限命令でもなく，**信頼**に基づくものとして特徴付けられる。信頼は市場においても，ヒエラルキーにおいても必要とされるが，とりわけネットワークでは重要な役割を担うのである。

　具体的には，わが国の企業間関係で広く観察される系列関係や企業グループといったネットワーク型の組織である。系列関係では，長期的な取引を続けることを暗黙の前提としながら，信頼関係に基づいて，部品や半製品の納入契約が結ばれている。純粋な市場取引とも，統合された企業組織内部での取引ともいえない形態である。この取引形態は，設立費用の面からすれば両者の中間に位置し，信頼を基軸とする企業間関係なので機会主義的な行動には市場よりは対処しやすい統治構造であり，また個々の取引参加者の立場からみて，機会主義的行動をとる誘引も弱い。

　取引の特性として資産特殊性に着目した場合，特殊性の程度と市場，ネットワーク，ヒエラルキー組織の各統治構造の費用の大きさとの関係は，図表4－2のように描けるであろう。

## 2．企業家の役割と組織

　シュンペーター（Schmpeter）は，生産要素の新結合あるいはイノベーションによって均衡を破壊するのが企業家であり，資本主義経済の発展をもたらすのは創造的破壊を担う企業家であると述べた（Schmpeter, 1942）。こうした英

図表 4－2　特殊性と統治構造

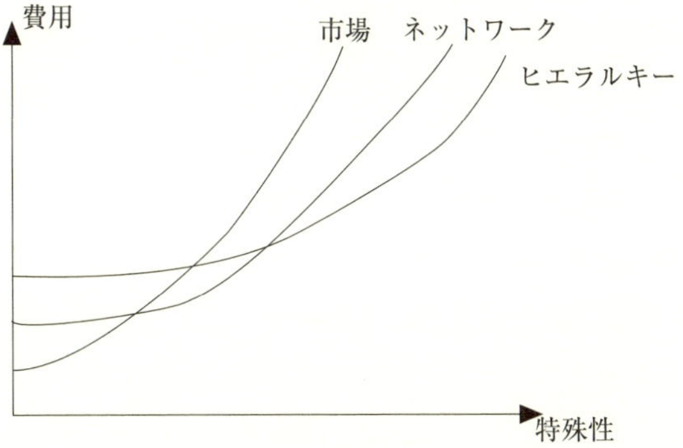

費用　　　　市場　ネットワーク
　　　　　　　　　　　ヒエラルキー

　　　　　　　　　　　　　　特殊性

雄的な企業家像は，新古典派の経済観に対抗するものとして広く影響力を有してきたが，シュンペーターの企業家の役割に対する見方は偏りがあるとする議論も有力である（池本，2004）。**カーズナー**（Kirzner）が指摘するように，企業家は市場経済を円滑に駆動させる上で不可欠な機能を担っているのであり，均衡を破壊することにその本質があるのではなく，不確実な世界，情報の不完全な世界において，市場に内在する不均衡の解消を図ることこそが企業家の仕事である（Kirzner, 1973）。

　これはいわば仲介者あるいは商人としての役割を重視して企業家を見るものであり，企業を生産主体とみなす経済観に異議を唱えるものでもある。情報化やサービス化の進んだ経済社会の現実を捉えるのにふさわしい企業観であると考えられる。つまり，変動する市場経済に絶えず発生するさまざまな不均衡を発見し，リスクを取りながら，その不均衡を解消するところに利潤の機会を見出すのがまさに現代の企業家の中心的な役割である。

　上述したように取引コスト理論は企業の生成を説明するものであるが，企業家の役割については明示的に触れていない。しかし，特定の取引状況において，実際に企業を設立するのは企業家である。企業家が如何に環境を認知して，それをどのように組織化していくのかという論点が企業の本質を理解する上では欠かせないであろう。

この点について，**カッソン**（Casson）は**変動**（volatility）という概念を軸に以下のような議論を展開している（Casson, 1997）。市場環境は常に変動しており，それに如何に対処するかが経済システムにおいて重要な問題である。市場という制度は，変動する不確実な環境で，資源配分の調整を行うためのひとつの装置である。そして企業家の働きが実際にそれを駆動させる。しかし，企業家個人が市場で調整が必要なつど資源の再配分を行うよりも，企業組織の内部で行ったほうが効率的な場合がある。それは市場で取引コストが高いとき，あるいは情報を処理するコストが組織構造を利用することで安くなる状況が生まれたときである。そうした状況が生まれるのはどんな場合かといえば，環境が極めて大きく変化する場合である。カッソンの用語を使えば，永続的ショックが発生した場合である。それを企業家が認知することをきっかけとして企業は生まれるのである。

　永続的ショックとは，新たな市場形成の機会を提供する新技術の展開，新市場の発見，嗜好の変化などさまざまなタイプのものがある。こうしたショックを察知する目利きの優れた人が企業家たる資質を有しており，そうした機会を生かすために，さまざまな資源を所有して企業組織を形成しようとする動機を持つのである。企業家の環境変動の認識，換言すれば，重大な不均衡の発見が企業組織を必要とするのである。

（手塚公登）

＜参考文献＞

Alchian, A. A., and Demsetz, H., "Production, Information Costs, and Economic Organization", *American Economic Journal,* 62, 5, 1972, pp. 777–95.

Berle, A, A. and Means, G. C., *The Modern Corporation and Private Property,* Harcourt Brace and World, 1932.（北島忠男訳『近代株式会社と私有財産制』文雅堂銀行出版社，1958年）

Casson, M., *Information and Organization,* Clarendon Press, 1997.（手塚公登・井上正訳『情報と組織』アグネ承風社，2002年）

Duma, S. and Schreder, H., *Economic Approaches to Organizations* (third edition), Prentice Hall, 2002.（岡田他訳『組織の経済学入門』文眞堂，2007年）

池本正純『企業者となにか』八千代出版，2004年。

今井賢一・伊丹敬之・小池和男『内部組織の経済学』東洋経済新報社，1982年。

Kirzner, I. M., *Competition and Entrepreneurship,* University of Chicago, 1973.（田島義博監訳『競争と企業家精神―ベンチャーの経済理論―』千倉書房，1985年）

Schmpeter, J. A., *Capitalism, Socialism and Democracy,* Allen & Unwin, 1942.（中山伊知郎・東畑精一訳『資本主義・社会主義・民主主義』東洋経済新報社，1962年）

Williamson, O. E., *Markets and Hierarchies : Analysis and Anti-Trust Implications,* New York : Free Press, 1975.（浅沼万里・岩崎晃訳『市場と企業組織』日本評論社，1980年）

Williamson, O. E., *The Economic Institutions of Capitalism,* New York : Free Press., 1985.

# 第2編
# 人事と組織行動

第5章　組織行動：組織の中の人間行動と心理

第6章　組織における意思決定

第7章　雇用と人材育成

# 第5章　組織行動：組織の中の人間行動と心理

　組織行動論は，組織における人間や小集団の行動と心理に注目した組織論の領域の1つであり，組織全体を扱うマクロ的組織論（第2章）に対して，ミクロ的組織論と呼ばれている。組織行動論は，特に心理学，認知科学，集団力学などとの関係が深く，産業心理学や組織心理学と呼ばれる場合もある。しかし，たとえ個人の行動や心理について議論する場合でも，たとえば組織における役職や職務を想定するなど，常に組織との関係が問題にされる点が特徴である。読者もいくつもの組織に所属していると思われるが，組織行動論の主役は（読者を含めた）人間であるから，その議論を自分自身に当てはめて考えると理解しやすいし，身近にも感じられて望ましい。

## 1．組織行動論とは

　**組織行動論**（organizational behavior）あるいは**組織心理学**（organizational psychology）とは，組織に参加する個々の人間や，複数の人間が集まってできる集団に焦点を当てて，その行動を中心に，行動の背景にある知覚，態度，モティベーション（動機付け）などについて解明しようとする学問領域である。組織の研究の中でも，組織全体の構造や組織と環境の関係などを解明しようとする視点を，組織に対する**マクロ的アプローチ**と呼ぶとすれば，組織心理学ないし組織行動論のように，組織の中の人間に焦点を当てようとする視点は，組織に対する**ミクロ的アプローチ**と呼ぶことができる。いうまでもなく，組織を正しく理解するためにはこの2つのアプローチがともに不可欠である。

　このように組織行動論は，人間の知覚や行動を研究対象にするものであるか

ら，その展開は，心理学の諸分野，特に**認知科学**（cognitive science）や**社会心理学**（social psychology）から強い影響を受けている。組織行動論の基礎的な知識の多くは，これらの分野の知見を援用させたものである。しかし，これらの学問と比べると組織行動論は，その名のとおり人間行動が行われる場を，企業や学校，病院のような組織に限定している。たとえば，共通の目的を追求しようという明確な意志もなく集まった群集に生じる特徴的な心理傾向（群衆心理など）の問題は，社会的には大きな影響を与えるとしても，組織行動論では重要なテーマとはなりにくい。組織行動論は，心理学に多くを負っているとはいえ，その点では独自の関心と体系化を持っているといえる。

　組織行動論の標準的なテキストは，全体を3つに分けて，それぞれ個人レベルの議論，集団レベルの議論，組織の議論に充てることが一般的である。このうち，最後の組織の議論は，組織構造や組織文化などの問題を議論しており，組織に対するマクロ的アプローチと重複する部分が少なくない。したがって，本章では，組織行動論のオリジナルな守備範囲として，個人の議論と集団の議論を中心に取り上げる。

## 2．個人行動への影響要因

### (1) 意思決定と行動

　人間は，自分の行動や自分が属する組織の行動の多くを意識的に選択している。個人と組織の関係で考えれば，個々人は，まず，ある特定の組織に入るかどうか(会社であれば入社するかどうか)を決定しなければならない。そして，いったん組織の一員になったならば，今度は組織目的を効果的または効率的に達成できるように個人や組織の活動について決定をしなければならない。

　このような行動の決定選択のプロセスを**意思決定**（decision making）といい，意思決定を行う主体のことは**意思決定者**（decision maker）という。それでは意思決定の主体とは誰であろうか。個々の人間は，意識的に自らの行動を選択できる能力を持った存在であるから，明らかに意思決定者となり得る。組

織は，本来はそれ自体，意識を持たない存在であり，その行動はすべて組織の中の誰かが選択しているものである。しかし，組織それ自体を，あたかも自らの組織目標を達成するために意思決定を行う意思決定者として（擬人的に）扱うことも少なくない。

意思決定と，単なる**決定**（decision）とは概念的には同義ではない。決定は最終的な選択の段階を指すものである。意思決定にはその決定の段階だけではなく，その決定を左右する，決定に至るまでの多様な活動が含まれる（また，論者によっては，決定後に，決定内容を実行する段階まで含む場合もある）。したがって，一瞬の決定が長年の意思決定プロセスを経て行われるということも現実には少なくない。そして，なぜある決定が行われたのかを明らかにするには，その決定の段階だけではなく，決定に至る意思決定プロセスの全般を把握する必要がある。

このように，意思決定は複数の活動が連続的に行われていくプロセスであるが，実際の意思決定がどのような活動から構成され，それらがどのような順序で進むと考えるべきか，言いかえると，意思決定のモデルを構築するという問題は，多くの研究者の関心を集めてきた。もちろん，同じく意思決定と呼ばれるものでも，実際には多様なものがあり，これらの多様な意思決定を統一的に把握できるモデルは存在しないが，モデルによる単純化は有用である。意思決定のモデルのうち最も有名なものは，**サイモン**（Simon）が主張するものである。これは意思決定が問題認識の段階である**インテリジェンス**（intelligence），問題解決のための代替案を発見または設計する段階である**代替案設計**（design），その代替案を評価し選択する段階である**代替案選択**（choice）の3つの段階から成り立つと考えるモデルであり，その頭文字をとって**IDC モデル**（IDC model）と呼ばれることもある（図表5－1）。IDC モデルは極めて有名ではあるが，IDC モデルですべての意思決定が説明できるわけではなく，

図表5－1　意思決定の IDC モデル

| インテリジェンス | ⇒ | 代替案設計 | ⇒ | 代替案選択 |

他の有力なモデルも提唱されている。

### (2) モティベーション

　このように，人間は意思決定によって行動を選択するが，それでは，とり得る行動が複数存在するときに，人間はどうして一方の行動を選択して他方の行動を選択しないのであろうか。これはモティベーションに関する議論を通じて解明されるべき問題である。ここで**モティベーション**（motivation）とは，人間にある行動を選択させ，さらにその行動を継続させる原因あるいはその作用を指している概念であり，かつては「動機づけ」と邦訳される場合も少なくなかった。

　モティベーションの議論で最初に注目されたのは，**欲求**（need）の作用である。そこでは人間の行動は欲求に基づいて選択されると考えられており，その欲求の内容や複数の欲求間の関係に研究の焦点が向けられてきた。この種の代表的な議論としては，人間には複数の欲求があり，その欲求が高低の階層をなしているとする**マズロー**（Maslow）の**欲求段階説**（欲求階層説ともいう）（need hierarchy theory）がある（Maslow, 1954）。その主張によれば，生理面や安全面での低階層の欲求は，それが充足されていない段階では人間の行動を最も左右する要因となるが，それがいったん充足されたあとには行動を選択させる主要な要因とはならない。むしろ，その低階層の欲求に代わって，社会性や自尊心，自己実現といった高階層の欲求が行動を促進させるとされている（図表5－2参照）。なお，最も高階層にある**自己実現の欲求**（理想の自分になろうとする欲求）は充足されることがなく，マズローが考える理想的な人間

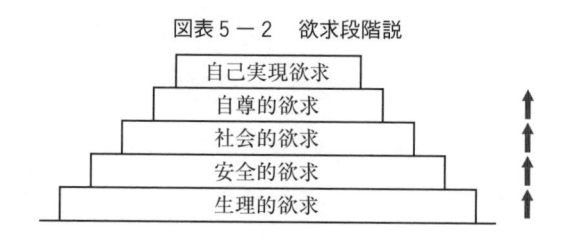

図表5－2　欲求段階説

| 自己実現欲求 |
| 自尊的欲求 |
| 社会的欲求 |
| 安全的欲求 |
| 生理的欲求 |

（しかし，現実にはほとんどいない人間）とは，自己実現より下の欲求がすべて満たされており，自己実現だけを目指すような人間とされている。

また，**マグレガー**（McGregor）は，この欲求段階説のアイデアを，組織における従業員の管理に応用させた。彼は，組織において従業員は低階層の欲求の充足を求めて行動すると仮定する管理者の人間観を **X 理論**（X theory）と呼び，高階層の欲求の充足を求めて行動すると仮定する管理者の人間観を **Y 理論**（Y theory）と呼んだ。彼の主張によれば，現代にあっては，X 理論の人間観に基づく「監督による管理」はもはや有効ではなく，Y 理論の人間観に基づいて，従業員の自主性を重んじる「目標による管理」を行うべきとされている（McGregor, 1960）。目標による管理では，組織の目標と従業員個人の目標をいかにすれば統合させることができるかが最重要の課題とされている。

さらに，**ハーズバーグ**（Herzberg）は，多様な職種にわたる被験者に対して，彼らが仕事上で極めて満足を感じた要因と極めて不満を感じた要因をあげてもらう調査をしたところ，図表5－3にあるように，達成・承認・責任・成長など，満足をもたらしたと指摘される要因（これを**動機づけ要因**（motivation factor）という）は，それが欠けても満足がなくなるだけで不満足を感じるものとは指摘されにくい。逆に，監督者との関係・作業条件・給与など，不満足をもたらしたと指摘される要因（これを**衛生要因**（hygiene factor）という）は，それが満ち足りても不満足がなくなるだけで満足をもたらすとは指摘され

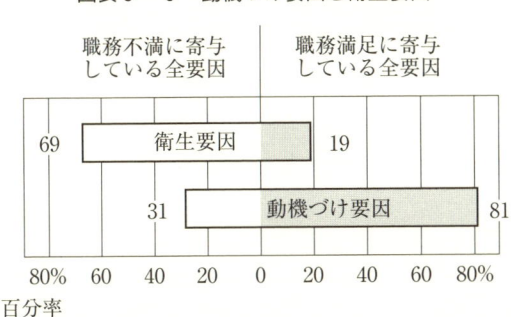

図表5－3　動機づけ要因と衛生要因

| 職務不満に寄与している全要因 | 職務満足に寄与している全要因 |
|---|---|
| 69　衛生要因　19 | |
| 31　動機づけ要因　81 | |

80%　60　40　20　0　20　40　60　80%
百分率

にくい，つまり満足要因と不満足要因はもともと本質的に異なるものであるとすることを発見した。彼のこの議論は**動機づけ衛生理論**（motivation-hygiene theory）または**二要因理論**（two-factor theory）呼ばれている（Hertzberg, 1966）。職務満足を高めるには，衛生要因ではなく，動機づけ要因に注目すべきであるという彼の議論は，その後に，人事労務の領域で，多様な課業を従業員に割り当てることでその仕事に多様性をもたらす**職務拡大**（job enlargement）や職務に対する決定権限を与えて達成感や充実感をもたらす**職務充実**（job enrichment）の重要性を指摘することへとつながっていくものである。

以上の議論は，いずれも欲求のみを人間行動の原因と考える古典的なモティベーション理論と位置づけられている。しかし，実際には，欲求だけでは人間の行動を必ずしも十分に説明できない。そこで，モティベーションの議論は，人間と環境の相互作用や，環境に対する人間の知覚などを考慮に入れて総合的に行動の原因を説明しようとする方向に発展していった。たとえば，**目標設定理論**（goal setting theory）は，人間は与えられた目標が明確で難易度が高いものであるほど，強いモティベーションを生むと考えるものである（Locke, 1968）。たとえば，「生産性を10％向上させよ」という目標は，「生産性をできるだけ向上させよ」「生産性を１％向上させよ」という目標よりも明確性や難易度の点で，従業員を強く動機づけるものとなる。

また，**公平理論**（equity theory）では，人間は比較可能な他者と比較した場合に自分が組織から公平な扱いをされているかどうかに関心があることから，不公平を是正し，公平を維持するように行動すると考えている。この公平感は，自分の組織への貢献（I(self)）と組織から受ける多様な報酬（O(self)）の比率が，比較可能な他者（社内の同僚など）の比率（O(other)/I(other)）と比べて等しいかどうか，つまり以下の両辺が等号で結べるかどうかによって決まると考えられる。

$$\frac{O(self)}{I(self)} = (\neq) \frac{O(other)}{I(other)}$$

さらに、**期待理論**（expectancy theory）では、人間の行動は、行動によって得られる報酬の魅力度（正確には誘発度ないし誘意度という）だけではなく、その行動がその報酬を獲得できるかどうかの期待の程度（可能性の評価）にも依存すると考えている。より具体的には以下のような式で人間の行動の強さ（F）が決まると考えるのである。

$$F = \sum_i P_i(E \rightarrow O_i) V(O_i)$$

この式は、基本的に期待値を求める式である。ある人間の努力 E が報酬 $O_i$ の獲得につながる期待ないし可能性 $P_i(E \rightarrow O_i)$ に（$P(\cdot)$ は確率を表す）、$O_i$ 魅力度（誘発度）$V(O_i)$ を掛け合わせた値を、努力 E から得られる可能性のあるすべての O について加算した期待値が、その行動に対する人間のモティベーションの強さを決定するというものである。

魅力的でない報酬しか得られなければ、人間はその報酬を獲得しようとしないことは、欲求に注目した古典的な議論からも明らかである。しかし、期待理論によれば、たとえ魅力的な報酬であっても、一生懸命に努力してもそれが得られそうもないと判断されるならば、その報酬を獲得しようとは動機づけられないことが予想できる。たとえば、大統領という職業に憧れを持つ人がすべて実際に大統領になることを目指そうとするわけではない。それは、努力すれば自分が大統領になれると考える人間は極めて少数に過ぎないからである。この期待理論は、近代的なモティベーション論の中でも極めて重要な位置を占めているものである。

上の期待理論の枠組は、極めて一般的なものであり、特に組織の従業員の状況に限られて適用されるものではない。しかし、特に従業員が高業績をあげて組織から報酬が与えられるという状況を想定すると、所定の行動が高業績につながる期待と、その高業績が高報酬につながる期待とは分けて考えるほうが望ましい場合も少なくない。前者は従業員個人の能力や技能が強く関係するが、後者は組織の報酬制度がむしろ強く関係するからである。そこで、そこで、ポーターとローラーは、上の期待理論の公式を発展させて2つの期待を別々に考慮

できるような期待理論のモデルを構築している（Porter and Lawler, 1968）。

### (3) 態度・知覚・パーソナリティ

　それでは期待理論でいうところの，人間の行動を決定すると考える報酬の魅力度や，それが得られる期待はどのように決まるのであろうか。まず，報酬には，金銭や地位などの外的報酬と，良好な人間関係や自己実現感，達成感のような内的報酬があるが，これらの報酬がどの程度魅力的であるかは個々人によって異なる。給料さえ良ければ職場の人間関係はあまり重視しないという従業員もいるかもしれないし，逆に，給料よりも，楽しい仕事ができるかどうかを重視する従業員もいるかもしれない。

　このように，報酬のような何らかの対象に対して個々の人間が抱く好き嫌いとか良し悪しのような評価的反応のことを**態度**（attitude）という。なお，日常語で態度というと，人間の素振りや様子のことを意味するが，ここではその日常語とはやや異なる言葉の使われ方がされていることに注意すべきである。人間は多様な対象に何らかの態度を抱いているが，これらの態度は必ずしも固定的なものではない。時間の経過や経験，さらには他者からの説得によって態度は変容する可能性がある。たとえば，企業の広告は，自社製品に対する消費者の態度変容（つまり，自社の製品に対して好意的な態度を生じさせること）を目的として行われているものである。

　また，複数の対象に態度を抱く場合に，それらの対象間の関係によっては，その態度が矛盾してしまう場合がある。たとえば，喫煙者は，喫煙に対しては好意的な態度を抱くが，肺癌に対しては嫌悪的な態度を抱いている。しかし，喫煙と肺癌には，前者が後者の原因となっているという関係がある。したがって，好意的な態度を抱く対象（喫煙）が，嫌悪的な態度を抱く対象（肺癌）の原因になっているという点で，両者に対する態度は矛盾した関係になってしまっている。この例のように，複数の態度や信念の間，および態度と行動の間などに矛盾が存在すると知覚される状況は**認知的不協和**（cognitive dissonance）と呼ばれている。認知的不協和理論を確立した**フェスティンガー**（Festinger）

によれば，不協和関係を知覚することは人間にとって不愉快であるので，その人間は何らかの手段でそれを解消しようとするという（Festinger, 1957）。それには，不協和関係を解消して協和関係が形成されるように態度を変容させる（たとえば，喫煙を嫌悪する）ことのほか，すでに協和関係にある他の要素間関係にまで知覚を広げることで，不協和関係の知覚的な比重を軽減させることも行われる。たとえば，喫煙と正の関係を持ち，かつ好意的な態度を抱くことができる要素（たとえばリラックスできること）の存在や，肺癌と正の関係を持った他の要素（たとえば自動車排気ガスの存在）の存在を殊更に意識しようとすることは，喫煙と肺癌の間に形成されている認知的不協和の知覚上の比重を軽減させるのに貢献するであろう。

次に，期待理論における期待に特に影響するのは，自分の能力や環境に対する**知覚**（perception）であろう。目や耳のような感覚器を通じて刺激を得ることを**感覚**（sensation）といい，知覚は感覚と無関係ではないが，その刺激を，当事者の経験や動機などを通じて解釈することが含まれる。したがって，感覚器には同じ情報が入ってきたとしても，その主観的解釈の違いから個々人によって全く異なる知覚が形成される場合がある。たとえば，まったく同じ株価の変動を見て，ある人は「今は買い時」と知覚し，別の人は「今は売り時」と判断する。まさにこの違いが存在することが，知覚の問題を医学からではなく，心理学から研究する理由でもある。

知覚が感覚器によって機械的，受動的に決まらないことから，たとえ感覚器は正常な働きをしたとしても，そこに形成される知覚が客観的な観点からは誤りである場合も起こり得ることを意味する。特に人間の知覚は，以下のような典型的な誤りをおかしやすいことが知られている。

まず，自分の欲求が望む方向に知覚を歪ませてしまうことがあり，これを**選択的知覚**（selective perception）という。視覚でいえば，見たいと思うように見えてしまうことである。たとえば，自社の衰退を信じたくない創業者は，同社の売上高が低迷していても，それは単に一時的なものであり，やがては向上すると知覚してしまいがちである。

次に，知覚の対象をその顕著な特徴から1つの型に押し込めて単純に解釈してしまうこともある。これを**ステレオタイピング**（stereotyping）という。たとえば，相手が老人であることだけで保守的だと決めつけたり，アメリカ人であることだけで物質主義的であると決めつけたりすることがあげられる。

最後に，他者のある1つの望ましい（あるいは望ましくない）特徴から，本当は知らない別の特徴も同じように望ましい（または望ましくない）と判断してしまうこともある。これが**ハロー効果**（halo effect）である。たとえば，恐い顔をした人間は性格も恐いと判断してしまうことがあげられる。

さて，人間の知覚や態度，動機などはバラバラに機能しているわけではなく，その人物の中で互いに影響し合いながら，その人の個性あるいは人格を形成している。このような日常的には個性や人格と表現される場合が多い，ある人間の心理的・行動傾向に関する全般的な特徴を**パーソナリティ**（personality）と呼ぶ。個人がどのようなパーソナリティを持つかは，その人が親から受け継いだ遺伝的要素と，その人の生活や経験にかかわる環境的な要素がともに影響を与えると考えられている。

パーソナリティの議論で最も基本となるのは**特性5因子論**（主要5因子論）（the Big 5 theory）と呼ばれるもので，パーソナリティを以下の5つの因子で認識しようとするものである。

N. 神経症的傾向（neuroticism）：状況変化に敏感に反応する程度。
E. 外向性（extraversion）：他者との人間関係を求める程度。
O. 開放性（openness to experience）：知的関心の強さの程度。
A. 調和性（agreeableness）：他人との調和的関係を求める程度。
C. 誠実性（conscientiousness）：良心的に物事に取り組もうとする程度。

また，組織行動論では，人間のパーソナリティは，ある特定の次元から，より単純に分類されることも少なくない。たとえば，**統制の位置**（locus of control）は，内外要素に対する自己の統制力に対する知覚に反映するパーソナリティ特性として極めて注目されているものの1つである。この分類に基づけば，内外

要素に対して自己の統制力が強いと知覚する，換言すれば，何でも自分の思い通りになると考えたり，何に対しても自分が責任を持たなければならないと考えたりする傾向の強いタイプを**内的統制型**といい，その逆に自分の統制力が弱いと知覚するタイプを**外的統制型**という。また，統制の位置以外のパーソナリティ特性として，人間関係における上下関係の意識に反映する**権威主義**（authoritarianism），目的達成手段の倫理的配慮の意識に反映する**マキャベリズム**（machiavellism），冒険的革新的行動に対する評価に反映する**リスク志向性**（risk taking）などのパーソナリティ特性が注目されている。さらに実業界では，人間を外向的で競争的な**タイプA**（type A）と，内向的で非攻撃的な**タイプB**（type B）に分ける分類もよく採用される。パーソナリティの議論でよくある間違いは，その違いを人間性の優劣の違いと勘違いしてしまうことである。パーソナリティはあくまで人間の特徴（個性）であり，いずれのパーソナリティが組織にとって望ましいとか，成功しやすいとか安易に考えてしまうことは望ましくない。

## 3．集団行動への影響要因

### (1) 集団力学からの知見

複数の人間が集まって集団が形成されると，そこに人間同士の多様な相互作用が生まれてくる。この相互作用により，集まった人間の特性や能力を単に加算したのとは異なるさまざまな特徴をその集団が持つことになる。組織行動論において個人とは別に集団に焦点を当てるのは，この相互作用が生み出す集団独自の特徴が存在するためである。

このような集団内の相互作用による集団全体の心理的プロセスの特性を明らかにする学問領域を**集団力学**（group dynamics）という。集団独自の心理的特性として集団力学で明らかにされたもののうち，以下の社会的促進と抑制，集団分極化，同調などは組織行動論でも極めて重要視されてきたものである。

**社会的促進**（social facilitation）（ないし**社会的抑制**（social inhibition））と

は，受動的な観客が存在する状況や，陸上トラックを一緒に走る場合のように傍らで同一の行動が行われている状況では，通常よりもある行動が促進され，別の行動が抑制される傾向にあることをいう。このような現象に対しては，他者の存在が行為者の覚醒を促した結果，当人にとって慣れた行動が促進され，そうでない行動が抑制されるという説明が有力である。たとえば，プロの演奏家は観客を前にしたほうが優れた演奏ができる場合が少なくないのに，素人は観客を前にすると，練習のときにはうまくできていた演奏が途端にできなくなる。素人にとっては，演奏に必要な運指よりも，（たとえば，ペンや箸を使うときのような）日常的な指の使い方のほうが慣れており，観客を前にすることで後者のほうが促進されてしまう（と同時に演奏に必要な運指が抑制されてしまう）ことによる。

　次に，**集団分極化**（group polarization）とは，偏った志向性のある人間が集まって討議を行うと，集団の決定はその偏りがさらに極端になりやすいことをいう。たとえば，保守的な人間が集まって決定した案は，個々の人間が決定するよりも，さらに保守的なものとなりやすいのである。全体的に保守的な主張が多く議論されたり，他の人の保守的な意見を聞くと自分は最も保守的になろうとしてしまったりすることが，集団がさらに保守的になってしまう原因であるといわれている。

　最後の**同調**（conformity）とは，集団の中で一部の人間の意見に他の人間が意に反して従ってしまうことをいう。たとえば，多数派の意見があらかじめ表明されると，少数派は自分の意見を主張しにくく，多数派の意見にしばしば同調してしまうことが知られている。同調について最初に注目した**アッシュ**（Asch）は，図表5－4の左の線と同じ長さの線を右の3本の線から選ぶという単純な実験を被験者に行わせている。自分以外の人たちが一貫して誤って答える（たとえば，正解は2なのに全員が3と答える）と（彼らはアッシュからあらかじめ誤って回答するように求められていた），その被験者も3と答えたり，自分の判断に対する自信を著しくなくしてしまったりすることが明らかになっている（Asch, 1951）。

図表5－4　アッシュの実験課題

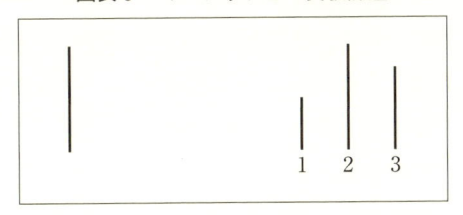

　このような集団独自の特性の存在やその影響については主として実験的な手法により確認されてきたものであるが，その流れとは別に，**ジャニス**（Janis）は，優れた構成員からなる実在の集団がしばしば信じられないような劣悪な意思決定を行う事例を研究して，そのような集団が陥りがちの一種の異常な心理状態を**集団思考**（あるいは**集団浅慮**）（groupthink）と呼んでいる。集団思考の状況では，事態を極めて楽観的に見てしまったり，自分たちの能力を過信したりすることが起こりやすくなる。集団思考については，キューバ危機の際にケネディ大統領下の政策チーム（このチームは，当時，米国で最も優れた能力を持つ人間たちが集まったものであった）による劣悪な政策決定に対する分析が最も有名である。

## (2) コミュニケーション

　人間同士の相互作用の典型は**コミュニケーション**（communication）である。コミュニケーションには，日常の会話や文章で用いられる自然言語を用いた**言語的コミュニケーション**（verbal communication）のほか，姿勢，服装，あるいは**ボディランゲージ**（body language）などを用いた**非言語的コミュニケーション**（non-verbal communication）と呼ばれるものもある。非言語的コミュニケーションといっても，自然言語が使われないだけで，姿勢や服装，動作などが，いわば言語の役割を果たしているわけである。日常のコミュニケーションでも，このような非言語的コミュニケーションが占める比率はかなり高いことが知られている。

　コミュニケーションを行うために言語がやりとりされる場を**情報メディア**

(information media)，あるいは単に**メディア**（media）という。情報メディアによって，お互いが，やりとりできる言語の特性や，フィードバックの迅速度は異なる。たとえば，文書マニュアルや書籍は，文字や文章を一度にたくさん伝達することはできるが，読み手が書き手に迅速に問い合わせるといったことはできない。これに対して，会議のような場では，一度にたくさんの情報を伝達できないが，音声や表情，ボディランゲージ等の言語を多様に使うことが可能であるし，情報の受け手からのフィードバックも迅速である。

　**情報メディア選択**（information media selection）に関する議論によれば，人間が情報を収集したり，他者とコミュニケーションを行ったりする場合，その情報の内容と，その情報を含む言語，さらに言語を伝えるメディアの間には，一種の適合関係が必要であるという。たとえば，熟練工の技は，マニュアルに書かれた文書を読むだけではどうしてもうまく理解できない。長年にわたってその熟練工に付き添うことのみで得られる，彼（女）の暗黙的な情報が，その技の理解には必要とされるからである。

　3人以上の人間同士が集まるとき，一方の人（たち）とは頻繁に話をするが，別の人（たち）とは直接に話をしないといった違いが生まれることがある。このようなコミュニケーションのパターンが定着したものを**コミュニケーション・ネットワーク**（communication network）と呼ぶ。コミュニケーション・ネットワークには，集団の中である特定の人間に情報が集中しやすいタイプのものと，集団の全員が均等に情報を収集できるタイプのものがある。前者は情報の集中が権力の集中にもつながりやすいために**集権型ネットワーク**（centralized network）と呼ばれるのに対して，後者は権力が集中しにくい**分権型ネッ**

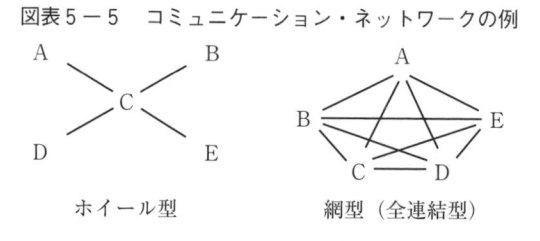

図表5－5　コミュニケーション・ネットワークの例

ホイール型　　　　　網型（全連結型）

トワーク (decentralized network) と呼ばれる。たとえば，図表5－5のホイール型は中心の人物（C）に情報と権力が集中しやすい集権型ネットワークであり，網型は特定の人間に情報と権力が集中しにくい分権型ネットワークである。

### (3) 役割とリーダーシップ

集団の中で個々の人間に最初から**役割** (role) が決められていない場合でも，継続的な相互作用の結果，個々の人間が集団内で異なった役割を次第に果たすようになり，集団内で**役割分化** (role differentiation) が進んでいく場合が少なくない。しかし，個々の人間に満足のいくように役割が分化するとは必ずしも限らないし，対立的な複数の役割が同時に課せられてしまう場合がある。その状態を**役割コンフリクト** (role conflict) という。役割コンフリクトには，企業などで自分は人事をやりたいのに営業に回されたというように個人の期待と集団で担うべき役割が異なる場合や，会社に勤務する人が会社と家庭という複数の集団から矛盾する役割（社員としての役割と親としての役割）とをそれぞれ担わされる場合，職場の中で，中間管理職が，上司の部下としての役割と，部下の上司としての役割を同時に担わされる場合などがある。役割コンフリクトのほかにも，役割に関する問題としては，自分が果たすべき役割が明確でないという**役割曖昧性** (role ambiguity) が生じることもある。役割コンフリクトと役割曖昧性は異なる概念であるが，対立が生じる役割を課せられることが曖昧性を生み出す原因になるとか，曖昧であるから複数の対立する役割を課せられるという場合も現実的には少なくない。

集団内の人間における役割分化の最も典型なものがリーダーとフォロワーの役割分化である。集団において他者の行動に影響できる資質やそのプロセスのことを**リーダーシップ** (leadership) と呼んでいる。リーダーシップを発揮することができる人間が**リーダー** (leader) であり，リーダーに従う人たちが**フォロワー** (follower) である。伝統的なリーダーシップの研究では，**リッカート** (Likert) を中心としたミシガン研究に代表されるように，**従業員中心型** (employee-centered) と**仕事中心型** (job-centered) のリーダーシップのいずれが

望ましいかについて検討しており，多くの研究では，この2つのうちでは人間中心型のリーダーシップが望ましいと主張されてきた（Likert, 1961, 1967）。しかし，最近では，集団が行うべき仕事内容やリーダーとフォロワーの人間関係などによって最適なリーダーシップは異なるという**コンティンジェンシー理論**（contingency theory）の考え方がより一般的になっている。たとえば，**フィドラー**（Fiedler）の実証研究では，リーダーにとって状況が極めて好意的である（すなわち，フォロワーがリーダーを信頼し，タスクが明確に定義され，かつリーダーの公式的な権力が大きい）場合と，その逆に極めて非好意的である場合には，仕事中心型のリーダーシップが望ましく好意的と非好意的の中間に状況が位置する場合には従業員中心型のリーダーシップが望ましいことが明らかにされている（Fiedler, 1967）。

　従来は，リーダーシップとモティベーションの議論は切り離されて論じられることが多かったが，昨今ではその統合的な試みもなされるようになってきた。たとえば，リーダーシップは，それを行使されるフォロワーの側から考えれば，相手の指示に従うという行動を選択するかどうかという問題になる。そこで，期待理論のフレームワークで考えれば，リーダーに従うという行動は，その行動を選択することがある種の目標の達成につながる期待と，その目標の魅力度によって決まることになる。したがって，リーダーの資質や能力が極めて優れており，彼（女）に従うことが自分の目標の達成可能性を高めるとフォロワーが判断すれば，彼らはその指示により積極的に従うことになるであろう。換言すれば，リーダーがフォロワーにリーダーシップを発揮できるかどうかは，フォロワーが達成したいと考える目標までの経路をリーダーが構築できるかどうかにかかっている。このような議論は**経路目標理論**（path goal theory）と呼ばれている。

## 【アドバンス】

### 組織公正とその次元

　最近，日本の組織論でも注目されている概念に**組織公正**（organizational justice or fairness）がある。組織が公正であること，より具体的には，組織がその従業員を公正ないし公平に扱うかどうかは，単に倫理的な見地から規範的に論じられるにとどまらず，それが従業員の満足度やモティベーションにも関係することが認識されるにつれて，より重要な問題となっているのである。

　組織公正の議論はおおよそ1960年代から始まったと考えられる。特にそこで重要な議論となったものが，前述した公平理論である。公平理論では，負担と報酬の分配が集団内で不公平であると認識すると（具体的には，自分が相対的に多くの負担を与えられている，あるいは自分の報酬が相対的に少ないと認識すると），人間は苦痛を感じて，それが契機となって公平感を回復する知覚や行動が導かれると考えている。この公平理論で中心とされたのは，組織から分配される負担や報酬という結果の公平性であり，その結果がどのような基準や手順で分配されたのかという点は問題とされていない。このような分配面，結果面での公正を**分配的公正**（distributive justice）とか，**結果的公正**（output justice）という。

　分配結果は確かに組織公正を判断するための重要な要素ではあるが，そのすべてではない。たとえば，減給のように自分に不利な給料の分配がなされたとしても，それが組織の就業規定や報酬規定に基づく妥当な手続きに従った結果である場合と，上司の勝手な思惑でそうなった場合とでは，当の従業員の反応は全く異なると考えられる。そこで，1970年代に入り，このような従業員への分配結果だけではなく，その結果に至る手続きの是非も，組織が公正であるかどうかの判断にかかわることが考慮されるようになった。これが**手続的公正**（procedural justice）である。一般に，手続的に公正であるかどうかについては，以下のような6つの基準にその手続きが照らし合わされて判断されると考

えられている (Leventhal, 1980)。

　①一貫性：その手続きが常に一貫して適用されていること。
　②偏見の抑制：その手続きを決める決定者の偏見を抑制できること。
　③情報の正確性：その手続きが正確な情報に基づいて行われていること。
　④修正可能性：手続きが誤ったときにはそれを修正させる機会があること。
　⑤代表性：手続きの影響を受ける人間の関心や価値観を反映していること。
　⑥倫理性：個人が持つ倫理や道徳の基準に合致していること。

　さらに1980年代の後半になると，手続きを実行しているときの対人的措置の良否が組織公正の判断にかかわることも明らかになってきた。たとえば，正規の手続きに沿ってある決定が従業員になされるとしても，管理者がその従業員に決定の理由を全く説明しなかったり，また，従業員に人間的な敬意を払わずに対応したりすれば，その従業員は自分への決定がいくら正規の手続きに従った措置であろうともやはり不満に感じる。そこで，このように決定の影響を与える従業員に対して人間的な配慮が行われる程度のことを**相互作用公正**（interactional justice）として考慮するようになったのである。ただし，この相互作用公正については，それを独立的な公正次元と考えるか，むしろ手続的公正に含めて考えるかについては論者の間で一貫していない。

　それでは分配的公正と手続的公正（相互作用公正を含む）は，従業員にとって重要であるのか。もちろん，両者がともに高ければ従業員の満足度は最も高くなり，両者がともに低ければ従業員の満足度は最も低くなると予想できる。それ以外の場合としては，一般的に，分配的公正が低い状況であるならば，手続的公正の程度が直接に従業員の満足度に影響し，手続的公正が低い状況であるならば，分配的公正が直接に従業員の満足度に影響すると考えられる。具体的に考えると，組織から与えられた報酬が低いと感じると，従業員はその報酬がどのような手続きから得られたものかと気にする。そして，それが正規の手続きに沿って計算された報酬であれば仕方ないと考えるものの，それが不正な手続きによるものであることが分かれば大きな不満を覚える。また，もともと

いい加減な手続きに沿って報酬が分配されると従業員が認識しているならば，そのいい加減な手続きを通じてでも，自分に有利に報酬が分配されることだけに注意が向けられ，報酬が少ないとやはり不満を覚えるということになる。

組織公正の問題は，単に組織倫理的な次元からではなく，それが従業員の行動や満足度に大きな影響を与えるという点で重要な要因となる。たとえば，組織に対する従業員の自発的行動として定義される**組織市民行動**（organizational citizenship behavior）の研究では，組織公正の高い状況では，従業員は職務規定の範囲を超えて組織のために無私に貢献しようとする度合が高まり，それが組織の有効性を高めることがわかっている。

(上田　泰)

＜参考文献＞

Asch, S. E., "Effects of Group Pressure upon the Modification and Distortion of Judgment," in Guetzkow, H., ed., *Group, Leadership and Men,* Carnegie Press, 1951.

Festinger, L., *A Theory of Cognitive Dissonance,* Row Peterson, 1957.（末永俊郎監訳『認知的不協和の理論』誠信書房，1965年）

Fiedler, F. E., *A Theory of Leadership Effectiveness,* McGraw-Hill, 1967.（山田雄一監訳『新しい管理者像の探求』産業能率大学出版部，1970年）

Herzberg, F., *Work and the Nature of Man,* World, 1966.（北野利信訳『仕事と人間性』東洋経済新報社，1978年）

Leventhal, G. S., "What Should be Done with Equity Theory?" in Gerogen, K. J. et al., eds., *Social Exchange : Advances in Theory and Research,* Plenum, 1980.

Likert, R., *New Pattern of Management,* McGraw-Hill, 1961.（三隅二不二訳『経営の行動科学：新しいマネジメントの追求』ダイヤモンド社，1964年）

Likert, R., *The Human Organizations : Its Management and Value,* McGraw-Hill, 1967.（三隅二不二訳『組織の行動科学：ヒューマン・オーガニゼーションの管理と価値』ダイヤモンド社，1968年）

Maslow, A., *Motivation and Personality,* Harper & Row, 1954.（小口忠彦監訳『人間性の心

理学』産業能率大学出版部, 1971年)

McGregor, D., *The Human Side of Enterprise,* McGraw-Hi, 1960.(高橋達男訳『企業の人間的側面』産業能率大学出版部, 1971年)

# 第6章 組織における意思決定

> 　組織で働く人々の業務のほとんどが「意思決定」であると言えるほど，組織メンバーや組織自体にとって意思決定は普遍的かつ重要なものである。意思決定とは，ある目的を達成するために，複数ある行動候補からより優れたものを選ぶプロセスである。何故あの時あのような意思決定を行ったのか，次の意思決定の際にはどのように振る舞うことが望ましいのかなどを理解して，次の業務（意思決定）に反映させることが，組織の成果を高める1つのポイントとなる。本章では，意思決定の特徴，種類，アプローチなどの基礎を取り上げ，また最近の組織における意思決定について紹介する。
> 　組織における意思決定を学習するコツは，①組織での状況・立場に応じて的確な意思決定方法を採用するために，組織について理解することである。しかし，意思決定は日常生活でも行われている。そのため，②身近な例を挙げて，"この問題について，自分（他人）だったらどう判断するか"を考えることも，学習を促すコツである。

## 1. 意思決定論の基礎

### (1) 意思決定の特徴

#### 1) 意思決定とは

　われわれは日常生活で，あるいは所属する組織の一員として，昼食に何を食べようか，誰と取引をすべきか，といったように，どういった行動をとるかを決める状況に立たされる。このように，「何らかの**目的**（objects）を達成するために，複数の選択肢の中でふさわしいと思うものを選ぶ一連の活動」を**意思**

決定 (decision making) という。また，意思決定を行う主体のことを**意思決定者** (decision maker) という。意識していない行動や慎重な行動を含め，何らかの目的を達成しようとする行動の背景では，必ず意思決定が行われている。つまり，意思決定は人間の行動の基礎にある，重要かつ普遍的なものと言える。

組織の意思決定を理解するにあたり，意思決定論の前提を3点挙げておく。

第1に，意思決定とは人間による**情報処理** (information processing) 活動と捉えられる点である。先の例では，食堂のメニューや取引相手の概要などは，意思決定に利用される情報である。意思決定に必要な情報は，既に意思決定者の記憶にあるものもあれば，新たに収集されるものもある。いずれにせよ，意思決定を行う際には情報が必要であり，そして，その情報を用いて導かれた意思決定結果も，新たな意味が付加された1つの情報である。つまり，意思決定とは，必要な情報を集め(インプット(input))，処理し(スループット(through-put))，決定結果(アウトプット(output))という別の情報に変換する人間の情報処理活動と言える。

第2に，意思決定を行う"主体"は独りの人間とは限らず，集団あるいは組織が主体となって意思決定を行う場合が少なくない点である。企業のような組織では，部門やチームとして意思決定を行うことや，重要な意思決定を経営者や管理者が集まった会議などの場で行うことが多い。このような場合には，集団が1つの意思決定主体として機能する**集団意思決定**(group decision making)が行われるため，単独者による意思決定と区別してその特徴を理解する必要がある。特に日本企業では，重要な意思決定は会議や稟議[1]などの形態で集団により行われることが多いため，集団意思決定の利点と欠点を把握しておくべきである (図表6－1参照)。

第3に，意思決定論に関する研究や議論は，主に3つの視点ないし立場から行われている点である。**規範的意思決定論** (normative decision making)，**記述的意思決定論**(descriptive decision making)，そして**処方的**[2]**意思決定論**(pre-scriptive decision making) である (Bell et al., 1988)。

規範的意思決定論とは，殊に実務家が必要だと感じる議論であり，目的を達

図表6-1　集団意思決定の利点と欠点

| 利点 | 欠点 |
|------|------|
| 1．情報処理能力の向上 | 1．時間を要する |
| 2．情報共有 | 2．意図せざる同調 |
| 3．経営参加 | 3．一部の者による支配 |
| 4．受容性の向上 | 4．無用な勝負心 |
|  | 5．責任所在の曖昧性，社会的手抜き |
|  | 6．集団極性化 |
|  | 7．集団思考 |

成するために最も望ましい意思決定方法を明らかにする立場である。"今年度の倍の利益をあげるためには，何をすべきか"，"最も優秀な人材を採用するためには，採用の際に何を重視すべきか"などといった問題意識を持ち，唯一最善の理想を追求するために**最適化原則**（optimizing principle）に沿った意思決定方法を探求する。後述する「経営科学的アプローチ」および「決定理論的アプローチ」がこれに該当する。

　これに対して，記述的意思決定論とは，人々のありのままの姿や特徴を把握する議論であり，人々の行動をつぶさに観察して記録する立場である。"昨年度の倍の利益をあげた会社は，何を行ったのか"，"優秀な人材を採用できた企業は，採用の際に何を重視したのか"といった問題意識を持ち，現実世界の科学的分析と体系的理解に主眼を置く。規範的意思決定論による理想的な方法で意思決定を行うことが望ましいのだろうが，実際の人間は常に理想を貫くことができない。このような人間の限られた情報処理能力は，「**制約された合理性**（bounded rationality）」と呼ばれる（**サイモン**（Simon），1982）。故に，現実には人々は**満足化原則**（satisficing principle）に沿った意思決定を行っており，記述的意思決定論はこのような現実の人々に共通する"行動の法則"を見出していく。後述する「行動科学的アプローチ」がこれに該当する。

　規範的意思決定論で見出された理想を，実際の人々は追求し得ないことが記述的意思決定論で明らかにされる。理想と現実がかけ離れているならば，その溝を埋める議論が必要になろう。そこで登場したのが処方的意思決定論である。

処方的意思決定論は，合理性が限られた人間ができる限り理想を追求しつつも，現実的に採用できる意思決定手法を模索し，状況に適したよりよい意思決定を導く方法を明らかにする議論である。具体的には，意思決定の前提となる目的や価値について改めて検討したり，意思決定で生じる誤りの対処法を探求したり，さらには，意思決定支援方法や意思決定者に対する教育・訓練方法の検討などが行われる。

## 2）意思決定プロセス

意思決定とは，特定の行動をとる決断を下す一瞬ではなく，最終的な決定結果に至るまでのいくつかの段階を含めた一連のプロセス（過程）を意味する。プロセスとしての意思決定，すなわち**意思決定プロセス**（decision making process）を理解するためには，そのプロセスを構成する活動を把握する必要がある。サイモンが提案した極めて簡潔な意思決定プロセスモデルは，図表6－2のような「フェーズ（phase）」と呼ばれる3段階の活動に分類されている（Simon, 1947）。

**インテリジェンス**（intelligence）フェーズでは，主に意思決定の問題認識が行われる。意思決定者は，自分を取り巻く環境や組織の内的，外的環境動向を把握し解釈して，個人や集団・組織が到達したいと思う望ましい状態である「目的」と，「現実の状況」との間のギャップを認識する。そして，ギャップを埋めるために意思決定を行うべく，次の段階に進む。**代替案設計**（design）フェーズでは，インテリジェンス段階で発見された問題を解決するためのさまざまな手段（**代替案**（alternative））が考えられ，提案される。目的の数量化，目的達成に影響する要因の明示化，さらにはそれら要因と目的との関係の理解などが

図表6－2　サイモンによる意思決定プロセスモデル

| インテリジェンス（問題認識） | ⇒ | 設　計（代替案の設計） | ⇒ | 選　択（代替案の評価選択） |
|---|---|---|---|---|

行われる。そして最後の**代替案選択**（choice）フェーズでは，設計段階で作成された複数の代替案を評価し，その中から望ましいと考えられる特定の案の選択が行われる。候補に挙がっている代替案についてそれぞれの案を実行した場合の結果が評価される。

サイモンが挙げた意思決定プロセスのモデルは，各段階の頭文字をとって**IDC モデル**（IDC model）と呼ばれており，各フェーズが1回ずつこの順序で行われると想定している。しかし，現実の意思決定プロセスはより複雑である。たとえば，代替案の設計中に問題をより明確にする必要が出れば，再度インテリジェンスに戻るだろう。あるいは，選択段階で採用可能な代替案が存在しなければ，再度代替案の設計を行い，2つの段階を行きつ戻りつしながら案を絞り込むこともある。つまり，現実の意思決定では，複数のフェーズが並列的，無作為的，あるいは反復的に行われる場合もある。

殊に組織の意思決定は，複数の人々が意思決定に参加して時に多様な意見が出されたり停滞したりするように，さまざまな要素が関連してより複雑になる傾向がある。このような組織の意思決定の様子を示した代表的なモデルに，**ごみ箱モデル**（garbage can model）がある（Cohen et al., 1972）。意思決定プロセスの各フェーズは明確に区別，認識できるものではなく，むしろ「選択機会」という"ごみ箱"の中に，「参加者」，「問題」，「解」などの互いに比較的独立した要素が投げ込まれ，それらの偶然的な組み合わせによって意思決定の結果が導かれるとするモデルである。

### 3）意思決定と意思決定問題の種類

意思決定は，その構造の複雑さの度合いや発生頻度によって**定型的意思決定**（programmed decision making）と**非定型的意思決定**（nonprogrammed decision making）に分類することができる。

定型的意思決定とは，**構造的問題**（structured problem），すなわち構造が明確で理解が容易であり，何度も繰り返し発生するような問題に対する決定である。問題を解決するにあたって何をすべきか，そのためにはどのような資源が

必要であるかがあらかじめ明確に理解できるために，問題が発生するたびに自動的に，あるいは既存ルールやマニュアルなどを適用して解決策を導き出すことができる。また，定型的意思決定では代替案の設計や評価のプロセスが定型化されているために，意思決定プロセスの一部を省略することができる。

　これに対して，非定型的意思決定とは，**非構造的問題**（unstructured problem），すなわち構造が不明確であるために理解が困難であり，これまでに生じたことのない新奇な問題，または生じたことがあったとしても以前とは状況がかなり異なる問題に対する意思決定である。問題を解決するための一定の解法が確立しておらず，その都度，複雑な過程を経て，時には試行錯誤で解決策が導き出される。

　上記の分類はもともと理論的な概念であり，あらゆる意思決定問題をどちらか一方に明確に区分することは現実的ではない。実際，実は2つのタイプの中間に位置する**半構造的問題**（semi-structured problem）が多く存在する。たとえば，問題や代替案は定式化できないが，代替案の候補が上がれば定まった方法で解を導くことができる問題や，新奇だが似たような問題ならば扱ったことがある問題などである。3つの意思決定問題を整理すると，一方の極に極めて構造的な問題があり，他方の極に極めて非構造的な問題があると考え，残りの多くの部分は半構造的な問題と捉えることができる（図表6－3参照）。

　異なる特徴を持つ定型的意思決定と非定型的意思決定には，その解決に適した意思決定の技術が用いられる。サイモンは2つのタイプの意思決定に適用される技術を，伝統的なものと近代的なものに分けて**図表6－4**のように一覧している。

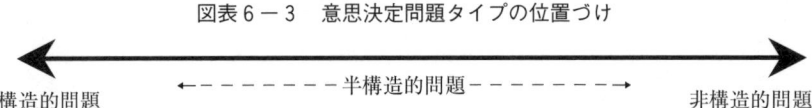

図表6－3　意思決定問題タイプの位置づけ

構造的問題　←――――半構造的問題――――→　非構造的問題

図表6－4　意思決定（問題）の種類と技術

| 意思決定のタイプ | 意思決定の技術 | |
| --- | --- | --- |
| | 伝統的 | 近代的 |
| 定型的意思決定（構造的問題）：<br>－ルーチン的，反復的決定<br>－組織はこのような決定を扱うために特定のプロセスを開発する | 1．習慣<br>2．事務手続き<br>　　標準処理手続き<br>3．組織構造<br>　　共通の期待<br>　　下位目標の体系<br>　　明確な情報経路 | 1．OR<br>　　数学的分析<br>　　モデル<br>　　コンピュータ・<br>　　　シミュレーション<br>2．コンピュータによる<br>　　データ処理 |
| 非定型的意思決定(非構造的問題)：<br>－1回限り，不完全な構造，新規の政策決定<br>－一般的問題解法によって処理される | 1．判断，直感，創造力<br>2．経験則<br>3．幹部要因の選抜と訓練 | ヒューリスティックな<br>　　　　　問題解決技術<br>(a)意思決定者の訓練<br>(b)コンピュータのヒューリスティック・プログラミング |

出典：Simon（1977），p.48.

## 4）企業における意思決定

　企業における多種多様な意思決定は，**戦略的**（strategic）**意思決定，管理的**（administrative）**意思決定，業務的**（operating）**意思決定**の3つに大別できる（Ansoff, 1988）。

　戦略的意思決定とは，企業とその外部環境が適合関係を保つような，企業目的の設定や経営活動の中長期的な方向づけなどに関する意思決定である。たとえば，企業が提供しようとする製品やサービスの組み合わせや，それを販売する市場の選択などに関する決定である。

　管理的意思決定とは，戦略的意思決定を通じて設定された目的や戦略を実行するために必要な資源の調達や配分，その組織化と運用に関する意思決定である。具体的には，組織構造に関する決定として，権限と責任の関係や，業務や情報の流れなど，資源が変換される過程の構造化が行われる。また，原材料や資金，人材などの調達および開発に関する諸決定も行われる。

　業務的意思決定とは，日常的な業務活動の能率や収益性の最大化に関する意思決定である。たとえば，短期の生産計画，工程管理（監督），在庫管理，販売管理などが挙げられる。

図表6－5 意思決定問題の種類，組織階層および企業における意思決定の種類の関係

| <意思決定問題の種類> | <組織階層> | <意思決定の種類> |
|---|---|---|
| 非構造的問題 | トップマネジメント | 戦略的意思決定 |
| 半構造的問題 | ミドルマネジメント | 管理的意思決定 |
| 構造的問題 | ロワーマネジメント | 業務的意思決定 |

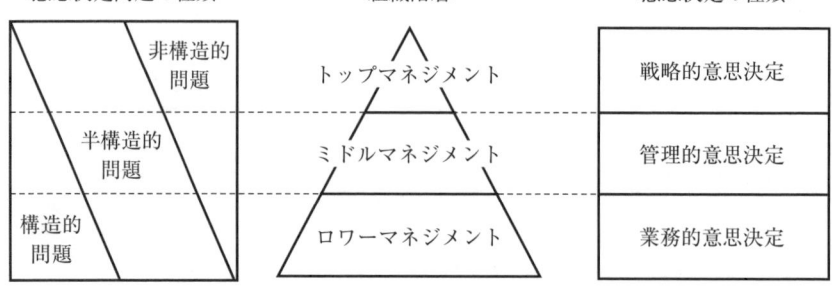

　この3種類の意思決定は，それぞれ異なった特性と問題領域を持つものだが，いずれも相互補完的な関係にある。また，組織階層との関係でいうと，主に，トップマネジメント（top management）は戦略的意思決定に，ミドルマネジメント（middle management）は管理的意思決定に，そしてロワーマネジメント（lower management）は業務的意思決定に従事する。さらに，これら組織階層の違いは，先に挙げた意思決定問題の種類（構造的問題・非構造的問題）にも反映される（図表6－5参照）。

## (2) 経営科学的アプローチ
### 1) 経営科学的アプローチの特徴

　**経営科学的アプローチ**（management science approach）とは，企業における意思決定問題に対して数学的モデルを適用して科学的に解決する手法である。このアプローチは，解決すべき問題の構造が数値で表せるほど明確であり，達成すべき目標が明確に定義づけられた目的関数で規定でき，解を導き出すための計算手続きが存在するような場合，つまり，主に前述の構造的問題に適用できる。

　経営に関する問題に数学的モデルを適用することは，問題を定量化して幾何学的に最適な解を求めるものであるから，合理的な意思決定を行うための有益な方法である反面，以下の3点の問題が潜んでいる。第1は，モデルがどのく

らい的確に現実の経営問題を反映できるかという，モデルの現実性である。第2は，モデルを適用した時にどのくらい容易に解を求めることができるかという，モデルの操作性である。そして第3は，導き出された解が実際に実行できるかという，モデルの実行可能性である。現実性と操作性は，一方を高めれば他方が低くなる相反関係にあり，双方のバランスを考慮することが重要になる。そして，実行可能性については，多くの場合，モデルを用いて解を導き出す者と，その解を実務で実行する者が異なることを念頭に置き，導き出された解が経営実務に携わる人々に認められ，実施されるかどうかを検討する必要がある。

経営科学的アプローチには，解決手法に着目した**オペレーションズ・リサーチ**（operations research：OR）と，問題特性に着目したマネジリアル・エコノミクス（managerial economics）がある。そのうち，本書では前者の代表的な手法をいくつか紹介する。

## 2）在庫問題と経済的発注量

多くの組織には，「将来の需要を満たすために事前に調達し，遊休させておく資源」である在庫が存在する。在庫問題は，在庫の適正水準を決める問題であり，在庫に関連するさまざまな費用を最小にする発注水準や発注方式を求めていく。在庫問題のポイントは，資源を調達する際に要する発注費用と，在庫を抱えておく際に要する在庫維持費用との間のバランスを考慮することである。在庫切れや過剰在庫の可能性は考えず，商品需要が一定であらかじめ分かっていると仮定した場合に，発注費用と在庫維持費用の最適なバランスを考慮したモデルが**経済的発注量**（economic order quantity：EOQ）であり，以下の算出式にて求めることができる。

$$最適発注量（EOQ）= \sqrt{\frac{2 \times 発注費用 \times 年間需要量}{1単位当たりの在庫維持費用}}$$

## 3）順序づけ問題と PERT モデル

一度限りのプロジェクトやビルの建設などのような，複数の作業の流れによ

って成し遂げられる一過性の単発的業務では，最も効率的な作業の順序づけが重要になる。複数の作業のうち，どの作業をどのタイミングで行えばいいかといった作業計画を決めるモデルを **PERT**（program（project）evaluation and review technology：プログラム（プロジェクト）の評価と検討の方法）という。このモデルは，個々の作業に必要な時間や費用などは推定できるものの，それら作業を組み合わせたプロジェクト全体については未知の場合，全体の時間や費用を求めるために適用される。

　1つのプロジェクトはいくつかの作業から構成されるため，個々の作業の順序を示すことが重要になる。PERTでは，作業の流れを「PERTネットワーク」（図表6－6）を用いて表し，個々の作業間の順序を明らかにしていく。PERTネットワークは「○」（結合点またはイベント）と「→」（作業または活動）の2つの記号で構成され，作業と作業を結合点で結び，作業の下にその内容，所要時間や費用を記入する。

　このように作られたPERTネットワークをもとに，各結合点の最早開始時刻（その結合点を最も早く開始できる時刻），最遅完了時刻（所定の時間内にプロジェクトが完了するために，その結合点に遅くとも達してしなければならない時刻），スラック（最早開始時刻と最遅完了時刻の差で表される余裕時間）などを計算する。最初の結合点から最後の結合点までの全ての作業が完了するまでに要する最大時間（図表6－6では190時間）は**クリティカル・パス**と呼

図表6－6　PERTネットワーク

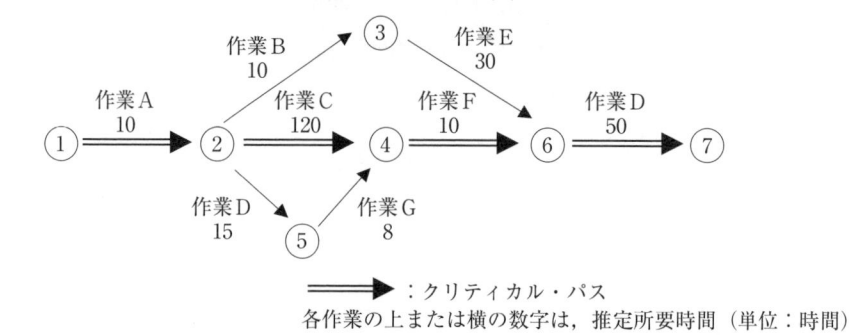

```
                  作業B      ③   作業E
                   10              30
        作業A           作業C         作業F         作業D
  ①      10      ②    120    ④    10    ⑥    50    ⑦
                  作業D              作業G
                   15       ⑤        8
```

⇒：クリティカル・パス
各作業の上または横の数字は，推定所要時間（単位：時間）

ばれ，プロジェクトの進行を管理する上で重視される．

### 4) 配分問題と線形計画モデル

企業活動に重要な経営資源（ヒト・モノ・カネ・情報）には限りがあり，限られた資源をいかに有効に活用するかは企業にとって極めて重要な問題である．**線形計画法**（Linear Programming：LP）とは，ある制約条件が与えられた時に，ある目的関数の値（たとえば利益や費用）を最大化，または最小化するような計画を決めるモデルであり，企業が掲げる複数の目的に対して，どの目的にどの資源をどの程度配分するかを決める手法である．この特徴から，線形計画法は配分モデルとも呼ばれる．

たとえば，$n$ 種類の事業分野を持つある製造業が，製品 $x_j$ ($j=1, 2, \cdots, n$) を製造するために $m$ 種類の制約資源 $b_i$ ($i=1, 2, \cdots, m$)（制約条件と呼ばれる）を活用しているとする．製品 $x_j$ を生産するために必要な制約資源の量を $a_{ij}$ とすると，全部で $m \times n$ 個ある $a_{ij}$ は，資源配分時の投入と産出の関係を表す値となる．さらに，製品 $x_j$ の価値を $c_j$ とすると，$c_j$ を用いてすべての製品の価値の合計を計算すれば，配分した資源によって得られる達成度を測定する目的関数を求めることができる．このような関係は下記の式で表すことができる．

$$
\begin{aligned}
&\text{（制約条件）} & \sum_{i=1}^{n} a_{ij} x_j &\leq b_i & i &= 1, 2, \cdots, m \\
&\text{（活動水準非負）} & x_j &\geq 0 & j &= 1, 2, \cdots, n
\end{aligned}
$$

の条件の下で

$$
\text{（目的関数）} \quad \sum_{i=1}^{n} c_j x_j
$$

### (3) 決定理論的アプローチ

#### 1) 決定理論的アプローチの特徴

われわれは将来について正確に予測できないため，意思決定は不確定な状況で行われる．不確定な状況で意思決定者が取り得る決定方法・原理を示すのが

決定理論的アプローチ（decision theory approach）である。

決定理論的アプローチでは，不確定な状況を作り出すもととなる，意思決定者がコントロールできないさまざまな要因である「**自然の状態**（state of nature）」と，コントロールできる行動代替案などの「行動・決定変数」との組み合わせによって，結果が決まると考える。そして，意思決定者が自然の状態を把握できる程度によって，意思決定の状況を「確実性」，「**リスク**（risk）」，そして「**不確実性**（uncertainty）」の3つに分類する（Knight, 1921）。「確実性」とは，将来何が起きるかが予め正確に分かっている状況で，非現実的だがこのような想定により問題が解決し易くなる。経営科学的アプローチがこれに当たる。「リスク」とは，自然の状態について何らかの確率（分布）（probability (distribution)）が分かっている状況である。降水確率や成功確率などが与えられる場合がこれに当たる。「不確実性」とは，自然の状態について客観的あるいは主観的な確率に関する情報を用いることができない，あるいは用いない状況である。主に，非定型的意思決定がこれに当たる。

意思決定の結果として受け取る金額は「**ペイオフ**（payoff）」（利得ないし損失）と呼ばれる。すべての行動・決定変数と自然の状態の組み合わせから実現可能性のあるペイオフを表にしたものが「ペイオフ表（利得表）（pay off table）」であり，この表をもとに，代替案の優劣が比較される。この代替案の優劣を決める際の基準を提供するものが意思決定原理である。

たとえば，プロジェクトの成否（成功／失敗）によって得られる（失う）金額が異なる下記の3つのプロジェクト案がある時，ペイオフ表は図表6－7のように示される。

---

プロジェクトA：成功時（確率60%）＋600万円　　失敗時（確率40%）－100万円
プロジェクトB：成功時（確率60%）＋800万円　　失敗時（確率40%）－120万円
プロジェクトC：成功時（確率60%）＋900万円　　失敗時（確率40%）－300万円

---

この3つのプロジェクトを用いて，各種の意思決定原理を紹介する。

図表6-7　3プロジェクトのペイオフ表（リスク）

単位：万円

| 自然の状態<br>代替案 | 成功（60%） | 失敗（40%） |
|---|---|---|
| プロジェクトA | +600 | +100 |
| プロジェクトB | +800 | -120 |
| プロジェクトC | +900 | -300 |

## 2）「リスク」の状況に対する意思決定原理

### ①期待値原理

　ある代替案が生じた時のペイオフを，代替案が生じる確率で重みづけした値を，起こり得る全ての状況（自然の状態）について加算した値を**期待値**（expectation）という。**期待値原理**（principle of expectation）とは，期待値が最も大きい案を採択する手法である。各プロジェクトの期待値は，

$$プロジェクトA： (+600) \times 0.6 + (+100) \times 0.4 = 400$$
$$プロジェクトB： (+800) \times 0.6 + (-120) \times 0.4 = 432$$
$$プロジェクトC： (+900) \times 0.6 + (-300) \times 0.4 = 420$$

であるため，Bが採択される。

### ②期待値・分散原理

　自然の状態（成功／失敗）ごとのペイオフの差は，代替案によって異なる。ペイオフの期待値だけではなく，その分散（リスク）も考慮して代替案を選ぶ手法が**期待値・分散原理**（expectation variance principle）である。リスク選好によって分散の評価は異なるが，多くの場合には，意思決定者はリスク回避の傾向があるといわれおり，期待値にそれほど大きな違いがない場合には，分散の小さなものが望まれる。この問題状況では，（期待値は400万円から432万円とあまり差がなく，）各プロジェクトの分散[3]は，Aが60,000，Bが203,136，Cが345,600と比較的差があることから，Aが採択される。

③最尤未来原理

最も起こりそうな確率の高い代替案を選択する手法が**最尤未来原理**(most probable future principle)である。1回限りの意思決定で，ある代替案の確率が他の代替案よりも著しく高い場合などに用いられる。より高い成功確率だけに着目し，その中でペイオフが一番高いCが採択される。

④要求水準原理

実際の人々は，自分で定めた目標や希望である**要求水準**(aspiration level)を満たす代替案があれば，それを採択する場合が少なくない。コストの上限を最初に定めたり，年度初めに予算を設定する意思決定は，**要求水準原理**(aspiration level principle)に基づくことが多い。要求水準を850万円とした時の3つのプロジェクトでは，成功時のペイオフが要求水準を超えるCが採択される。また，要求水準が100万円であれば，確実にそれ以上のペイオフが得られるAが選択される。

### 3)「不確実性」の状況に対する意思決定原理

不確定性の場合とは起こり得る自然の状態の確率（分布）がまったく分からない状況である。この場合には，たとえば，図表6−8のようにペイオフ表が描かれる（確率が描かれていないことに注意）。

図表6−8　3プロジェクトのペイオフ表（不確実性）

| 代替案＼自然の状態 | 成功 | 失敗 |
| --- | --- | --- |
| プロジェクトA | +600 | +100 |
| プロジェクトB | +800 | −120 |
| プロジェクトC | +900 | −300 |

①ラプラスの原理

**ラプラスの原理**(Laplace principle)とは，各代替案の自然の状態が分からないので全て同じと仮定し，その後の計算は期待値原理に従う方法である。成功／失敗の確率がそれぞれ50%と仮定すると，各プロジェクトの期待値はA

が350，Bが340，Cが300となるため，Aが採択される。

②マクシミン原理（ミニマックス原理）

**マクシミン原理**（maximin principle）とは，最悪（最小ペイオフ）の状態が起こると仮定し，その時に最善（最大ペイオフ）の代替案を選ぶ，悲観的な方法である。プロジェクトが失敗した状態の中で，マシな案（＋100）であるAが採択される。なお，この例のように最悪時のペイオフが負の値になる場合には，最大損失を最小にするため**ミニマックス原理**（minimax principle）と呼ばれる。

③マクシマックス原理（ミニミン原理）

**マクシマックス原理**（maximax principle）とは，最善（最大ペイオフ）の状態が起こると仮定し，その時に最善（最大ペイオフ）の代替案を選ぶ，楽観的な方法である。プロジェクトが成功した状態の中での最善案（＋900）であるCが採択される。なお，ペイオフが負の値になる場合には，**ミニミン原理**（minimin principle）と呼ばれる。

④ハーヴィッツの原理

**ハーヴィッツの原理**（Hurwicz principle）とは，意思決定者や状況によって異なる楽観度係数（$\alpha$）（$0 \leq \alpha \leq 1$）を設定する方法である。最大ペイオフの$\alpha$倍と最小ペイオフの（$1-\alpha$）倍の和が最大となる代替案を採択する。楽観度係数を40％とすると，Aが300，Bが248，Cが180となるため，Aが採択される。

⑤ミニマックス後悔原理

意思決定後の後悔を想定し，最善案を選ばなかった時のペイオフの減少度合いを考慮する方法が**ミニマックス後悔原理**（minimax regret principle）（または**サヴィッジの原理**（Savage principle））である。自然の状態ごとに最善案（最大ペイオフ）から各代替案のペイオフを減じて後悔度を求め，最悪の場合に感じる後悔が最小になる代替案を選ぶ。各プロジェクトの後悔度は，Aが180，Bが88，Cが160であるため，Bが採択される。

(4) **行動科学的アプローチ**
1）行動科学的アプローチの特徴

　経営科学的アプローチおよび決定理論的アプローチは，最適解を導く方法を提示する規範的意思決定論に該当する。これに対して，現実の人々の行動に目を向けると，必ずしも常に最適化原則に沿った意思決定を行える状況になく，意思決定者の心理的，組織的側面や人間関係などに影響を受けながら，満足化原則に沿った意思決定を行っている。現実の人々の意思決定の様子を観察することを主眼に置いた，記述的意思決定論を**行動科学的アプローチ**（behavioral science approach）という。このアプローチは，主に人々の意思決定の傾向，癖などを解明することを主目的とする。

2）ヒューリスティック（ス）

　情報処理および認知能力が限られた意思決定者がその能力を超える処理しなければならない場合，意思決定者はこれまでの記憶や経験などを活かして行う傾向がある。情報処理能力を節約，軽減させるための習慣的，簡便的（近道的），経験的，直感的な手段は**ヒューリスティック（ス）**（heuristic(s)）と呼ばれる（Tversky & Kahneman, 1974）。ヒューリスティックは的確な意思決定を導く場合もあるが，半ば無意識に行われる"癖"のような側面があるため，時には偏った，誤った結果をもたらす場合もある。ここでは，基本的な3つのヒューリスティックスを紹介する。

　**代表性**（representativeness）ヒューリスティックとは，ある事象が実際に起こるかどうか，すなわち事象の生起確率を予測する時に，その事象に代表的で顕著な特徴に影響されて判断する傾向である。目の前の男性の職業を尋ねられた時，その男性の外見の顕著な特徴（ベレー帽をかぶりパイプタバコを口にしている）から，職業別人口比率などの基準率（base rate）を無視して特定の職業（画家）を答えてしまうことがその例である（画家という職業の人口は決して多くはない）。

　**アベイラビリティ**（availability）ヒューリスティックとは，ある事象の生起

確率を求める時に、その事象に関して比較的思いつきやすい、つまり、意思決定者にとって利用しやすい（available）情報を用いて判断する傾向である。たとえば、飛行機の墜落事故の後には、飛行機の座席予約のキャンセルが多くなると言われているが、これは墜落事故が起こる確率を予測する際に、最近の事故を思い浮かべて事故発生確率を高く見積もってしまうからである。

**アンカリング・アンド・アジャストメント**（anchoring and adjustment）ヒューリスティックとは、初めの予測や情報を基準にし（アンカリング）、その後に入手した追加情報を用いて初期予測を修正（アジャストメント）して意思決定を行う際に、初めの基準に過度に引きずられて判断をしてしまう傾向である。仮に初期の基準が誤っていても、追加情報によって初期基準が適切に修正できれば最終的な判断は正しいものとなり得るが、この修正は不十分にしか行われない場合が多く、結局、最終的な判断は初期判断に左右されて偏りがちになる。

## 【アドバンス】

### 1．処方的意思決定論

処方的意思決定論では、上述のヒューリスティックスを利用した際に生じやすい誤りを未然に防いだり、排除もしくは軽減させる手法を模索する、**脱バイアス**（debiasing）と呼ばれる研究が進められつつある。"バイアス（bias）"とは日本語で"偏り"のことであり、偏った意思決定から脱する方法を見つけ出し、その効果を分析する議論である。たとえば、下記のような手法がある。

① 意思決定者に説明責任（accountability）を課す。
② 意思決定を行う前に、誤る可能性を警告する。
③ 敢えて、自分の考えや入手済みの情報を否定・反証する情報を収集する、あるいは反対する姿勢を持つよう促す。
④ 統計学や確率論に関する知識を教授する。

⑤　類似の，あるいは多様な意思決定問題を扱う訓練を施す。
⑥　情報技術による**意思決定支援**を行う。

　これら脱バイアス手法は，意思決定で生じる全ての誤りに効果的なわけではなく，効果が見られなかったり，かえって誤りを助長させてしまうケースもある（山崎，2009）。その中で特に，③および⑥の手法の顕著な効果が確認されている（e.g., Ashton & Kennedy, 2002 ; Bhandari, 2008）。

　意思決定の際，人間には無意識的にも，自分の考えを肯定する情報を過度に重視，信用してしまう傾向がある。しかし，肯定する情報だけだと自分の考えが誤っていることを証明できない。そこで，③のように，自分の考えを否定する情報が無いかどうかを検索したり，無いことを確認することが重要である。このような姿勢は「反事実的思考態度（counterfactual mind-sets）」と呼ばれており（e.g., Kray & Galinsky, 2003），脱バイアス手法の中でも顕著な効果が確認されている。

　また，上記の傾向は集団意思決定の際にも生じることがある。そこで，会議などで意図的に反対意見を述べる「悪魔の代弁人（あまのじゃく）（devil's advocate）」役を設けることも有効的である。沈黙が続いたり，多数派の意見に流されて意図せざる同調をするような，集団意思決定が故の弊害を阻止することができる（e.g., Schwenk & Cosier, 1993）。

## 2．情報技術による意思決定支援

　ここ数年で**情報技術**（Information Technology : IT）は劇的な進歩を遂げ，組織活動にも影響を及ぼしつつある。コンピュータが導入された当初は，手作業で行われていたルーチンで煩雑な業務をコンピュータに代替させて能率（efficiency）の向上を図ることに焦点が当てられた。さらに，組織目的の達成を主眼に置いた有効性（effectiveness）の向上に注力する必要性が叫ばれている。情報技術により，組織活動の中核をなす意思決定を支援するための4つのポイントを紹介する。

第1は，コミュニケーション支援である。電子メール，社内電子掲示板，チャットから，電子会議システムに至るまで，幅広い情報技術がコミュニケーションに介在するようになった。しかも，組織内の垂直的，水平的コミュニケーションに限らず，対外的なコミュニケーションにおいてもこれら技術を活用することで，意思疎通を迅速かつ円滑に行うことができ，意思決定に必要な情報や，そのタイミングを従来よりも容易に把握できる。

　第2は，組織メンバーの情報共有（information sharing）支援である。多種多様なデータ・情報を貯蔵して意思決定時にデータベースとして利用する**データウェアハウス**（date warehouse）や，データ間の関連性や新しい動向を見つけ出し，予測を行う**データマイニング**（date mining）などの技術が普及しつつある。ただし，システムはあくまでも支援役であり，得た情報を意思決定にうまく活用することが肝要である。

　第3は，組織の創造力（creativity）や革新（innovation）を促す支援である。従来，業務関連データや情報の形式は部門ごとにバラバラであった。しかし，各部門の情報を共有して意思決定に活用することで，新規かつ画期的なアイデアを備えた高付加価値製品・サービスを創り出していくことができよう。そこで，組織内の複数の部門に係る情報（資源）を横断的に統合し管理する**ERP**（enterprise resource planning）という概念が提案された。一般的にはパッケージソフトウェアを示しており，導入効果が確認されている（e.g., Al-Mudimigh, et al., 2001）。

　第4は，業務プロセスの見直しを通じて組織構造の再設計を図る支援である。情報技術によりリアルタイムのコミュニケーションが容易になったため，自社の一部の機能（情報や顧客の管理など）を他社に委ねる**アウトソーシング**（outsourcing）が普及しつつある。これによりコスト削減が図れるだけでなく，自社独自の重要な業務に専念することが可能となる。たとえば，米スポーツメーカーのナイキ社（NIKE, Inc.）は，アウトソーシングを拡張して**ネットワーク構造**（network structure）（Grandori, 1997）と呼ばれる新たな組織構造に再編した。本社では靴の設計や研究開発活動のみが行われ，製造，物流，そして販

売業務は,世界各国の関連会社にアウトソーシングされる。これにより,洗練されたデザインの製品を絶え間なく開発できると同時に,本社のデザイナーのアイデアを瞬時に製造現地に伝えたり,全世界にある店舗の必要在庫数を工場で素早く把握することが実現された[4]。

(山崎由香里)

＜注＞

(1) 「稟議」とは,意思決定に関連する人々をわざわざ集めて会議を開くほど重要でない案件について,「稟議書」と呼ばれる文書を関係者に回覧して承認を得る意思決定方法である。ボトムアップ的に意思決定を進める方法でもあり,日本企業で頻繁に行われる方法として知られている。

(2) 「処方」とは医者が患者に薬を調合する意味から来ており,状況に適した対応をとることを示している。

(3) $n$ 個の値 $x_1, x_2, \ldots, x_n$ をとり得る確率変数 $X$ が,$x_i$ という値をとる確率を $P(x_i)$,期待値を $E(X)$ とすると,分散 $\sigma^2(X)$ は次の算出式で求めることができる。

$$\sigma^2(X) = \sum_{i=1}^{n} x_i^2 P(x_i) - [E(X)]^2$$

(4) ナイキ社 Web サイトより (www.nike.com, 2006)。

＜参考文献＞

Al-Mudimigh, Zari, M. & Al-Mashari, M., "ERP Software Implementation: An Integrative Framework," *European Journal of Information Systems,* Vol.10, 2001, pp.216-226.

Ansoff, H. I., *The New Corporate Strategy,* John Wiley & Sons, 1988. (中村元一・黒田哲彦訳『最新・戦略経営』産業能率大学出版部,1990年)

Ashton, R. H. & Kennedy, J., "Eliminating Recency with Self-review: the Case of Auditors' Going Concern Judgments," *Journal of Behavioral Decision Making,* Vol.15-3, 2002, pp.221-231.

Bhandari, G., Hassanein, K. & Deaves, R., "Debiasing Investors with Decision Support Systems: An Experimental Investigation," *Decision Support Systems,* Vol.46, 2008, pp.

399-410.

Bell, D., Raiffa, H. & Tversky, A., *Decision Making : Descriptive, Normative and Prescriptive Interactions.* Cambridge University Press, New York, 1988.

Cohen, M., March. J & Olsen, J, A., Garbage Can Models of Organizational Choice, *Administrative Science Quarterly,* Vol.17, 1972, pp.1-25.

Grandori, A., "An Organizational Assessment of Interfirm Coordination Models," *Organizational Studies,* Vol.18, 1997, pp.897-925.

Kray, L. J. & Galinsky, A. D., "The Debiasing effect of Counterfactual Mind-sets : Increasing the Search for Disconfirmatory Information in Group Decisions," *Organizational Behavior and Human Decision Processes,* Vol.91, 2003, pp.69-81.

Knight, F. H., *Risk, Uncertainty, and Profit,* Boston MA : Hart, Schaffner and Marx ; Houghton Mifflin, 1921.

宮川公男『経営学入門シリーズ OR 入門』日経文庫，2001年。

宮川公男『意思決定論　基礎とアプローチ』中央経済社，2005年。

Schwenk, C. R. & Cosier, R. A., "Effects of Consensus and Devil's Advocacy on Strategic Decision-Making," *Journal of Applied Social Psychology,* Vol.23-2, 1993, pp.126-139.

Simon, H. A., *Administrative behavior : a study of decision-making processes in administrative organization,* New York : Macmillan, 1947.（松田武彦ほか訳『経営行動：経営組織における意思決定プロセスの研究』ダイヤモンド社，1989年）

Simon, H. A., *The New Science of Management Decision,* revised ed., Prentice-Hall, 1977.（倉井武夫・稲葉元吉訳『意思決定の科学』産業能率大学出版部，1979年）

Simon, H. A., *Models of bounded rationality, Volume 1 : Economic Analysis and Public Policy,* Cambridge, Mass : MIT Press, 1982.

Tversky, A. & Kahneman, D., "Judgment under Uncertainty : Heuristics and Biases," *Science,* Vol.185, 1974, pp.1124-1131.

山崎由香里「意思決定に対する「脱バイアス (debiasing)」手法について：先行研究のレビューと脱バイアスのフレームワーク」，『成蹊大学経済学部論集』第40巻第1号，2009年，pp.187-212.

# 第7章 雇用と人材育成

> 「雇用の実態と制度」は企業と労働者の2方向から知ることが大事である。経済状況や労働者のライフスタイルの変化や労働に関わる各種法律の変更によって，労働者の働き方や企業の制度面は変化する。雇用に関しては，正社員と非正社員，新卒採用と中途採用，長期的雇用と短期的雇用，日本人労働者と外国人労働者，など比較しながら雇用形態の違いによる待遇や人事制度面での違いや問題点などを理解すると良い。雇用形態の違いに伴う賃金などをはじめとする待遇などの格差も存在し，雇用問題は一企業の問題ではなく社会全体の問題としてとらえるべきである。

## 1．雇用の実態と外的環境

### (1) 日本的雇用制度の特徴と変遷

　日本的雇用制度の特徴として，「終身雇用」「年功序列型賃金」「企業内労働組合」の3点があげられる。

　第1次オイルショックを契機に1970年代以降，企業における雇用形態が多様化した。それまでの正社員を中心とした「年功序列型賃金」「終身雇用」を前提とした予定調和型と言える雇用形態が徐々に変化してきた。

　企業に勤める多くの労働者にとって，賃金・企業年金・退職金の面から見て，定年まで働くことが労働者個人の最終的なメリットにつながる仕組みになっており，企業にとっては労働者の帰属意識と忠誠心が評価の対象となっていた。そのために，労働市場では「転職」がマイナスに評価されることも多く，同時に労働者にとっても給与・昇進・昇格の制度面から見て，途中から組織に組み込まれるさまざまな不公平が存在し，日本の労働市場での人材の流動化は不活

発であった。

　日本企業は大学を卒業したばかりの新卒を採用，自社で教育（OJT）し自社の理想とする人材として育成することを活発に行って来た。企業内での経験や忠誠心が評価され，それは「年功給」という形で表れた。そのために後から入社した者は，成果を出したとしてもそれに対する評価やインセンティブは新卒と比較すると低く，労働意欲を阻害する原因にもなっていた。

　これまで，日本的経営の特徴とされてきた「終身雇用」「年功序列型賃金」「企業内労働組合」は，**雇用形態の多様化**を迎えた現在，一部で崩壊しつつある。その中でも特に「終身雇用」は経営の中でも見直しが一番遅れていたが，若年労働者の就業意識や労働に対する価値観の変化によって「転職」という現象を顕著にし，日本の**労働力の流動化**によって崩壊しつつある。

　「年功序列型賃金」は終身雇用制度と並んで企業に対する「忠誠心」を育成する手段として重要な役割を果たしてきた。現在，日本では労働力人口の中高年化が始まっており，厚生労働省の労働力調査では2020年には，日本の労働力人口のピークは45歳から49歳になると予測している。企業が仮に現状のような年功序列型賃金のシステムを取り続けるとしたら，人件費の上昇は避けられず，経営を圧迫することになるであろう。

　また，これまで日本企業では仕事で成果を出すためには「チームワーク」が重視され，チームで成果を出すことを目的としてきた。たとえ成果が個人の資質や努力に起因するものであっても，チーム重視の日本企業の中では個人としての成果を取り上げられることは少なかったと言える。

　しかし，本人の成果が正しく認められなければモチベーションの低下を招き，やがては退職などの事態にもなりかねず，企業は良い人材を確保できない。そのため公平に評価するシステムや人事考課の整備は重要になって来る。相対評価ではなく絶対評価をすることは難しいが，人事制度のひとつとして重要な役割を果たす。

　一時，企業は成果主義や目標管理制度など導入したが，欧米型の評価は日本企業にあわず失敗した企業も多く，人をどのように評価するか課題を抱えてい

る企業は多い。

### (2) 雇用形態の基本

「雇用形態」という言葉は雇用する企業から見た言葉で，雇用される労働者の立場から見ると「労働形態」という言い方がふさわしい。雇用者（企業など）と労働者の間に交わされる「雇用契約」と「労働契約」も同様である。

日本では正規雇用者（正社員）と契約社員，派遣社員，パートタイム・アルバイトなどの非正規雇用者（非正社員）などの労働形態がある。2004年3月に労働者派遣法が改正されて，紹介予定派遣（一定の期間の労働を終え，企業と労働者の間に合意があれば正社員になることができる）などの新たな労働形態も生まれた。

### (3) 雇用を取り巻く外的環境

日本企業を取り巻く外的環境は今後も長期的に厳しい状況が続くと予想される。終身雇用を前提としない働き方を選択する労働者が増加すれば，労働市場は当然流動化する。企業が中途採用で優秀な労働者を雇用したり，自社で育成した優秀な新卒採用の人材が辞めてしまわないためには，待遇や制度面でのこれまで以上の企業努力が必要となってくる。

また，日本は合計特殊出生率（15～49歳で，一人の女性が一生涯に産む子供の数）が低迷し，厳しい少子社会に突入し若年労働者の確保が難しい時期が到来している。厚生労働省の2009年の『労働白書』によると，2008年の合計特殊出生率は1.37人であり，最低を記録した2004年の1.29人よりは回復しているものの，人口減少は免れない状況である。一方で，高齢化率は2008年で22.1%で，2055年には40.5%という数字を推測している。現在の日本はこの「少子社会」と「高齢社会」が同時に起きており，このままでは労働人口の減少を免れない深刻な状況である。

昨今は労働者の勤労意欲の低下も懸念され，今後**フリーター**や**ニート**などを企業の労働力としてどのように取り入れていくのかが社会や企業の課題とな

る。

　厚生労働省の2009年「雇用形態別労働者数の増減」の調査では1995以前は正社員で補えない部分をアルバイト・契約・派遣などの非正社員で雇用していたが，1995年から正社員で雇用する企業が減って来ており，減少した数を補う形で非正社員の雇用が増加している。2000年に入って正社員としての雇用はますます減少し，非正社員の雇用者数は大幅に増加している。企業にとっては人件費を削減し，必要な時に必要な労働力を確保できるメリットがあるが，雇用される労働者にとっては，安定した雇用ではないためにいつ職を失うのか不安であり，待遇面でも正社員との賃金格差もあり，就労意欲に大きな影響を与え，長い目で見たキャリアビジョンを描けないでいるのが現状である。

## (4) 雇用の実態と企業内部の変化

　国際的に見ても日本企業の労働者の雇用コストは高く，国際競争の中で不利な立場に置かれている。しかし長引く経済不況の中で，画一的で集団的な雇用形態は人件費などを抑制できないために，経営の見直しとともに雇用形態の見直しをも強いられている。

　国内的に見ると，規制緩和で派遣社員の労働形態が変化し，2007年から始まった団塊世代の定年による大量退職など，日本企業にとっては，競争社会を生き抜いて来たスキルや知識を持った貴重な労働力を失い，労働力の質や数を見直ししなければならない。

　現状の日本は，企業経営を圧迫する人件費，消費行動の変化，労働者のライフスタイルの変化などで，雇用形態の変化を見せ始めた。正社員と非正社員，新卒採用と中途採用などを合わせた多様な雇用形態が現れた。特に1997年に施行された「男女雇用機会均等法」によって女性の積極的採用が行われ，企業は採用における採用職種や賃金の見直しをする機会となった。

　そのために企業内のさまざまな人事制度も変化してきた。早期退職を視野に入れた人材活用・昇進・昇格制度，年功序列賃金制度ではない年俸制・能力給の導入，プロセスより結果重視の「成果主義」，実力・成果に応じた報酬・イ

ンセンティブの導入などがその典型的な例である。

　人材育成面では，企業内の画一的な人材育成から個人の能力に応じたキャリア開発プログラムの実施や，仕事における責任体制・権限委譲などを重視し，一企業内でしか通用しない労働者ではなく，労働市場で幅広く求められる「**エンプロイアビリティ**」(employability) 力が重視されるようになって来た。

　しかし現在，長引く経済不況で新卒採用と中途採用の正社員での採用数は激減している。景気の良い時期には企業にとって「売り手市場」となり新卒採用も厳しく，春採用・秋採用・通年採用など採用するために第二新卒（特別な定義はないが，卒業して3年以内の働いた経験のある者）や既卒者まで採用範囲を広げて若年労働者の確保に努力していたが，現在の企業人事は採用意欲はあるのもの先行き不透明な景気状況では大量採用はできず，数の確保より質の確保に追われている。

　現状を見ると，労働者を苦労せずに採用できている産業と，苦戦している産業の差が大きい。一般的に学生が在学中にアルバイトなどしているサービス業などは採用に苦労しており，予定の採用数を確保できない企業も多い。その結果，留学生の積極的採用に移行する企業も出てきている。外国人労働者の採用に伴っては，就労ビザの問題やどのような職種で採用するのか，それに伴う賃金などの待遇面の整備，何よりも言葉・文化・習慣の違いを補うための丁寧な人材教育が必要となって来る。

## 2．企業人事から見た雇用制度

### (1) 人材ポートフォリオに基づく雇用

　企業が労働者を雇用する際には，雇用形態に基づく計画を立てる。すなわち人材ポートフォリオである。長期的で将来のコア人材としての正社員採用を中心に，大量に労働力を必要とする業務や一時的に必要な業務では派遣・契約・アルバイト・パートタームなどの非正社員採用，専門的知識が必要とされるものの継続的業務がない場合にはアウトソーシングなど，人材戦略に基づいた雇

図表7-1　企業の人材カテゴリー

| 《短期的で専門的・複雑な仕事》 | 《長期的で専門的・複雑な仕事》 |
|---|---|
| コンティンジェント・ワーカー（契約社員・派遣社員）アウトソーシング | 正社員 |
| コンティンジェント・ワーカー（契約社員・派遣社員・パートタイム・アルバイト） | コンティンジェント・ワーカー（契約社員・派遣社員・パートタイム・アルバイト） |
| 《短期的で単純な仕事》 | 《長期的で単純な仕事》 |

出典：二神（1998）をもとに作成

用が実行される。

アメリカでも，非正社員であるコンティンジェント・ワーカー（Contingent Worker）の雇用に積極的な企業が増えている。

クリステンセン（Christensen）によるとコンティンジェント・ワーカーとは「パートタイムで働く人たち，派遣会社からきて一定期間働く人たち，下請け契約による労働者，リースに基づき雇われる労働者のことであり，こうした傾向が集合的に『コンティンジェント・ワーカー』としていわれる」と定義している（Christensen, 1998）（図表7-1）。

近年，アウトソーシングを取り入れる企業が増え，その委託業務は多岐にわたる。特に人事部門での採用スキルを持たない企業が採用業務を全面的にアウトソーシングすることが目立つ。

さまざまな雇用形態は必要な人材・スキルを必要な時に確保する意味では企業にとっては有効であり，経営面から見ても人件費などの抑制につながる。また，正社員がなかなか定着しない企業では，非正社員の中から成果や意欲に応じて正社員へシフトする制度などを設け，人材の確保に努力している。非正社員を大量に雇用している企業では，非正社員の独自のキャリアパスを示し，給与・昇進・昇格・教育など整備することによりモチベーションを高め，長期的な人材確保へ向けて企業努力をしている。

(2) 採用と労働の実態

　新卒採用では，就職協定廃止に伴い，企業が学校の学事日程を尊重して採用活動を行うことを日本経団連が決めた「倫理憲章」に基づき企業は採用活動を実施するが，質の確保を急ぐ企業は青田買いなど目立ち，実質的には形骸化している。年々スタート時期が早まる新卒採用であるが，苦労して採用した学生の定着も悪く問題化している。

　契約社員やパートタイムで採用し，実績次第で正社員への登用も制度化している企業が増える一方で，契約社員や派遣社員の中途解約も目立ち，現在の労働市場は企業主導で動いていると言える。またこれまで学生主体だったアルバイトにおいても社会人フリーターを雇用する企業が多くなっており，学生は就職活動だけでなく，アルバイトでも苦戦を強いられている。

1）新卒採用の特徴

　現在，新卒採用のためにさまざまな選考方法が実施されている。企業への最初のアプローチはパソコンからのWebエントリーが主体で，そのエントリー（登録）の内容次第で企業セミナーやその後の接触が制約されることも多い。履歴書よりも企業が独自に準備したエントリーシートが書類選考では重要視され，筆記試験・適性検査・面接へと長い選考が続く。特に最近は面接重視の傾向があり，個別面接・集団面接・グループ討論など，面接の手法も多様化・長期化している。

　大学在籍中に就職が決まらない学生は，卒業してから既卒として活動したり，留年をして再度新卒として活動することも多くなっている。

　企業が新卒に求める能力にも変化が見られる。企業に余裕がある時代には育てることができる人材を採用していたが，昨今は提案力があり粘り強く物事に取り組める人材を望んでいる。数の採用から質を重視した採用の時代では，社会性や働くことへの意欲が問われる。

## 2）コンピテンシー（competency）採用

コンピテンシーとは高業績者に共通してみられる行動特性のことで，一般的に「ある職務や役割において優秀な成果を発揮する行動特性」などと定義されている。

ハーバード大学の心理学者であるD.C.マクレランド（David. C. McClelland）教授を中心としたグループが，1970年代にアメリカ国務省から「学歴や知能レベルが同等の外交官（外務情報職員）が，途上国駐在期間中に業績格差が付くのはなぜか？」という依頼を受け調査・研究を行った結果，「業績格差には学歴や知能は業績の高さとさほど相関はなく，高業績者にはいくつか共通の行動特性がある」と判明した事が始まりとされている。このとき挙げられた行動特性は，①異文化に対する感受性が優れ，環境対応力が高い，②どんな相手に対しても人間性を尊重している，③自ら人的ネットワークを構築するのがうまい，である。

現在日本企業においては，自社内で高業績を上げている社員の行動特性等を観察・分析し，採用にもいかしている。それをコンピテンシー採用と言う。

## 3）新卒採用者の定着の問題化

現在，入社3年以内の離職者の増加が問題になっている。原因はさまざまであるが，①仕事が予想以上に難しい，②人間関係が難しい，③就職活動中における企業研究不足，などがあげられる。企業に実態と自分の予想していたことにギャップを感じる，いわゆる**ミスマッチ**である。

したがって，学生に十分な企業研究をしてもらうために企業も会社セミナーなどでその機会を与え，面接の回数を増やすなど時間をかけて採用するように努力している。学生にとっては長い就職活動となるが，企業を接する機会が増えることは企業をさまざまな視点で見る良い機会でもある。

## 3．今後の雇用制度

### (1) 雇用形態の多様化

　若年労働者の不足は，企業活動に大きな影響を与えることは必至である。今後は採用した人材が組織に定着しその能力を発揮できるような制度作りが重要となってくる。そのためには労働者のワーク・ライフ・バランス（仕事と個人の生活のバランスを取りながら働いていく考え方）を配慮した雇用制度が必要だ。

　労働者のライフスタイルや価値観の変化は働き方に大きな影響をもたらす。労働者本人の希望や企業側からの要請で労働を一時中断して研究する国内外留学制度，家族と本人の事情によって短期的・長期的に仕事を休まなければならない育児・介護のための休業，などそれぞれの事情で働き方が変化する。労働者の都合を優先して考えた場合，また長期的な労働者の安定雇用を考えた場合，企業が必要に応じて雇用形態を変えなければならない。

　2005年に改正された「育児・介護休業法」では，労働者が申し出れば男女問わず一定の休業が認められるために，企業は当該労働者が休業している間の労働力の確保や，休業補償や復帰後の労働形態（時間短縮）など，人事制度の整備が必要となっている。

　また，高齢者の採用では，いったん退職した労働者の再雇用制度，定年者の雇用延長，など貴重な人的資源を活かすための制度改革も必要となる。

### (2) 組織の最大効果を考えた雇用制度

　雇用形態の多様化に対応するためには，雇用形態に応じた公平な人事評価や待遇が必要不可欠である。公平な評価や待遇は労働者のモチベーションに大きく影響する。同時に正社員のみならず，アルバイトやパートタイムの評価をどのようにするか，成果を出した際には正社員への登用はあるのか，契約社員で数年働いた後には正社員への登用はあるのか，それぞれのキャリアパスが大事である。先の見えない働き方では労働者のモチベーションは上がらない。

これまでの日本の企業は組織として，全体的な「調和」を重視してきた。しかし，これからは「個人」の能力がどれだけ企業を牽引していけるのかが鍵であり，これまでの実績にとらわれることなく広い視野で新しいビジネスへの提案ができる能力が必要とされる。企業が発展を望むなら，企業組織を全体的にとらえるのではなく，それを形成している「個」を重視するのが大切である。そのために，雇用形態の多様化に伴った待遇や制度，キャリアパスが必要となる。

　パートタイム（短時間労働者）や契約社員など非正社員の貢献度が高い企業では，正社員と比較して不公平感のない制度の実施は必至である。2008年4月に改正された「短時間労働者の雇用管理の改善等に関する法律」（パートタイム労働法）では，賃金や有給休暇などの待遇面や人材教育面でも労働の実態に応じた待遇措置をしなければならず，制度面での整備は不可欠である。

　一方で正社員・非正社員に関わらず，労働者に対する企業の要望はますます厳しくなっている。正社員でも長期継続性を前提としない雇用，能力主義的処遇，即戦力・専門性重視の人材確保など，変化が起きているからだ。換言すれば，派遣社員・パートタイマーなどの非正社員を効率良く雇用し，アウトソーシングによる外部の資源を導入，正社員には職務に対する成果を重視した給与・インセンティブを導入するなどの変化である。

　これまで長期的視野での人材育成に力を入れてきた企業は強い専門能力を取得した人材の確保に力を入れ，ゼネラリストからスペシャリストの養成に力を入れている。そのために，企業は，自社にとって優秀な人材を囲い込むために，年俸制の導入，抜擢人事，ストックオプションなどの制度を導入している。

　これらの制度の導入の企業のメリットしては，①労働者の意欲や適性・能力に応じて待遇・配置が可能である，②業務発展ためのインセンティブとなり，社内が活性化する，③外部の人的資源を導入することが可能，④人件費の見直しが可能，⑤新規業務への迅速な参入が可能，⑥組織をスリム化することが可能，⑦社外からのタイムリーな業務委託が可能，などが挙げられる。

　デメリットとしては，①労働者の企業への帰属意識や忠誠心が低下する，②

短期的な成果を重視する傾向が出る，③プロセスより結果重視，④長期的な視点での人材育成ができなくなる，⑤公平な人事評価が阻害される恐れがある，⑥優秀な人材の確保が困難，⑦自社のノウハウが社外に流出する恐れがある，⑧労使関係，上司と部下の関係性が悪化する恐れがある，などが挙げられる。

今後は自社内で人材を育成していき長期的な雇用と，外部の能力を有効に活用するバランスが重要になってくる。

### (3) 企業の人材育成

日本で企業内研修や研修をコアにした人材開発が実施されるようになってきたのは昭和30年代以降のことである。経済が高度成長期に入り「経営の合理化・近代化」が求められ，経営のさまざまな局面にアメリカ型の経営の考え方が浸透してきたことによるものが大きいとされる。

社会の構造的変化に応じて人材開発も変化せざるを得ない。企業を取り巻く現在の環境の変化，すなわち，①雇用形態の多様化，②労働の流動化，③年功序列・終身雇用の変化，などを受けて「個別企業適応型人材開発」から「市場価値型人材開発（エンプロイアビリティ）」へと変化を余儀なくされている。

アメリカの経営学者R・L・カッツ（Robert. L. Katz）は研究論文「Skills of an Effective Administrator（優れた管理者のスキル）」において，3つのスキルと管理者レベルの対比における相対的重要性に触れている。その3つのスキルは日本企業でも人材開発を実施するうえで大きな影響を与えている。

①テクニカル・スキル（Technical skill：職務遂行能力）は職務を遂行する上で必要となる，専門的知識・技能・熟練度。職務上で与えられる役割や意思決定が単純であればあるほど，このスキルが貢献する度合いが高くなる。

②ヒューマン・スキル（Human skill：対人能力）は組織的な活動をする上で不可欠なものであり，役割や意思決定のレベルに関わらず，ビジネスの活動において等しく重視されるスキル。

③コンセプチュアル・スキル（Conceptual skill：概念化能力）は物事の本質に迫る力。役割や意思決定が複雑化するほど，このスキルが重要視される。

図表7－2　企業内の代表的な教育プログラム

| OJT<br>（職場内研修） | 教育を前提としたジョブローテーション，適性重視の職務拡大・充実コーチング，育成のための目標管理など |
|---|---|
| Off JT<br>（社内外研修） | 【階層別】新入社員導入研修，新入社員フォローアップ研修，リーダー研修，管理職研修，経営者研修など<br>【技能・専門スキル】職種別研修（営業，販売，研究開発，管理部門など），語学研修，海外赴任前研修など |
| 自己啓発 | 通信教育，資格取得援助，大学・大学院進学，国内留学制度，海外留学制度，各種講座など |

　企業発展のための人材開発プログラムは，企業理念に基づき中期的な視野に立ち目的に応じ効果的な研修技法の組み合わせによって実施される。

　一方で個人のライススタイルも多様化している。企業組織にはたくさんの多様性が存在する。近年，画一的な人材育成プログラムから脱却して，多様化した個人の特性を活かした育成をする企業も増えて来ている。

　最近注目され始めている**ダイバーシティ**（diversity）とは一般的に「多様性」と訳されているが，「diversity & inclusion」の省略で，正しくは「多様性を受容すること」である。性別・国籍・年齢・宗教・価値観・生き方・習慣・経験などのさまざまな違いを認め，受け入れて組織に活かしていく考え方である。組織では，労働者の多様性を認識し，それぞれが働きやすい環境を提供し個性を重視した人材育成が望まれる。成果が出れば，さまざまな視点からの積極的提案がなされ，組織の活性化も期待できる。

## (4) 雇用における課題

　労働者の生活安定のためには雇用の場は必要不可欠である。**高齢者雇用安定法**では，①定年の引き上げ，②継続雇用制度の導入，③定年の定めの廃止，など高齢者の安定雇用のための企業努力を促している。

　**障害者雇用促進法**では，企業には障害者を雇用しなければならない義務があり，同時に労働意欲を持っている障害者が自立し安定した生活を送るための支援を企業自身が取り組んでいかなければならない。

現在，正社員と非正社員との間には雇用形態の違いによるさまざまな格差が存在する。本来正社員と非正社員とでは労働時間の違いだけではなく，担当する仕事や求められる成果に違いがあった。しかし，正社員の雇用が減少していく一方で非正社員の雇用が増加していくと，非正社員には正社員並みの労働時間や成果を求める企業も多くなり，非正社員の負荷は大きくなって来ている。その一方で正社員と非正社員との間の待遇格差は大きくなるばかりだ。特に賃金格差は生涯賃金や企業年金や退職金などにも大きく影響し，労働者にとってどのような形態で雇用されるかは，大きな問題である。

　母子家庭や父子家庭，労働を必要とする高齢者，障害者の自立支援など，政府の雇用対策や雇用創出は労働者にとってセーフティネットとして重要な役割を果たす。

　しかし責任や成果を期待される正社員ではなく，たとえ賃金は低くても非正社員として働くことを選択している労働者も少なくない。また正社員として働きたくても一時的な個人的事情で労働時間や勤務内容・勤務場所の制約を受け，やむをえず非正社員を選択することもある。

　雇用形態の多様化を前提に，正社員・非正社員ともに労働を通じて労働意欲を高め，優秀な労働者を長期的に雇用するために，従業員の事情を考えた休暇や福利厚生，人事制度は企業にとって重要な役割を果たすだろう。

## 【アドバンス】

### 1．アウトソーシングの現状

　アウトソーシング（outsource）は外部（out）の資源（source）を活用することであり，一般的に日本では「外部委託」と訳されている。

　アウトソーシングは，戦略的な観点から，その組織が現時点で保有している業務機能や，今後構築すべき機能の一部もしくは全部を，組織の業務機能から外し，外部の専門的な組織に委託することと言える。

　アメリカでは，1980年代後半に登場し，当初システム部門などに限られてき

たアウトソーシングが，その後，多岐にわたる業務に広がってきている。アメリカの経営協会（AMA）がまとめた調査によれば，アメリカ企業の94％が，1つ以上の業務をアウトソーシングしている。ありとあらゆるビジネスでアウトソーシングされている。現在は総務関連や人事，運輸・物流，IT関連などが多い。

　日本でも，人材の流動化，雇用スタイルの多様化などでアウトソーシングをする企業が増加してきた。その背景には経営環境の大きな変化があげられる。すでにアウトソーシングというものが，80年代のアメリカの経済不況での企業のリストラクチャリングやリエンジニアリングの企業の政策を効果的にしたという実績があり，日本でも1990年代から導入する企業が増加してきた。

　アウトソーシングが活発化してきた背景には，①実力のある人材の確保，②環境の厳しい変化に対応する人材の確保，③人件費コストの削減，④OA機器の発達，⑤男女雇用機会均等法などによる積極的な女性労働者の雇用，などが挙げられる。

　アウトソーシングのメリットとして，①コストが安く済む，②専門性が高く，信頼性が高く成果に期待できる，③結果・成果に対するスピードが速く，納期も確実である，④必要に応じて，業務の委託が可能，⑤コア業務への経営資源の集中が可能，⑥外部の専門性の高い機能や資源を内部に取り入れることが可能，などが挙げられる。

　しかし，アメリカではアウトソーシングが活発化するにつれ失業者問題との関連性などが指摘されている。

## 2．非正社員のリストラ

　製造業を中心に派遣社員や期間社員の雇い止めや雇用契約の中途解約が問題になっている。製造業の不況によって，生産ラインに携わる労働者の削減を企業が実施した結果である。労働者派遣法が改正され，それまで派遣が禁止されていた製造工程への派遣が可能になった。

　それによって失業していた労働者にとっては労働の場を得ることができ，労

働市場で見れば雇用拡大につながったかのように見えた。しかし，派遣や期間社員・契約社員などの働き方は企業の視点に立つと，長期的雇用を前提としてないことも多く，労働者にとっても不安定な働き方で，経済不況の影響を真っ先に受ける。

　また小売業やサービス業でも店舗閉鎖や規模の縮小に伴い契約社員・派遣社員の雇い止めが多くなって来ている。人件費の安い非正社員は企業としては雇用を継続したいところだが，正社員は組合による協約などを前提として労働しているために，リストラを実行するのは難しい。非正社員は企業と派遣元，企業と労働者個人と労働契約を締結しているために説得しやすい。

　非正社員の雇用を考えた場合，その実態を一律に捉えるのは危険である。本人が望んでいないのに非正社員という働き方をしている労働者と，正社員ではなく非正社員という働き方を自ら選択している労働者がいるということである。企業の都合か本人の意思で非正社員として働くのとでは，労働者のモチベーションも違うし，生活設計にも大きく影響する。

　今後はますます雇用形態が多様化・複雑化し，正社員・非正社員という大きな分類ではなく，それぞれの雇用形態（労働形態）の実情に合った労働時間・労働成果や責任，それに対する評価や待遇などが求められ，企業の人事制度も大きな変化を余儀なくされることになるだろう。

（鈴木賞子）

＜参考文献＞

Barker, K., Christensen, K. *Contingent Work : American Employment Relations in Transition,* Ilr Press, 1998.

二神恭一編著『戦略的人材開発』中央経済社，1998年。

Ghoshal, S., Bartlett. C. A., *The Individualized Corporation : A Fundamentally New Approach to Management,* William Heinemann Ltd ; New edition, 1999.（グロービス経営大学院訳『個を活かす企業―自己改革に続ける組織の条件』ダイヤモンド社，2007年）

小林良暢『なぜ雇用格差はなくならないのか』日本経済新聞出版社，2009年。

厚生労働省『厚生労働白書・平成21年度版』ぎょうせい，2009年。
みずほ総合研究所『雇用断層の研究』2009年。
大藪毅『長期雇用制組織の研究』中央経済社，2009年。
鶴光太郎・樋口美雄・水町勇一郎編著『労働市場制度改革』日本評論社，2009年。
山田久『雇用再生』日本経済新聞出版社，2009年。

# 第3編
# 経営戦略と製品開発

| | |
|---|---|
| 第8章 | 経営戦略の基礎と展開 |
| 第9章 | イノベーションと製品開発 |
| 第10章 | 生産計画と生産コントロール |

# 第8章 経営戦略の基礎と展開

> 「経営戦略」は，企業の成長や競争力の実現を左右する，企業経営の重要な柱の一つである。その内容は，企業のあるべき姿や進むべき方向性の決定，経営資源の蓄積と展開を通じた成長戦略の立案，さらに製品・事業展開における競争対応や利益獲得のための競争戦略の策定などが含まれる。経営戦略を理解するためには，これらの基礎的な理論や概念を習得したうえで，身の回りのさまざまな企業，特に継続的に成長をし続ける企業や，業界内で高い競争力や利益水準をあげている企業などに関心を持ち，理論と現実の企業事例とを照らし合わせながら考えることが大切である。

## 1．経営戦略の概念と構成要素

### (1) 経営戦略とは何か

　経営戦略とは，一般に「企業のあるべき姿及びそれを実現するためのシナリオ」と定義される。つまり，企業が進むべき将来像をどのように描きだし，その将来像を実現するためにいかなる道筋をどのようにたどるべきかを検討することが，経営戦略を考えるということの中身である。

　企業がどのような存在になりたいのか，あるいはどこに向かおうとしているのかは，企業によって多様である。しかし，どのような将来像を描くにせよ，その描き方には企業として留意しなければならないポイントがある。また，そうして描き出された将来像を実現していくために，企業は新しい製品やサービスの開発や事業の多角化を行い，またその過程で他社との競争に直面することになるが，その際にどのような視点が必要であり，何が企業の業績を左右するポイントになるのかが検討されなければならない。経営戦略論は，このような

視点やポイントについての体系的な探求を目的として発展してきた経営学の一分野である。

### (2) 経営戦略の構成要素

経営戦略論の標準的なテキストでは,「企業のあるべき姿とそれを実現するためのシナリオ」という定義に沿う形で, 経営戦略の構成要素を, **ドメイン**（domain）の決定, **資源展開**（resource development）と**シナジー**（synergy）の設計, **競争優位**（competitive advantage）の確立などに分け, それぞれについて関連する理論や概念を説明していくことが一般的である。

ドメインとは企業の存在・生存領域のことであり, ドメインを決定するということは経営戦略の定義における「企業のあるべき姿」を描き出すことを意味する。また, 資源展開とシナジーの設計及び競争優位の確立は, 経営戦略の定義の後半部分, つまり「あるべき姿を実現するためのシナリオ」を作ることに相当する。資源展開やシナジーの議論は, 新製品・サービスや新事業の開発を通じた**成長戦略**（growth strategy）に, また競争優位の議論は, 文字通り**競争戦略**（competitive strategy）に関連している。

この章では, このような各構成要素別に, これまで蓄積されてきた経営戦略の基本的な理論や概念を整理しよう。そして, その基礎の上に, よりアドバンストな経営戦略のトピックや視点について紹介しよう。

## 2．ドメインの決定

### (1) 企業のあるべき姿としてのドメイン

ドメインの決定とは, 上でも述べた通り, 企業の存在・生存領域を決めることを意味する。言葉を変えて表現すれば,「我々は何ものであり, どのような企業になりたいのか, またそのためにどのような分野・領域で事業を行うべきか」を自ら定義することである。

企業のあるべき姿を表現する概念としては, ドメインのほかにも, **経営理念**

（corporate philosophy）や**経営目標**（corporate goal）などがある。経営理念は，企業が拠ってたつ最も基本的な哲学や精神であり，「創造性をもって国民生活の向上に貢献する」，「和の精神を旨とし，地域社会との共生を実現する」などのように，より思想的・抽象的なものである。一方，経営目標は，「売上高20％の成長」や「営業利益率10％の確保」のような企業の成長・利益・安定に関する目標を指し，より行動志向的で具体的なものをいう。

　経営理念と経営目標の間には，多くの場合乖離がある。つまり，経営理念で示される抽象的な哲学や精神をどのような形で経営活動に落とし込み，具体的な経営目標に反映させるかが問題であり，ドメインはこれら両者の橋渡し的な役割を果たすものと位置づけられる。

　これらのほかにも，企業のあるべき姿に関連して，**ビジョン**（vision）や**企業コンセプト**（corporate concept）という言葉も使われるが，ドメインと同義で用いられる場合が多い。ただし，企業の認知度やイメージの向上を目的として，単なるキャッチフレーズ的に示されるものは，ドメインとは区別される。

## (2) ドメインの意義

　企業がドメインを決定することの意義は多い。まず，ドメインを決めることは対内的には企業のメンバーの一体感を高め，また対外的には社会に対して企業の果たすべき役割を明確にする。経営理念という抽象的なものだけでは，企業メンバーの一体感や凝集性を高めることは難しく，その企業がどのような企業なのかを社会に理解してもらうことは困難である。また，具体的な経営目標が与えられても，それだけでは何をどのように行うのかがわからず，メンバーの努力やエネルギーのベクトルは分散し，外部者もその企業がどんな企業かを認識することはできない。このように，ドメインはその企業らしさ，すなわち企業の**アイデンティティ**（identity）を形成して，社内外に企業の進むべき方向性や企業の存在価値を指し示すという重要な役割を果たす。

　しかし，ドメインの重要性はこうしたことにとどまらない。経営戦略とのかかわりにおいてドメインが重要になるのは，それが「いかなる道筋をどのよう

にたどるべきか」という戦略展開の具体的な内容を規定するためである。つまり，ドメインが明確にされてはじめて，どのような**経営資源**（resources）を蓄積すべきか，どのような**製品開発**（product development）や**多角化**（diversification）を行うべきか，どこが本当の**競合企業**（competitor）なのかが明らかになる。このような意味で，ドメインの決定は企業の戦略展開を方向付ける出発点としての意義を持っている。

### (3) ドメイン決定の際の留意点

　それでは，このように重要な役割を果たすドメインを，企業はどのように決定すればいいのだろうか。ドメインを定める際の留意点として，これまでにしばしば指摘されてきた点は次の4点である。すなわち，①適度の広がりがあること，②社会や技術の発展方向を視野に入れ，企業としての長期的な展望が描けるものであること，③資源配分のメリハリがはっきりすること，④社内外の人々の共感や納得（**ドメイン・コンセンサス**：domain consensus）が得られ，夢を与えるものであることである。

　これらのうち，ドメインが適度の広がりを持つことの大切さは最も多く議論されてきた留意点の一つである。この点を最初に指摘したレビット（Levitt）は，アメリカの鉄道産業の衰退やハリウッドの映画会社が一時不振に陥った事例などをあげながら，ドメインを狭く，即物的にとらえることの危険性を主張した。たとえば，ハリウッドの映画会社が不振に陥ったのは，当時テレビという新しい娯楽メディアが出現したことが大きな理由であったが，ハリウッドの映画会社の問題は，自らを「映画の製作及び配給」という形で狭く定義していたためにテレビの台頭を戦略的に意味のあるものとしてとらえ，それに備えることができなかった点にあった。レビットは，このようなドメインのとり方を**マーケティング近視眼**（marketing myopia）と呼び，経営上の失敗であると論じている。

　この場合，映画会社がテレビの台頭も視野に入れた有効な戦略展開を可能とするためには，映画を製作・配給する企業ではなく，むしろ「娯楽を提供する

企業」のように広い定義づけが必要であったに違いない。より一般的にいえば，企業は自分たちのドメインを自社が提供する製品やサービスそのものでとらえる**物理的定義**（physical definition）ではなく，むしろその製品やサービスが顧客に提供する本質的な価値に即してとらえる**機能的定義**（functional definition）こそが重要であり，こうした広い定義づけによって戦略展開に柔軟性と発展性がもたらされるのである。

　もちろん，ドメインは広ければ広いほどよいというものではない。ドメインを機能的にとらえ広く定めるとしても，過度に抽象的では企業のアイデンティティは希薄になり，戦略展開の方向性も曖昧になる。この意味で，ドメインは「適度」の広がりを持つことが大切であり，ドメインに関する研究ではこの適度の広がりを具体的にどのように設定すべきなのかをめぐって多くの議論がなされてきた。たとえば，ホファー＆シェンデル（Hofer and Schendel）は，「機能的ではあるが緻密な定義」の有効性を説き，エーベル（Abell）は顧客層（誰の）・顧客機能（どのようなニーズを）・技術（どのように満たすべきか）の3つの視点からドメインをとらえることの重要性を指摘している。

## 3．資源展開とシナジーの設計

### (1) 資源展開の戦略

　企業は，自らが定めたドメインに沿って必要な経営資源を創造・蓄積し，それに基づいて成長や発展のための具体的な戦略展開を立案・実行していく。

　企業が成長や発展を達成していくための戦略にはいくつかの代替案がある。たとえば，アンゾフ（Ansoff）は，既存の製品を用いるのか新しい製品を開発するのか，既存のミッション（市場ニーズ）を満たすのか新しいミッションに応えるのかという2つの切り口から，図表8－1に示されるような4つの**成長戦略**（growth strategy）を示している。

　ここで**市場浸透**（market penetration）とは，製品も市場も変えることなく成長機会をとらえようとする戦略をいう。具体的には，①現在の顧客が製品を

図表8-1　アンゾフの成長ベクトル

|  | 製品 既存 | 製品 新規 |
|---|---|---|
| ミッション（市場ニーズ）既存 | 市場浸透 | 製品開発 |
| ミッション（市場ニーズ）新規 | 市場開発 | 多角化 |

購入する頻度や量を増大させる，②現在製品を購入していない人々を新しい顧客として獲得する，③競合企業の顧客を奪うことなどの方法がある。

　また，**市場開発**（market development）は，既存の製品を新しい市場に導入することで成長を達成しようとする戦略であり，たとえば①今まで対象としていなかった新しい地域にその製品を導入する，②今まで対象としていなかった新しい顧客層にその製品を売ることなどが含まれる。製品展開の**国際化**（globalization）は，①の例の一つであり，市場開発を通じて企業が成長していくための重要な戦略と位置付けられる。

　市場開発とは対照的に，既存の市場に新しい製品を導入して成長を図る戦略が**製品開発**（product development）である。製品開発には，①今までとはまったく異なる革新的な製品を創造する，②製品に新しい機能や性能を付加する，③同じ機能・性能でも，より低価格の製品を生み出す，④同じ機能・性能でも，より品質の高い製品を生み出す，⑤大きさや色などの点で新しい特徴を作ることなど，さまざまな方法がある。

　そして，最後に，新しい製品を新しい市場に導入すること，あるいは新しい製品によって新しい市場を開拓することで成長を実現しようとする**多角化**（diversification）がある。多くの場合，多角化は企業にとって新たな事業分野の追加を意味する。この点で，多角化はしばしば**新事業開発**（new business development）と同じ意味で用いられる。

## (2) 多角化とシナジー

　企業は，このような複数の戦略代替案の中から，自社の成長目標や，企業が置かれた**環境**（environment）及び企業が持つ**経営資源**（resource）の状況に合わせて最も適切な戦略の道筋を選択していくが，重要なことはそうして選択された戦略をいかに有効に展開し，実際に企業の成長と発展を導いていけるかどうかという点にある。つまり，市場浸透・市場開発・製品開発・多角化のそれぞれについて戦略を展開していく上でのポイントがあり，そうした展開上のポイントに関する検討が必要である。ここでは，特に多角化の戦略に焦点をあてて，そのポイントについて見てみよう。

　一口に多角化といっても，その方法にはいくつかのタイプがある。最も大まかにいえば，多角化は**関連型**（related diversification）と**非関連型**（unrelated diversification）とに分けられる。関連型多角化とは，企業を構成する各事業が，製品・生産上の技術やノウハウ，販売・流通チャネル，管理ノウハウなどの既存の資源を共有するような形で多角化していく方法である。それに対して非関連型多角化は，きわめて一般性の高い管理ノウハウや財務的資源を除き，各事業間での関連性が希薄な形で多角化していく方法をいう。また，同じ関連性を持った多角化であっても資源の共有のあり方によって，複数の事業が相互に資源を共有しあう**集約型**（constrained diversification）と，特定の事業で蓄積された資源を土台にして次々と新しい事業に進出していく**拡散型**（linked diversification）に分けられる（図表8－2参照）。

　多角化戦略の有効性をめぐっては，このような多角化のタイプがそれぞれ企業業績にどのような影響を与えるのかが研究されてきた。たとえば，ルメルト

図8－2　集約的多角化と拡散型多角化

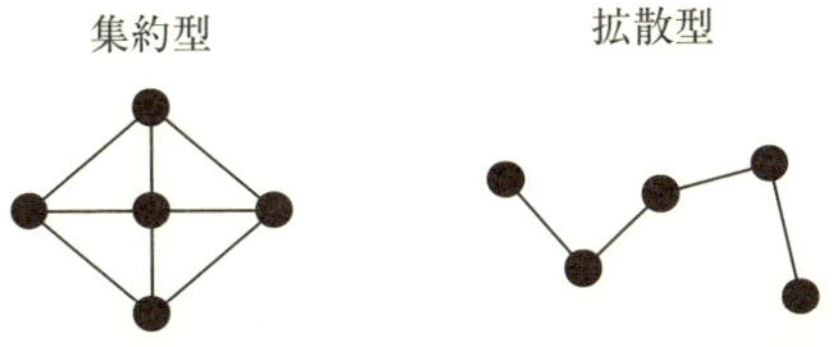

(Rumelt) は，多角化のタイプを垂直型・専業型・本業中心集約型・本業中心拡散型・関連集約型・関連拡散型・非関連型・コングロマリット型へとより細かく分け，それぞれのタイプが企業の売上・利益成長や利益率に及ぼす影響を調査した。その結果，売上・利益の成長性については，関連性のない事業を買収することによって多角化していくコングロマリット型が最も高い成果を示したが，このタイプを除けば非関連型よりも関連型のほうが，拡散型よりも集約型の方が高い成果を示していた。また，利益率についても同じく，非関連型よりも関連型のほうが，拡散型よりも集約型の方が高い成果が示された。このような結果は，多角化戦略の展開において，各事業間で経営資源を相互に共有しあう形の多角化のすすめ方が企業の業績を高める上で重要であることを示唆している。

このように関連型，特に関連集約型の多角化が企業業績の向上をもたらすのは，相互に関連を持つ事業間で**シナジー**（synergy）が働くためである。シナジーは相乗効果とも呼ばれ，1 + 1 = 3 となるような経済効果をいう。ある事業で用いられている経営資源を他の事業が利用できるのであれば，その資源を新たに開発する必要はなく，経済的である。また，ある事業で獲得した顧客を関連する他の事業に呼び込むことができれば，あるいはある事業で築いた評判や信用が他の事業にも波及しうるのであれば，より大きな売上が期待できる。事業間が互いに関連性を持つことによって，このような効果がもたらされるのである。

(3) **PPM 分析**

上で述べたようなポイントを踏まえ企業が多角化に成功すると，企業内には必然的に複数の事業が存在するようになる。このとき，企業は「複数の事業間で経営資源をどのように配分するべきか」という重要な問題に直面する。**PPM**（Product Portfolio Management）は，このような問題を解決するための手法として開発されたものである。

この分析手法は，さまざまな経営資源のうち，資金（カネ）の配分に焦点を

置く。つまり，企業が持つ複数の事業について，どの事業が最も豊富に資金を生み出すポテンシャルがあるのか，そしてそこから生まれる資金をどこに優先的に配分していくべきかなどを分析的に考えていくための手法である。そこではまず，それぞれの事業ごとに（より正確には，**戦略事業単位**［Strategic Business Unit：SBU］と呼ばれる，共通のミッション・共通の競争相手を持つ事業のまとまりごとに），事業が属する業界の市場成長率，その業界における自社の相対競争力，および当該事業の売上規模を算定し，そのデータに基づいて各事業を図表8－3のようなマトリックス上に位置付けることからスタートする。ここで，自社の相対競争力とは，業界の中で自社を除き最も大きな市場占有率を示す企業と自社との間の占有率の比で測られる。また，事業の規模は，マトリックス上に描かれる円の大きさで示される。

　ここから具体的な資金配分のパターンを検討していくことになるが，その際に次のような2つの前提を考慮する必要がある。それは，①市場成長率が高いほど資金流出が多い，②相対競争力（市場占有率）が高いほど資金流入が多いという前提である。前提①は，**製品ライフサイクル**（product life cycle）の考え方に基づいている。市場の成長性が高い段階では生産規模が大きくなるため多額の設備投資が必要であり，また競合企業の数も多くなるために広告・宣伝などの支出も増大する。また，前提②の背後には，**経験効果**（experience effect）の考え方がある。経験効果とは，累積生産量（＝経験量）が増えるにつれて，

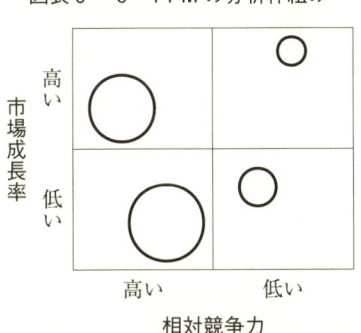

図表8－3　PPMの分析枠組み

（縦軸：市場成長率　高い／低い，横軸：相対競争力　高い／低い）

現場作業員の習熟や生産工程の改善などによって，単位当たりの生産コストが一定の割合で減少していくという効果をいう。一般に，より大きな市場占有率を誇る企業ほど当該製品・事業分野での経験量は多く，そのためコスト面での優位性は大きい。換言すれば，そうした競争力の高い企業ほど，その製品・事業分野からより多くの利益を生み出すことが可能となる。

　このような2つの前提に立つと，左下のセルに置かれる事業は資金流出が少ない一方で，資金流入が多いために潤沢な資金を保有しうるポテンシャルを持つこと，それに対して右上のセルの事業は多くの資金が必要にもかかわらず，それを満たす資金の流入が少ないこと，また左上は資金の出入りがともに大きい活発な事業であり，右下は資金の出入りがともに少ない事業であることが理解できる。PPM分析では，このようなそれぞれの事業の資金特性から便宜上，左下のセルの事業を**金のなる木**（cash cow），右上を**問題児**（question mark），左上を**花形**（star），そして右下を**負け犬**（dog）と呼ぶ。

　こうして企業の持つそれぞれの事業の資金面での特性が明らかにされると，そこから望ましい資金配分の戦略が導かれる。その骨子は，①金のなる木から生まれる資金を問題児に集中的に投入して，問題児を花形へと移行させること，②負け犬事業から撤退し，それによって生まれる余剰の資源をやはり問題児に投入することである。花形に位置付けられる事業は，現在の市場競争力を維持できれば，時間の経過とともに次第に市場成長性は低下していき，いずれ金のなる木になると予想される。そのため花形事業は現状維持が基本であり，集中的な投資の必要性は少ない。むしろ集中的な投資が求められるのは問題児事業であり，投資を通じて問題児を花形へと移行させることができれば，それは将来の金のなる木として企業の持続的な成長を支える原動力となる。このように，PPMは複数の事業間での有効な資源配分を長期的な視野から分析的に検討することで，企業全体としての持続的な成長・発展を計画していくためのツールとして用いられる。

## 4．競争の戦略

### (1) 業界構造分析

　さて，企業は市場浸透や市場開発，製品開発，あるいは多角化のいずれの戦略を展開していく場合でも，その過程では他社との競争に直面することが通常である。そのため，企業はそれぞれの戦略を有効に推し進めていくために，資源展開や配分の問題と同時に，他社との競争にいかに対応していくのかという**競争戦略**（competitive strategy）について十分に検討しなければならない。

　ここで注意すべきことは，競争への対応とは常に競合他社と「戦う」こと，あるいは常に競合他社に「打ち勝つ」ことを意味するわけではないという点である。競争戦略は，企業が競争の中で他社と比べてより高い利益をあげうる状態を作り出すことが基本であり，そこでは「戦って勝つ」こととだけではなく，「戦いを避ける」ということも重要な戦略視点となりうる。

　このような視点から企業の競争戦略を体系的に論じたのが、ポーター（Porter）である。彼は，競争戦略の立案の出発点として，**業界構造分析**（industry structure analysis）を通じて競争が少なく，企業にとってより多くの利益機会を提供する望ましい業界（ないし市場セグメント）を発見することの重要性を指摘する。ポーターによれば，それぞれの業界（市場セグメント）が生み出す利益機会の大きさは，①既存企業の対抗度，②新規参入の脅威，③買い手の交渉力，④売り手の交渉力，⑤代替品の脅威という5つの要因によって規定され，それらを詳細に分析することで企業にとって望ましい業界（市場セグメント）が明らかになる。企業は単にどのような分野でも競争相手と真っ向から対決して勝とうとするのではなく，こうした5つの要因の分析を通じて選び取られる魅力的な分野に自社を位置づけ（**ポジショニング**：positioning），そこから生み出される利益を享受していくことが競争戦略の第一の視点として求められる。

## (2) 競争の基本戦略

もちろん，このようにして選び取られた魅力的な業界（市場セグメント）においても，現実に他社との競争がまったく存在しないということは稀である。そのため，企業は次に，他社と「戦って勝つ」ための戦略について検討していくことになる。

前出のポーターは，そのような競争の戦略として，①**コスト・リーダーシップ戦略**（cost leadership strategy），②**差別化戦略**（differentiation strategy），③**集中戦略**（focus-segment strategy）の3つの基本タイプをあげている。コスト・リーダーシップ戦略とは，広範な顧客・市場をターゲットとして低コスト（低価格）を武器に他社と競争していく戦略であり，差別化戦略とは，同じく広範な顧客・市場に対して製品機能や品質・サービス面での違いを基本的な訴求ポイントとして競争していく戦略をいう。また，集中戦略とは，ターゲットを特定の顧客・市場に絞り込む戦略であり，そこでの具体的な戦略展開の内容に応じて**集中コスト戦略**（focus-segment cost leadership strategy）あるいは**集中差別化戦略**（focus-segment differentiation strategy）に細分化される（図表8－4参照）。企業は，業界構造分析の結果どのような分野で事業を展開していくにせよ，競争を有利に進めていくためにこれらいずれかの戦略を展開して**競争優位性**（competitive advantage）を確立していくことが求められる。

ここで，広範な顧客・市場をターゲットにするとしても，あるいは限定的な

図表8－4　競争の基本戦略

|  | 戦略の有効性 | |
|---|---|---|
|  | 独自性 | 低コスト |
| 戦略ターゲット　広範 | 差別化戦略 | コスト・リーダーシップ戦略 |
| 戦略ターゲット　特定 | 集中戦略<br>（集中差別化戦略） | 集中戦略<br>（集中コスト戦略） |

顧客・市場をターゲットにするとしても，コスト・リーダーシップ戦略と差別化戦略との間には，一般にトレード・オフ（相反）の関係があるという点に留意する必要がある。つまり，コスト・リーダーシップ戦略を追求しようとすれば，製品機能や品質・サービス面の差別性を高めることは難しく，逆に差別化を追求しようとすれば，低コストを基本とする戦略を実現することは困難になる。したがって，企業はそれらの両者を中途半端に追い求めるのではなく，いずれかの戦略にコミット（傾注）して，研究開発や生産，販売・マーケティングなどのすべての活動をその戦略の実現に向けて整合性・一貫性をもって調整・管理していかなければならない。

(3) **市場地位別の競争戦略**

　企業が他社との競争の中で「戦って勝つ」ための戦略については，企業の市場地位ごとにそれぞれの企業の望ましい戦略を検討することも重要である。つまり，リーダー企業が取るべき戦略は下位企業が取るべき戦略とは異なることが通常であり，そうした企業ごとの市場での地位に応じて競争戦略を考えていく必要がある。

　たとえば，コトラー（Kotler）は市場で競争するプレーヤーを，**リーダー**（leader），**チャレンジャー**（challenger），**ニッチャー**（nicher），**フォロワー**（follower）の4つに分け，それぞれに適合的な戦略を整理している。業界で市場占有率トップの企業であるリーダーは，占有率が高いことからもたらされる高い流通支配力・ブランド力や経験効果などの生産コスト面での優位性を活かして市場全体のパイを拡大する戦略を取る一方で，チャレンジャーやニッチャーが攻め込んでこないようにあらかじめ低価格を設定したり，あらゆる市場セグメントのニーズを網羅的にカバーするフル・カバレッジ戦略を取る，あるいは他社の戦略的な行動に対して直ちに追随してけん制する同質化戦略を取ることなどが有効とされる。

　それに対して，現在の占有率を拡大してリーダーにとって代わろうという攻撃性を持つチャレンジャーは，いくつかの主要なセグメントに経営資源を集中

させ，リーダー企業が同質化しにくい差異を作り出す差別化戦略を実現すること，そしてそこでの成功をテコにして他のセグメントに波及的に移行していくことが基本となる。

また，チャレンジャーのようにトップを狙おうとはせず，むしろ独自の生存領域で独自の事業展開を行おうとするニッチャーとしては，競争の基本戦略で示された集中戦略を取り，限定的な顧客・市場を対象にきめの細かい高質の製品・サービスラインを整えること，そして顧客との濃密なコミュニケーションを通じて独自の存在を確立することが求められる。

最後に，トップを狙わずかつ明確な生存領域の独自性も持たない企業と定義されるフォロワーとしては，リーダーやチャレンジャーが必ずしも重視しない，あるいは経済的にあまり魅力的とは考えていない顧客・市場セグメントをターゲットとして，リーダーやチャレンジャーが提供する製品・サービスと類似のものをワンランク落として低価格で提供する戦略などが考えられる。このような顧客・市場セグメントはどの業界でも少なからず存在し，実際にこうした戦略を通じてフォロワーが一定の売上や利益を享受している例は少なくない。

## 【アドバンス】

### 1．資源ベース視点

企業は生き物であり，環境の変化に合わせて絶えずその行動を進化させている。そうした中から新しい戦略展開も生まれ，それに沿って経営戦略論も新たな発展を続けている。このような経営戦略論の発展の中で，近年活発な議論を呼んでいるトピックの一つが，競争戦略の拡張に関するものである。

すでに見たように，競争戦略とは競争の中で他社と比べてより高い利益をあげうる状態を作り出すことであり，そのためにはポーターが論じるように業界構造分析などを通じて望ましい業界（市場セグメント）を発見し，そこに自社を位置付けることが重要な視点（**ポジショニング視点：positioning view**）となる。その視点は，見方を変えると，利益の源泉をより高い利益ポテンシャル

を持つ特定の環境，つまり企業の「外側」に求めようとするものである。しかし，企業にとっての利益の源泉は単に企業の外側にのみ存在するわけではなく，企業の「内側」にも存在する。すなわち，他社が持たない**独自資源・能力**（distinctive resource or capability）という企業内部の要因もまた，競争の中で企業に利益をもたらす重要な要素として無視することはできない。

このような独自の経営資源や能力という点に着目して企業の**競争優位性**（competitive advantage）を考えていこうというのが，ワーナーフェルト（Wernerfelt）やバーニー（Barney）を祖とする**資源ベース視点**（resource-based view）であり，近年の経営戦略論の中心的な考え方の一つとなっている。

そこでは，企業に競争優位をもたらす独自の資源や能力とは何かをめぐって活発な議論が展開されている。たとえば，伊丹（1984）はヒト・モノ・カネというような**物的資源**（physical resource）ではなく，技術・経営ノウハウやブランド・信用，企業文化などの**情報的資源**（informational resource）の重要性を主張する。

このような情報的資源は実際に手にとって見ることができないし，市場で調達することが難しく，かつ形成に時間がかかる。そのため，他社はこうした資源の本質を理解することが困難であり，それを手に入れようとしてもなかなか手に入れることが難しいゆえに模倣しにくい。このように，不可視的である，市場調達が難しい，形成に時間がかかるというような特徴を持つ資源こそが他社の**模倣困難性**（unimitability）を生み，それが自社の競争優位の源泉として機能すると考えられている。かつてハメルやプラハラッド（Hamel and Praharad）らが説いた**コア・コンピタンス**（core competence）の議論も，こうした資源ベース視点に基づく経営戦略の考え方の一つに位置付けられる。

## 2．ゲーム論的視点

企業の競争戦略をめぐっては，このような資源ベース視点のほかに，**ゲーム論的視点**（game-theoretical view）への関心も高まっている。ゲーム論とは，いわゆる「囚人のジレンマ」に代表されるような行為者間の相互作用に着目し

た経済学上の理論である。競争戦略との関係でいえば，その考え方は競合企業や顧客，サプライヤーといった企業外部のプレーヤーの状態や行動が自社に与える影響に着目するだけではなく，逆に自社の状態や行動そのものが外部のプレーヤーにも影響を及ぼすという相互の影響関係に目を向けることの重要性を示唆するものである。実際に，自社の取った戦略行動が他者の反応を誘発し，それが自社の行動に跳ね返って影響するということはしばしば見られることであり，こうした相互作用に着目して競争の戦略を考えていこうというのがゲーム論的視点である。

ポーターの競争戦略の発想では，競合企業や顧客（買い手），サプライヤー（売り手）などの構造上の特徴からどこかに高い利益ポテンシャルを持つ魅力的な業界（市場セグメント）が所与のものとして存在することが前提となっており，それゆえ業界構造分析を通じてそうした業界（市場セグメント）を発見し，そこに自社を位置付けることが基本とされる。しかし，ゲーム論的視点では，業界の構造を所与のものとするのではなく，各プレーヤーに働きかけてそれを変化させ，より魅力的な状態を作り上げることを重視する。その視点は，企業にとっての利益の源泉を魅力的な外部の状態に求めるという点でポーターの「外なる」視点と同様であるが，魅力的な状態は予め準備されているものではなく企業が作り上げるものであるという点でよりダイナミックな視点といえる。

このようなゲーム論的視点では，企業が業界のより魅力的な状態を形成するために，どのようなプレーヤーとどのような相互作用をいかに展開すべきが議論の焦点となる。この点について，ブランデンバーガーとネイルバフ（Brandenburger and Nalebuff）は PARTS（Player, Added value, Rule, Tactics, Scope）という分析枠組みを用いて「だれが自社と関係のあるプレーヤーか」，「そのプレーヤーはどんな付加価値を自社にもたらしているのか」，「その価値の創造や配分の仕方を決めているゲームのルールは何か」，「他のプレーヤーの認識をいかに変えられるか」，「ゲームの境界はどこにあるのか」を明らかにし，その上で自社の目標達成にとって有利な方向に業界の構造を変えていくことを提案し

ている。

## 3．戦略の計画性と柔軟性

　このように経営戦略論の新たな議論は，主に競争戦略に関連した分野で活発に展開されているが，その一方で経営戦略における分析や計画の意義や必要性という経営戦略論の根幹にかかわる部分での再検討も大きなトピックとなっている。

　第1節で述べたように，企業はあるべき姿の実現に向けて市場浸透や市場開発，製品開発，あるいは多角化などさまざまな戦略展開を行っていくが，その際にどのような視点が重要であり，何がその成功を左右するポイントなのかを分析的に理解して，それらを盛り込んだ精緻な計画を立案していくことが求められる。経営戦略論とは，まさにこうした企業の戦略行動の有効性を科学的に探求するものとして発展してきた学問分野であることもすでに述べたとおりである。

　しかし，現実にしばしば見られるように，このようにして分析的に立案された戦略が計画どおりに進まず，また仮に進んだとしても予想されたような成功が導かれないということは決して例外ではない。むしろ，戦略の実行の過程で得られたさまざまな知識や情報に基づいて当初の計画が変更され，それによって思わぬ成功が生まれたりすることもよくあることである。このようなことを考えると，経営戦略において果たして事前の分析や計画が必要なのかという疑問が湧いてくる。

　こうした疑問に対しては，戦略とはそもそも**学習**（learning）のプロセスであり，企業の戦略展開の過程で生じる予期せぬ出来事や失敗を，例外としてではなく，当然に生じうる学習の機会として積極的に捉えようという**創発型戦略**（emergent strategy）の考え方などがすでに示されているが（Mintzberg and Waters, 1985），近年の経営環境の急激な変化や競争の激化によって経営活動の不透明性が高まる中でこうした考え方の重要性が改めて再認識されてきている。戦略の策定にとって分析や計画が重要であることはいうまでもないが，そ

れをあまり詳細に計画することは経営の柔軟性を失わせる。しかし逆に，戦略を曖昧にしすぎれば，意思決定の指針としての効果に問題が生じる。経営戦略にどの程度の計画性と柔軟性を持たせるかというバランスの問題が改めて検討される必要がある。

（米山茂美）

＜参考文献＞

Abell, D. F., *Defining the Business : The Starting Point of Strategic Planning*, Prentice-Hall, 1980.（石井淳蔵訳『事業の定義』千倉書房，1984年）

Ansoff, H. I., *Corporate Strategy*, Mc Graw-Hill, 1965.（広田寿亮訳『企業戦略論』産能大学出版部，1969年）

Barney, J. B., "Strategic Factor Markets : Expectations, Luck and Business Strategy," *Management Science*, Vol. 62, 1986, pp. 777-795.

Brabdenburger, A. M. and Nalebuff, B. J., *Co-opetition*, Currency and Doubleday, 1996.（嶋津祐一・東田啓作訳『コーペティション経営』日本経済新聞社，1997年）

Hamel, G. and Praharad, C. K., *Competing for the Future*, Harvard Business School Press, 1994.（一條和生訳『コア・コンピタンス経営』日本経済新聞社，1995年）

Hofer, C. W. and Schendel, D., *Stratey Formulation : Analytical Concepts*, West, 1978.（奥村昭博・榊原清則・野中郁次郎訳『戦略策定』千倉書房，1981年）

伊丹敬之『新・経営戦略の論理』日本経済新聞社，1984年。

Kotler, P., *Marketing Management*, 4th ed., Prentice-Hall, 1980.（村田昭治監修『マーケティング・マネジメント』ダイヤモンド社，1983年）

Levitt, T., "Marketing Myopia", *Harvard Business Review*, July-August, 1960, pp. 45-56.

Mintzberg, H., Ahlstrand, B., and Lampel, J., *Strategy Safari : A Guided Tour through the Wilds of Strategic Management*, The Free Press, 1998.（斎藤嘉則監訳『戦略サファリ』東洋経済新報社，1999年）

Mintzberg, H. and Waters, J. A., "Of Strategy, Deliberate and Emmergent", *Strategic Management Journal*, Vol. 6, 1985, pp. 257-272.

Porter, M. E., *Competitive Strategy : Techniques for Analyzing Industries and Competitors*, The Free Press, 1980.（土岐坤・中辻萬冶・服部照夫訳『競争の戦略』ダイヤモンド社，1982年）

Porter, M. E., *Competitive Advantage : Creating and Sustaining Superior Performance*, The Free Press, 1985.（土岐坤・中辻萬冶・小野寺武夫訳『競争優位の戦略』ダイヤモンド社，1985年）

Rumelt, R. P., *Strategy, Structure, and Economic Performance*, Harvard University Press, 1974.（鳥羽欣一郎・山田正喜子・川辺伸雄・熊沢孝訳『多角化戦略と経済成果』東洋経済新報社，1977年.）

Wernerfelt, B., "A Resource-based View of the Firm", *Strategic Management Journal*, Vol. 18, 1984, pp. 171-180.

# 第9章 イノベーションと製品開発

> イノベーションは，企業が新しい価値を創り出す活動ための活動である。企業が新しい価値を継続的に創り出していくためには，どのような戦略や取り組みが必要になるのであろうか。また，企業を取り巻く社会や外部の経営環境が，イノベーションの展開にどのような影響を与えているだろうか。身近な製品やサービスの中にも，この問題を考えるたくさんの手掛かりが存在している。企業と企業を取り巻くさまざまな環境との関係性に注意深く注目するが，イノベーションを考える第一歩になってくる。

## 1．イノベーションという言葉

　平成19年度「国語に関する世論調査」（文化庁）によると，「イノベーション」という言葉を聞いたことが，または見たことがあると回答した人は，調査全体の60.8％に上る。平成14年の同調査の結果は34.8％であったので，数年のうちにこの言葉が広く使われだしたことがよく分かる。しかし，この言葉の意味が分かりますかという問いについては，「分かる」「何となく分かる」を合計しても41.1％に留まっている。このことから，イノベーションという言葉の意味まではまだ浸透していないことが分かる。

　そこでこの章では，イノベーションをキーワードに，この言葉の意味を経営学的な視点から考えていきたい。そして，イノベーションと密接に関連する製品開発の問題について考えていきたい。

　上述の調査では，イノベーションの意味を「技術革新。経済や産業の発展につながる，技術や仕組みの革新」と説明している。この説明からも，イノベーションという言葉が，単に技術革新だけではなく，複数の要素を包含した広い

意味を持っていることが分かる。そしてイノベーションという言葉は、シュンペーター (Schumpeter, 1934, 邦訳1977) の提唱した「新結合」の概念に遡ることができる。

シュンペーターは、生産という活動を、我々の利用しうるいろいろな物や力を結合することである定義とした。そのうえで、これらの物や力をそれまでの方法とは異なるやり方で結合することを「**新結合**」と呼んだ。この「新結合」の概念として、シュンペーターは次の5つの要素を示している（シュンペーター, 1977）。それは、①新しい財貨、新しい品質の財貨の生産、②新しい生産方法の導入、③新しい販路の開拓、市場の開拓、④原料あるいは半製品の新しい供給源の獲得、⑤新しい組織、の実現の5つである。

この「新結合」の5つの概念を広義のイノベーションの定義とすると、技術革新はこの一部であることが分かる。たとえば、インターネットショッピングは、販売方法の革新であるとともに、インターネットや通信技術といった新たな技術革新の成果でもある。つまり、イノベーションを考える時、技術は不可欠な要素であるが、技術だけの問題とするのではなく、「新結合」の意味においてその価値を検討することが社会にとって重要な意味を持つのである。技術以外にも、新しい製品やサービスの創造、新しい生産方法の導入、新しい原材料の利用、新しいマーケティング活動やサービスの導入、それらを実現するための企業組織やビジネスモデルの創造など企業活動に関連するあらゆる要素がイノベーションの対象であることが分かる。そして、これらの要素が連動しながら、社会の新陳代謝を通じた持続的な発展、それまでにない新しい価値を人々にもたらすための「**創造的破壊**」の活動としてイノベーションは進行していくのである。

## 2．イノベーションの質的な違い

イノベーションは企業活動に重大な影響を与えるが、その大きさや幅、影響について一律に議論することは難しい。まったく新しい発明や新製品・新サー

ビスという形でもたらされる時もあれば，既存技術や既存製品の改良や改善，あるいは新しいサービスの付加という付加価値の提供によって実現される時もある。しかしイノベーションの質的な違いは，企業活動への影響を与える。そこで，質的に異なる2つのイノベーションについてまとめる。

### 1）革新的イノベーション

それまでに存在していた既存企業の競争優位性を低下させたり陳腐化させたりするような大きなイノベーションのことを，**革新的イノベーション**（radical innovation）という。

シュンペーターは，馬車を何台つなげても汽車にならないと例えたが，馬からエンジン動力へという変化は質的に断絶を伴っている。このような質的な断絶のあるイノベーションが革新的イノベーションの代表であり，企業の競争環境に大きな影響を及ぼす問題である。

### 2）漸進的イノベーション

革新的イノベーションにより，技術的な革新から新たな競争軸を導入することも可能であるが，いつも革新的イノベーションが起きるわけではない。既存の技術や製品の性能を向上させていく改善や改良といった活動も，重要な意味を持つ。このような性質を持つイノベーションを**漸進的イノベーション**（incremental innovation）と呼ぶ。この漸進的イノベーションは，革新的な発明などでホームランを打つイメージではなく，累積的に技術や機能を改善，改良する活動である。

## 3．イノベーションのダイナミックス

「革新的イノベーション」と「漸進的イノベーション」はダイナミックな関係で存在する。アバナシーらは，アメリカの自動車産業の分析から，2つイノベーションの関係を示した。

産業には流動期，移行期，固定期という3つの成長段階があり，それに応じ生産工程と製品の組み合わせに変化のパターンが存在している。

## (1) 産業の流動期

産業の流動期とは製品が登場した初期の段階である。この時点では，新しく登場した製品自体の性能やその製品に対する市場の評価も定まっていない。そのため，競合企業間でさまざまなデザインや機能を持つ製品が市場に提案される。この段階は，企業と市場の間で「その製品がどのようなものであるか」ということへの理解や合意が流動的で不確実性の高い状態にある。そのため，市場が求める性能や顧客が望む製品像を探るため，提供する企業側も，提供される顧客側も試行錯誤をする段階である。

この試行錯誤を通じて，市場に受け入れてもらえる解を探す活動の中で，多種多様なコンセプトや特徴を持った製品が登場する。このようなイノベーションを**製品イノベーション**（Product innovation）と呼ぶ。これは流動期に頻発する革新的イノベーションである。

また，流動期には小規模な工場で熟練に頼った労働集約的な生産が主流である。それは，市場自体が存在していない段階からスタートすることに加え，何を作るかということ自体の不確実性が高いため，変化へ柔軟に対応できる生産工程が必要とされるためである。

## (2) 産業の移行期

不確実性の高い流動期はやがて移行期へと変化していく。この段階の特徴は，**ドミナント・デザイン**の確立である。ドミナント・デザインとは，「市場の支配を勝ち取ったデザイン（アッターバック，1998）」である。ドミナント・デザインは，ある製品に対する大多数のユーザー層の要求を満足させるデザインであり，企業と市場の間で，「この製品は，こういうものである」という理解や合意といえる。

たとえば，自動車では，金属製のボディ，動力源としてエンジンを内蔵し，

図表9−1　イノベーションのダイナミクス

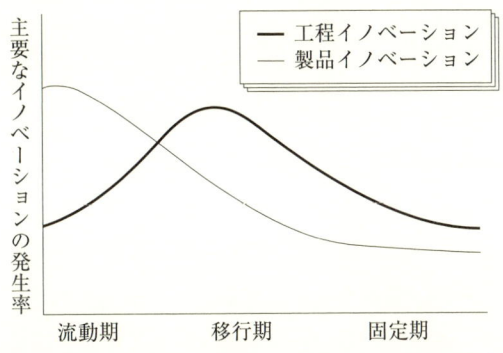

―― 工程イノベーション
―― 製品イノベーション

縦軸：主要なイノベーションの発生率
横軸：流動期　移行期　固定期

出所：アッターバック（1998），p118図4−3より修正のうえ引用

タイヤを用いて走行するということが，ドミナント・デザインであり，これはT型フォードの時代に確立されたものである。

　いったんドミナント・デザインが確立すると，市場はそれを前提に製品を選択していくので，ドミナント・デザインから逸脱するデザインの製品は，評価されにくくなる。このことが，製品イノベーションの頻度を急速に低下させる。つまり，ドミナント・デザインから外れるような，革新的な製品イノベーションは次第に減少し，決まった枠組みのなかでの競争へと競争軸が変化するのである。

　移行期では，確立されたドミナント・デザインの枠組みの中での機能向上と，需要増加に応じるための生産工程の確立にイノベーションに力点が変化する。こうした漸進的なイノベーションを**工程イノベーション**（Process innovation）と呼ぶ。

　ドミナント・デザインの確立後は，その枠組みの中でより優れた製品を効率的に高品質につくることが重要になる。そのため，流動期の柔軟性を重視し，熟練に頼った労働集約的な生産体制から，その製品や部品を効率的に作ることに特化した高価な専用設備を導入した，規模の大きな工場生産体制へと変化していく。

### (3) 産業の固定期

さらに第3段階の固定期になると，品質やコストの改善，生産性を向上に関心が集中し，製品でも生産でも変化に対する柔軟性は一層失われていく。そのための品質やコストの改善，生産性，効率性を追求するための漸進的な工程イノベーションの追求は進展するが，製品そのものが変わるような大きな製品イノベーションは起きにくくなる。同時に，生産性，効率性を徹底的に追及するため，工場はより大規模化するため，この時期に市場で活躍するのは資本集約的な投資に耐えられる少数の大企業になる。

産業が流動期から移行期，移行期から固定期へと変遷するなかで，イノベーションの焦点は，（革新的な）製品イノベーションから（漸進的な）工程イノベーションへと変化していく。流動期の製品イノベーションは，製品そのものが競争軸であったが，ドミナント・デザインの確立後は，品質や生産性の向上，コストの削減を追求する工程イノベーションが競争軸になる。

この変化の中で，アバナシーが「**生産性のジレンマ**（Productivity Dilemma）」と呼んだ現象が起きる。それは，工程イノベーションの積み重ねによって，生産性が向上すればするほど，製品それ自体が変わるような製品イノベーションが生じなくなる状態のことである。たとえば，自動車産業において，最後に重要なイノベーションとなったのは，1930年代に導入された自動変速機であったいう（Abernathy, 1978）。1930年代の自動車と1970年代の自動車，さらに今日の自動車では，その性能や品質において圧倒的な差がある。しかし，「自動車」のドミナント・デザインは，長期にわたって根本的な変化がなく，一貫して工程イノベーションが積み上げられてきた成果として性能・品質の劇的な向上がもたらされたのである。

## 4．脱成熟（de-maturity）とイノベーターのジレンマ

### (1) 脱成熟（de-maturity）とは

「生産性のジレンマ」は，少数の既存企業が同じドミナント・デザインのな

かで，漸進的な工程イノベーションを絶え間なく繰り返す，成熟した競争状態で生じる。しかし，この状態が，永久に続くわけではない。再度，製品イノベーションを競う状況に産業が変化することもある。このような変化を「**脱成熟（de-maturity）**」という。

近年の例は，銀塩（フィルム）カメラからデジタルカメラへの変化が脱成熟といえる。同様に，航空機におけるプロペラ機からジェット機への変化，時計における機械式時計からクォーツ式時計への変化など，その例は枚挙にいとまがない。

「脱成熟」は，従来の競争の在り方や基盤となる技術あるいはビジネスの構造を一変させる非連続的で革新的な変化である。産業として一度固定期に至っていた状況から，新たな流動期に移行するため，前の固定期において形成されてきた工程イノベーションの蓄積，あるいはヒト，モノ，カネ，情報といった企業固有の経営資源が陳腐化する可能性も高く，企業の製品開発力やビジネスモデルといった競争優位の源泉に大きな影響がある。

脱成熟が生じるきっかけは，顧客ニーズの変化の場合と，非連続な技術の変

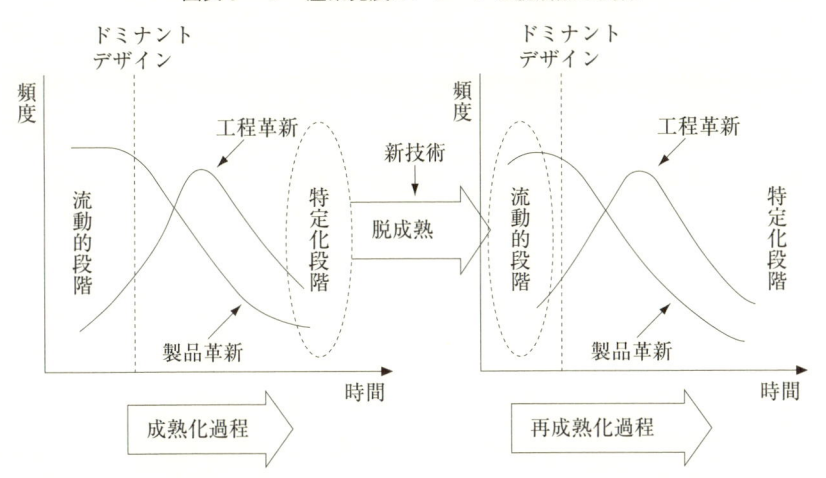

図表9－2　産業発展のパターンと脱成熟の関係

出所：新宅（1994）p6, 図1－1

化に起因する。たとえば，今日，地球環境問題の中で，ハイブリッド自動車や電気自動車，あるいは水素燃料自動車というさまざまなタイプのエコ自動車が登場している。このような変化は，地球環境によいエコな自動車を求める顧客や社会全体のニーズの変化とそれに対応した新しい技術の開発という2つの変化の相乗によって起こりつつある変化といえよう。

　産業の発展と脱成熟の関係性を図表9－2のように示される。多くの産業で，最初の流動期からスタートし，移行期を経て固定期（図の「特定化段階」）に至り，その後，脱成熟による新たな流動期の到来（再成熟化過程）というパターンを繰り返しながら産業が進化してきていることが分かる。

## (2) イノベーターのジレンマ

　脱成熟を伴うような新技術も，その登場当初は既存技術の水準から比べると性能やコストの面で競争劣位である場合が多い。そのため，既存の技術体系とそれを前提にしたビジネスモデルを構築している既存企業にとっては，自らの持つ既存技術のほうが競争優位であると認識する場合が多い。

　また，既存顧客との関係も既存企業の対応に影響を与える。既存の技術で成功し多くの顧客を持つ企業であるほど，既存技術の深化を進める必要があり，新しい技術に対応が遅くなる。こうした現象を**クリステンセン**（1997）は「**イノベーターのジレンマ**」と名付けた。

　新しい技術が新しい少数（ニッチ）の顧客のニーズだけを満たしている段階では，未熟な新しい技術に対応するよりも，既存技術を漸進的に進化させ，既存顧客のニーズ，大きな市場のニーズを満たす活動に経営資源を注ぎ込むことが合理的な判断になる。しかし，新しい技術が進化していくなかで，ついには既存顧客のニーズも代替できるレベルに達する。その時，既存技術に斬新的進化をそれ以上進める余地がない，技術的な限界点であるならば，既存技術の漸進的進化では追いつけなくなる。既存顧客により良く対応しようとしたがゆえに新しい技術革新の波に乗り遅れてしまい，対応できなかった既存企業は大きな危機に直面する。

既存技術から新規技術への断絶がある脱成熟が起きる場合，それ以前と以後で同じ産業内で活躍する企業の顔触れが大きく変わることがある。既存技術や市場で成功しているがためにイノベーターのジレンマに陥る大企業の間隙を突く形で，ベンチャー企業が一躍次世代の中心企業へと躍進する事例は，しばしば観察される。こうした主役交代のきっかけになっているのは，脱成熟を伴うイノベーションが発生したことに起因することが多い。

一方で，ハイブリッド自動車，電気自動車，デジタルカメラなど，近年の身近な脱成熟の事例の中で，トヨタ，ホンダ，富士フイルム，キヤノンといった日本の有力企業は，既存技術の漸進的イノベーションを推進するだけでなく，自ら非連続的な技術を導入し，脱成熟の牽引役ともなっている。

イノベーションの担い手は，起業家マインドの溢れるベンチャー企業なのか，豊富な経営資源（人・モノ・カネ・情報）を持つ大企業なのかという点について，シュンペーター以来，長い議論が積み重ねられているが，確定的な答えは現在でも示すことが難しい。

## 5．イノベーションの出発点と製品開発

それでは，そもそもイノベーションは，どこを起点に生じるのであろうか。イノベーションの起点については，対極的な2つの考え方がある。

①**技術主導（テクノロジープッシュ）型**

技術主導（テクノロジープッシュ）型は，科学的発見や技術進歩にイノベーションの源泉を求める考え方である。これは，科学や技術は自律的に進化していくという視点である。

②**市場牽引（ディマンド・プル）型**

一方，市場牽引（ディマンド・プル）型は，市場の変化，市場のニーズによってイノベーションが発生するという視点である。

研究から開発，生産，市場へというビジネスプロセスの流れを考えたとき，技術主導型の視点は，最上流の研究を出発点とし，そこから川下の市場に向か

って単線的にイノベーションが進んでいくことを想定する。これは，イノベーションの**リニアモデル**（linear model）といわれる考え方である。

たとえば，バイオテクノロジーなど大学での基礎研究と事業化が密接に関連している事業領域では，こうした単線的なモデルに近い動きも存在する。しかし，このリニアモデルでは，技術と経済や社会環境との間にある複雑で多面的な相互作用について考えることができない。

科学的発見の存在は，新しいイノベーションを生むための大きな原動力である。しかし，その価値が社会に受け入れられ，イノベーションの成果として結実するためには，科学的発明以外からの影響も重要な意味を持つ。そのような視点に立つのが，**連鎖モデル**（chain-linked model）である。

連鎖モデルでは，イノベーションは開発，生産，さらには市場の各段階から情報が生み出され相互作用のなかで生じるとする（Kline, 1990）。この視点では，イノベーションの起点は，ビジネスプロセスの各段階にも存在し，たとえば市場に存在する先駆的なユーザーとのコミュニケーションなど，多様なプロセスの間で多くの情報がフィードバックされることがイノベーションに重要な意味を持つとする。また，そうしたフィードバックから，科学的研究自体も刺激されていくと多面的でダイナミックな関係を想定している。

これらの視点は，イノベーションが実現されるには，技術面と市場面の両面の要素が必要であるということを示唆している。新規の科学や技術だけあればイノベーションが実現されるわけではなく，市場のニーズがあればイノベーションが実現されるわけでもない。イノベーションの成果を社会に普及していくためには，顧客のニーズと科学や技術の要素との相互作用が必要なのである。その相互作用の成果が製品やサービスという形に結晶化されているのである。

イノベーションの出発点を技術に置くか，市場に置くかによって，製品開発における方向性も異なってくる。この問題を整理するため，「技術」と「市場」の2軸のイノベーションの可能性から，製品開発について考えてみたい。

これまで，イノベーションが「革新的」か「漸進的」かについて考えてきたが，これは技術を中心とした，**図表9-3**の横軸の「技術の革新性」に相当す

図表 9 − 3　技術の革新と市場の革新

|  | 改善的 | 革新的 |
|---|---|---|
| 革新的 | 市場主導型革新商品 | 革新商品 |
| 改善的 | 改善商品 | 技術主導型革新商品 |

（縦軸：市場の革新性／横軸：技術の革新性）

出所：延岡（2002），p38. 図 2 − 1

る議論である（なお，ここでは「漸進的」と「改善的」を同義として考える）。そして，ここで注目したいのは，縦軸の「市場の革新性」という視点である。図表 9 − 3 の左上の「市場主導型革新商品」というカテゴリーの存在は，技術からは見えてこない領域である。この領域の代表例は，ソニーのウォークマン，任天堂のファミリーコンピュータ，近年ならば任天堂の Wii，アップルの携帯型音楽プレイヤー iPod といった製品である。

　これらの製品の特徴は，その登場により，「家庭でテレビゲームをする」，「音楽を個人で楽しむ，持ち歩く」といったその後の生活スタイルに影響を与えるほどイノベーティブな製品であったにも関わらず，基盤になった技術は，その時点の既存技術を活用しているという点である。たとえば，ウォークマンについて，「従来のカセットレコーダーから録音機能とスピーカー機能を取り除き，代わりにステレオ回路とステレオヘッドホン端子を搭載するといった既存技術を応用して新しい用途を創造するプロダクトプランニングから生まれたもの（ソニープレスリリースより引用）」（http://www.sony.co.jp/SonyInfo/News/press_Archive/199907/99-059/ 参照）と説明している。

　この市場革新型イノベーションは，技術的に大きな飛躍ではなくても，それまでにない新しい組み合わせの実現や，新しい価値を市場に提供したことによって，革新的な製品となる可能性を示している。市場革新という視点は，顧客を創り出すような新しい使い方やコンセプトの提案というソフト面でのイノ

ベーションの重要性を示唆するものである。

## 6．製品アーキテクチャと製品開発

### (1) 製品アーキテクチャという視点

　技術の視点から製品開発に影響を与える重要な問題として，「**製品アーキテクチャ**」のイノベーションが挙げられる。製品アーキテクチャとは，製品をシステムととらえ，製品を構成部品や工程に分解し，そこに製品機能を配分するときに必要となる部品・工程間のインターフェイス（情報やエネルギーを交換する「継ぎ手」の部分）をいかに設計・調整するかに関する基本的な設計思想のことである（藤本・武石・青島，2001）。全体をどのような部品に分けるか，つなぐための「継ぎ手」のルール（インターフェイス）をどのように設計するかによって，イノベーションが左右されるのである。

　ヘンダーソンとクラークの研究では，システムとしての製品のイノベーションは，「部品や要素技術におけるイノベーション」と「製品アーキテクチャにおけるイノベーション」の2軸があることを示され（Henderson and Clark, 1990），技術革新による要素技術の変化がなくとも，アーキテクチャが変化するようなイノベーションが企業に影響を及ぼすことが指摘された。

図表9－4　製品アーキテクチャの革新と技術の革新

| 製品アーキテクチャ | | 要素の技術 | |
|---|---|---|---|
| | | 変化しない | 変化する |
| | 変化する | アーキテクチャル・イノベーション | ラディカル・イノベーション |
| | 変化しない | インクリメンタル・イノベーション | モジュラー・イノベーション |

出所：Henderson and Clark（1990）をもとに作成

企業が組織として機能しているということは，現在の組織の仕組みで業務が円滑に運営でき，今のビジネスの仕方に適合しているということである。ところが，製品アーキテクチャの変更が生じれば，たとえば部門の括り直しや運用ルールの変更など企業の組織デザインや内部の情報処理プロセス自体の見直しも必要になる。しかし，既存のアーキテクチャで成功している企業の場合，成功した組織デザインやプロセスを作り直すということは大変な困難を伴う。

(2) モジュラー化とアーキテクチャのオープン化
1) モジュラー・イノベーション

また，図表9－4にある「モジュラー・イノベーション」は，「(製品の) モジュラー化」という現象をもたらす。

モジュラー・イノベーションは，「継ぎ手」のルールであるインターフェイスの変更はない。そのため，インターフェイスを守っていれば，つながる先の部品と詳細な調整をしないでも，設計することができる。このような一つで自己完結的に設計されうる部品を「**モジュール**」と呼び，それらを最終的に組み合わせることで製品を組み立てることが可能になる。

この関係はおもちゃのLEGOで説明しやすい。LEGOの独特の丸いデコボコがインターフェイスで，ブロックがモジュールに相当する。インターフェイスを守っている限り，どんな形のブロックでもつなげることができる。一方，他社のブロックはつなげられない。それは，ブロックとブロックをつなぐためのインターフェイスが違うからであり，各社がそれぞれ専用のインターフェイスを設計して製品化しているからである。

このモジュラー化が機能するためには，事前にそれぞれのモジュールへの機能の割り振りや部品間のインターフェイスを明確にルール化する必要であり，そこに企業の戦略が反映される。

このルールが一つの企業で使用される（クローズド・アーキテクチャ）場合では，その組織内部における製品開発に影響がある。たとえば，ある機能をモジュールとして複数のバリエーションを用意しておくことで，顧客の要望に対

応した組み合わせパターンをいくつも提供することが可能になる。こうしたマス・カスタマイゼーション戦略は，顧客の好みに合った組み合わせの選択を通じた顧客満足の高い製品の提供と，モジュールの大量生産による低い生産コストの両方が実現できる製品開発手法であり，モジュラー・イノベーションを巧みに利用するものである。

2）アーキテクチャのオープン化

モジュール間を結ぶインターフェイスが業界標準などの形で社会的で共有された状態をオープン・アーキテクチャと呼ぶ。この**オープン・アーキテクチャ**の場合，企業の枠を超えて産業全体の製品開発の在り方に大きな影響を及ぼす。

オープンになったアーキテクチャの枠組みのなかで，特定のモジュールを作る独立したモジュールメーカーが登場する。それぞれのメーカーが製品開発に注力する結果として高性能のモジュールが提供され，それをまとめた最終製品の性能も飛躍的に向上していく。

このオープン・アーキテクチャの典型的な例がPC産業である。CPUやOSなどPCを構成するモジュールは，それぞれ日進月歩のスピードで性能がアップしているが，アーキテクチャ自体に変化が起きていない。その進化の中で，産業の支配的な地位にいるのは，アーキテクチャを設計した企業ではなく，その中で重要なモジュールを供給するインテルやマイクロソフトであり，利益もこれらの企業に集中することになる。

3）インテグラル・アーキテクチャ

モジュラー化は製品開発に大きな影響を与えるが，事前に部品間の機能分担やインターフェイスをルール化することのデメリットもある。それは，モジュールへの機能の割り振りを見直しや，インターフェイスを変更して，製品全体の最適化を図ることが難しいという点である。また，ルール化にはある程度の余裕が必要なため，全体の中で無駄な部分も内在する。

モジュラー化と異なり，一つ一つの製品ごとに部品を相互調整して最適設計

することで，高い製品性能を実現しようとするのが，**「擦り合わせ型（インテグラル）アーキテクチャ」**の視点である。自動車産業やゲームソフト産業，小型軽量の家電産業など日本が世界で競争優位を構築している産業の強みは，この「擦り合わせ型」能力で発揮されてきた。たとえば，小型家電では，制約のあるボディにたくさんの機能を搭載するために，各部品間の関係性に綿密な調整を必要とする。この調整は，事前にルール化しておくことはできず，一つ一つ最適設計することが必要になる。

「モジュラー型」と「擦り合わせ型」のどちらのアーキテクチャで製品開発が可能なのか，産業特性によって異なっている。また，企業の強みとしてどちらが望ましいのかも検討しなければならない。しかし，アーキテクチャの違いによって，必要とする組織能力やイノベーションの方向性に重大な影響が及ぼされるのである。

以上，本章では，イノベーションについての経営学的な視点と，製品開発への影響について見てきた。イノベーションのとらえ方やその代表的なタイプも複数ある。そのため，単純にどのようなイノベーションを採用すれば企業業績が向上するという式を描くことは難しい。自社の経営資源や競争優位性，市場や技術環境など経営環境との関係性によって，考えるべきイノベーションの在り方は異なってくる。しかし，長期的な企業の存続のためには，イノベーションの継続が不可欠である。また，現在進行形で，さまざまな産業で，イノベーションが発生している。このような事例についても目を向けていくことで，イノベーションの重要性と影響を直接感じ取ることができる。

## 【アドバンス】

### 1．オープン・イノベーションの重要性

今日，いかにして優れたイノベーションを実現するかが企業にとって重要な課題になっている。一方で，イノベーションに必要な全ての活動や経営資源を1つの企業で網羅する，これまでと比べ格段に困難になってきている。研究開

発から市場投入までのスピードアップが求められること，グローバルな企業間競争が激しくなっていること，研究開発活動の複雑化していることなどがその理由である。そこで求められるのが，企業外部に存在する人材や研究開発資源を活用したイノベーションの実践,すなわち**オープン・イノベーション**である。どんなに巨大な会社であっても，社内で働く人材や経営資源には限りがある。社内・社外という枠を超え，多くの人材や資源からイノベーションのためのアイデアを集めていかなければならない。そのとき，企業だけでなく先進的な顧客，あるいは大学（産学連携）とのネットワーク構築が重要な意味を持つ。このような変化は，社外から社内への情報の取り込み方，人材育成や組織デザインなど，企業の形そのものに影響を与えるものである。

## 2．サービス・イノベーションの重要性

　本章で見てきたように，イノベーションの問題は，技術を中心に，製造を中心に語られてきた。しかし，我が国の経済は，製造業とともにサービス産業が支えている。サービス産業の範疇は極めて広くその内容は多様であるが,健康・福祉，観光・集客交流，コンテンツ，流通・物流，育児支援，ビジネス支援などの分野における生産性向上，イノベーションの創出，あるいはそれらの融合領域の創出は，成熟社会を迎える我が国にとっては，経済成長の面のみならず，より良い社会の実現のためにも不可欠である。

　そして，サービスと製造は代替的な関係ではなく，補完的な存在である。サービスを実現するために必要なモノがあり，モノはサービスの実現のなかでその価値が発揮されるのである。これまで蓄積されてきた「ものづくり」のイノベーションに加え，その競争優位性を持続するためのサービス創造，モノとサービスの相乗的な進化を促進する価値創造がこれからの日本社会のイノベーションを考える重要なテーマになる。

（池田武俊）

＜参考文献＞

Abernathy, W. J., *The Productivity Dilemma : Roadblock to Innovation in the Automobile Industry,* Johns Hopkins University Press, 1978.

Baldwin, C. Y. and K. B. Clark, *Design Rules.* The MIT Press, 2000.

Christensen, C. M., *The Innovator's Dilemma : When New Technologies Cause Grate Firms to Fail,* Harvard Business School Press, 1997.（伊豆原弓訳『イノベーションのジレンマ：技術革新が兄弟企業を滅ぼすとき』翔泳社，2001年）

藤本隆宏・武石彰・青島矢一編『ビジネス・アーキテクチャ』有斐閣，2001年。

藤本隆宏・東京大学21世紀COEモノづくり経営研究センター『ものづくり経営学』光文社，2007年。

Henderson, R. and K. B. Clark, "Architectual Innovation : The Reconfiguration of Existing Product Technology and the Failure of Established Firms," *Administrative Science Quarterly,* 35, 9-30, 1990.

一橋イノベーション研究センター『イノベーション・マネジメント入門』，日本経済新聞社，2001年。

Kline, S. T., *INNOVATION STYLES IN JAPAN AND THE UNITED STATES cultural bases ; implocations for competitiveness,* Stanford University, 1990.（鴫原文七訳『イノベーション・スタイル　日米の社会技術システム変革の相違』アグネ承風社，1992年）

国領二郎『オープン・アーキテクチャ戦略』ダイヤモンド社，1990年。

延岡健太郎『製品開発の知識』日本経済新聞社，2002年。

延岡健太郎『MOT［技術経営］入門』日本経済新聞社，2006年。

Pine Ⅱ, B. J., *Mass Customization,* Harvard Business School Press, 1993.（江夏健一・坂野友昭監訳『マス・カスタマイゼーション革命』日本能率協会マネジメントセンター，1994年）

妹尾健一郎「サービスマネジメントに関する5つのイシュー」『一橋ビジネスレビュー』2006年。

シュンペーター（塩野谷祐一，中山伊知郎，東畑精一訳）『経済発展の理論』岩波書店，1977年。

新宅純二郎『日本企業の競争戦略』有斐閣，1994年。

Utterback, J., *Mastering the Dynamics of Innovation,* Harvard Business School Press, 1994.（大津正和・小川進訳『イノベーション・ダイナミックス』有斐閣，1998年）

Ulrich, K., "The role of product architecture in the manufacturing firm," Research Policy, 21, 1995, pp. 419-440.

# 第10章 生産計画と生産コントロール

> 生産管理は工場をマネジメントするために発展してきた分野であり，品質 Q(Quality)，原価 C(Cost)，納期 D(Delivery) に関する最適な計画を立て，計画された QCD で生産するようにコントロールすることをいう。本章では，規格・標準（いずれも英語では standard）の概念を中心に，生産管理の体系を整理してみた。この点に留意しながら読み進めてもらいたい。また，生産管理のノウハウは，飲食店，病院，空港などにも応用されている。工場の実態を知らなくても，日常生活の様々な場面，特に料理をつくるプロセスをイメージすると分かりやすいだろう。

## 1．生産における計画とコントロール

　一人の職工が，製品製造の最初から最後までを完結的に行っているとき，職工は自分の好きなものを，好きな方法で，好きな量だけ生産をすればよいので，この生産を管理する必要はない。しかし，数人が手分けをして共同で作業をする（**分業**）場合には，何を，どのような方法で，どれだけ作るかについて調整するという仕事が新たに必要となる。この調整のことを**生産管理**という。

　「何を作るか」については，靴，車，衣服などの品目だけではなく，製品の設計（形，寸法，重量など）についても決めておかねばならない。「作業方法」については，作業分担，使用する道具，作業場所，作業手順などについて決めておかねばならない。「生産量」についても決めておかなければ，個々の作業者の仕事のペースが決まらない。そこで，製造に先立って，これらに関する「計画」を立てることが必要である。

　ところで，計画は守られなければ意味がない。たとえば，ネジを作る作業者

とネジ穴をあける作業者が互いに計画（設計）を守らなければ，ネジはネジ穴に入らない。また，ネジを作る作業が遅れれば，ネジ穴にはめるネジがない。そこで，作業者に計画を守らせることが必要になる。これを**コントロール（統制）**という。このように，生産管理は，計画とコントロールという2つの要素から構成されている。

## 2．生産の計画

### (1) 品質の概念と分業

19世紀初頭までは，職工が，手本となる製品を参考にしながら，部品を作り，組み立てる，いわば一品生産が中心であった。そのため，一つ一つの製品は，寸法や重量が少しずつ異なっていた。しかし，この方法では，同じ製品を大量に生産することはできない。大量に生産するためには，部品の寸法や重量を，統一された規格（standard）にしたがって作り，簡単に組み立てられるようにする必要がある。そして，そのために，寸法を測るためのゲージ（測定器具）などが考案された。そして，規格の概念と同時に，規格通りに作られたか否かを評価する**品質**という概念が成立した。

規格にしたがって製造するという考え方は，19世紀初頭以降のアメリカで実践された。その背景には，当時のアメリカが英米戦争（1812-1814）や南北戦争（1861-1865）のために大量の銃器を必要としていたことがある。銃の部品が規格化されていることは，戦場で銃が壊れたときに，他の銃の部品を用いて修理するためにも便利であった。このため，規格にしたがって製造する方法を，**アメリカンシステム**，工廠式生産システム，あるいは互換式生産システムとよぶ。

### (2) スケジューリング

20世紀初頭のアメリカで，フレデリック・W・テイラー（1856-1915）が**科学的管理法**を提唱したことによって，生産管理は大きく進歩し始めた。科学的

管理法とは，作業の方法を統一することである。つまり，それまで作業者が自分で考えた方法で，目分量で行っていた仕事のやり方を改め，(1)最も優れた作業方法を選び出し，(2)その方法を数量的・客観的に理解できるようにした上で，(3)その作業方法を全ての作業者に訓練するのである。この統一された作業方法を**標準作業**という。

　科学的管理法が提案される以前は，作業者が好き勝手な方法で作業をしていたから，作業にどれくらいの時間がかかるかが分からず，したがって生産量がどれだけになるかは，一日が終わってみなければ分からないという状態であった。しかし，標準作業とそれに要する時間（**標準時間**）が客観的に示されると，それに基づいて，作業順序や日程に関する計画を立てること（**スケジューリング**）が可能になった。

　スケジューリングの考え方は，たとえば，機械製造業のように，顧客からの注文に応じて，毎回，異なる製品を製造する**個別生産**と，自動車や家電製品のように，同じ仕様の製品を大量に製造する**連続生産**では異なる。個別生産の場合には，注文を処理する順序やタイミングについて，頻繁に計画を立てなければならない。連続生産の場合には，毎回，作業の順序を考える必要はないが，1日当たりの生産量を決め，作業者の仕事のペースを決める必要がある。個別生産のスケジューリング法は定型化が難しいので，以下では，連続生産のスケジューリング法について簡単に説明しておく。

　まず，製造作業に要する仕事量は，**工数**（人・時間）という述べ作業時間で表される。たとえば，1人で4時間を要する作業の工数は1人×4時間＝4人・時間，これを2人で同時に作業を行って2時間で完了させたとしても，やはり4人・時間（＝2人×2時間）となる。工数は，製品の複雑さや作りやすさによって決まるので，製品設計や製造方法が決まると，ほぼ決まってしまう。しかし，同時に作業する人数を調整することによって，実際に作業に要する時間（**リードタイム**）は変化する。

$$\text{リードタイム(時間)} = \text{工数(人・時間)} \div \text{同時に作業する人数(人)}$$

リードタイムが2時間であるとき，製品を1個ずつ順次完成させていくと，2時間に1個のペースで製品が完成する。したがって，工場の稼働時間が8時間／日，1ヵ月の稼働日数が20日／月であるとすると，1ヵ月当たりの生産量は80個となる。

ところで，仮に，1ヵ月に320個の製品が必要であるとすると，1日当たり16個，1時間当たり2個，1個あたり0.5時間のペースで生産しなければならない。このように，必要生産量をもとに計算された，製品1個を産出するペースを**タクトタイム**という。

タクトタイム(時間／個) ＝ 1日の稼働時間(時間) ÷ 1日の生産量(個)

製品を1個ずつ順次完成させていくと2時間に1個しか生産できないが，工程を分割して，同時進行で生産することで，1日当たりの生産量を増加させることができる。仮に，工程を2分割すると2個を同時に生産することになり，タクトタイムは1時間，工程を4分割すると，タクトタイムは0.5時間となる。

タクトタイム(時間／個) ＝ リードタイム(時間) ÷ 同時に生産する数(個)
または，
同時に生産する数(個) ＝ リードタイム(時間) ÷ タクトタイム(時間／個)

図表10－1　リードタイム，タクトタイム，サイクルタイム

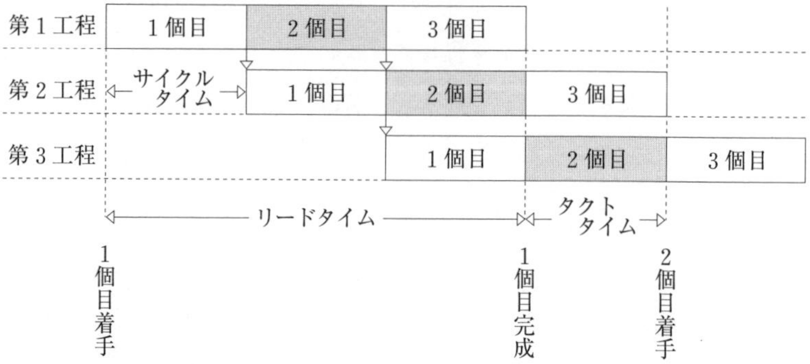

また，「同時に生産する数」を「工程分割数」に置き換えて，1工程当たりの作業時間を計算することがある。これを**サイクルタイム**という。単位の違いから分かるように，サイクルタイムとタクトタイムは意味が異なるが，計算上の値は同じになるので，しばしば混同して用いられる。

$$\text{サイクルタイム}(\text{分}/\text{工程}) = \text{リードタイム}(\text{分}) \div \text{工程分割数}(\text{工程})$$

このように，工数を小さくすることは簡単ではないが，同時に作業する人数や工程の分割数を調節することで，1日当たりの生産量，仕事のペースを変化させることができる。

### (3) 工場のレイアウト

本章の最初に述べたように，職工が一人で製品をつくっていた時には，職工が自分の作業場所に必要な部品と工具を揃えて作業を行っていればよかった。しかし，切断したり穴を開けたりするための専用の機械（工作機械）が登場すると，これらは工場内の所定の場所に固定され，作業者が機械の間を移動しながら加工と組立を行うようになった。

個別生産か連続生産か，どのような順序で設備を利用するのかなどが決まると，それに合わせて工場のどこにどの設備を置くかがおおむね決まる。個別生産形態の場合には，製品の種類が多く，1種類当たりの生産量が少ないため，同じ種類の生産設備を機種ごとにまとめて配置することが多い。この配置を**プロセス配置**という。この配置は，異なる設備を使うためには場所を移動しなければならないというデメリットがあるが，使用する設備の順番が固定されないため，作業手順に柔軟性を持たせることができる。

連続生産の場合には，同じ製品を大量に生産するため，製品別に専用の設備を，使用する順番に一列に並べることが多い。これを**製品別配置**という。また，設備がライン（線）上に配置されるため，製品別配置のレイアウトを採用した連続生産のことを，**ライン生産方式**とよぶ。

(4) **原価企画**

　製品の規格とスケジュールが決まると，工学的な意味では，生産システムを稼働させることができる．しかし，営利目的の企業であれば，生産の経済性にも目を向け，必要な利益を獲得できるか否かにも目を向けなければならない．もし，計画した規格やスケジュールでは採算に合わないのであれば，計画を見直すことも必要である．製造した後で，実際に発生した原価を集計することを**原価計算**というが，製品の開発・設計段階で原価を試算し，製品の規格や作業方法を見直すことを**原価企画**という．発生する原価の8割程度は，計画段階で決まってしまい，生産開始後における原価低減（**改善**）の余地は2割程度であるともいわれる．したがって，製品原価を低減するためには，計画段階における「原価の作り込み」が欠かせない．

## 3．生産のコントロール

　加工や組立を人間が行う場合にはもちろん，機械で行う場合でも，同じ作業を常に同じようにできるわけではない．作業時間が早かったり遅かったりするし，加工の寸法も少しずつ違ってしまう．そこで，計画の実行段階で，「異常（計画どおりでないこと）と正常（計画どおりであること）を見分け」て，異常があれば原因を究明して対策を講じ，計画通りの遂行を確保することがコントロール（統制）の目的である．そして，コントロールは，一般に，Plan（計画）—Do（実行）—Check（評価）—Action（対策）—Plan（計画に反映）—…という手順で行われる．この手順は，**PDCAサイクル**とよばれる．

　なお，作業時間や寸法などがばらついて，規格・計画から逸脱しないようにすることがコントロールの目的であるから，コントロールについて理解するためには，寸法や作業時間が正規分布にしたがって分布する様子をイメージしながら考えると良いであろう．

## (1) 品質のコントロール

製品や部品を規格通りに製造しようとする取り組みを**品質管理**（quality control：**QC**）という。品質という言葉はいろいろな意味で用いられるので、少し整理が必要である。「お客様の求める品質」という場合の品質は、製品の企画や設計の段階で意図される製品の性能や機能のレベルを意味している。これを**設計品質**とよぶ。これに対して、工場で「品質第一」というときや、「品質不良」というには、設計段階で意図された機能や性能が実現されている程度、つまり規格が守られている程度を意味している。これを**適合品質**（**製造品質**）という。品質管理が対象としているのは、適合品質である。

図表10－2には、部品（たとえばネジ）の長さが正規分布に従ってばらついている様子を示している。長さは規格寸法として決めているが、多少の誤差は差し支えないので、規格の上限と下限を決めて許容範囲を設けている。図で影のついた部分の面積はネジの寸法が規格範囲内に収まる確率を表している。この面積が大きいほど、品質が良くコントロールされている。

図表10－2を見て分かるように、分布の裾野が狭いほど影のついた部分の面積が広く、裾野が広いほど影の部分の面積は狭い。この裾野の広がりは標準偏差（$\sigma$：シグマ）という尺度で表現される。つまり、$\sigma$が小さいほど、品質管理が良く行われていることになる。$\sigma$の大きさが、規格寸法と規格上限の幅に

図表10－2　品質管理のイメージ

(1) 管理状態：良い　　(2) 管理状態：中程度　　(3) 管理状態：悪い

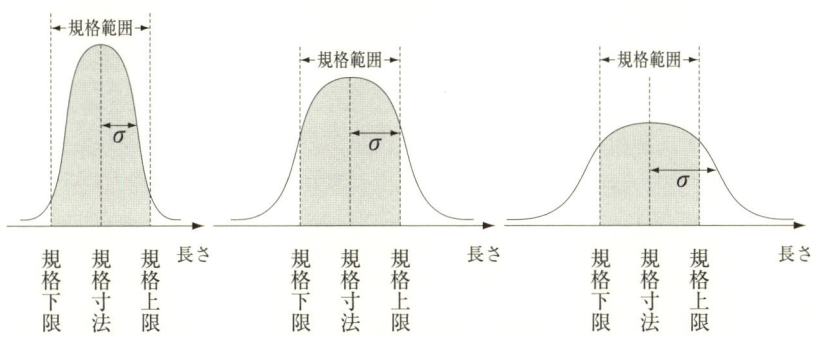

等しいとき（図表10－2の(2)）には，約68.26％の確率で良品であることが分かっている。通常は，σの3倍が規格範囲に収まるように品質をコントロールすることが目標とされる。これを3σという。このときは，99.7％が良品である（不良率0.3％）。アメリカのモトローラ社が開発し，GE社が採用したことで世界に広まった**シックスシグマ**というのは，σをもっと小さくして，6σが許容範囲に収まるようにしようという取り組みである。これが達成されると，不良率は100万分の3となる。

## (2) 納期のコントロール

　一般に納期とは，企業が顧客に製品を引き渡す期日のことをいう。しかし，複数の工程を経て製品が作られる場合には，工程ごとの作業スケジュールが決められ，各工程がこれを守ることで最終的な納期が守られるのであるから，**納期管理**とはスケジュール管理に他ならない。

　スケジュールに遅れが生じる原因はさまざまである。たとえば，作業者が未熟練で仕事が遅かった，材料の質が悪く加工に手間がかかった，設備が故障して修理に時間がかかった，もともと計画にムリがあった，などである。原因は何であれ，品質にバラツキが生じたように，作業時間にもバラツキが生じる。ただし，品質管理の場合には，寸法が大きすぎても小さすぎてもいけないので，規格の上限と下限が決められていたが，納期管理の場合には，締め切りさえ守られればよい。そして，管理者には，この締め切りを守る確率（図表10－3の影の部分）を大きくするような取り組みが求められる。

　納期が守られる確率を高めるためには，理屈の上では2つの方法がある。1つは，納品にかかる平均時間を短縮する方法である。これによって，万一の事態が発生しても余裕をもって対処できる。もう1つは，バラツキの程度を小さくして常に一定の時間で納品できるようにする方法である。これは，万一の事態が発生しないようにする方法であるとも言い換えられる。ところが，実際には，既に述べたように，製品設計やプロセスが決まってしまうと，平均作業時間も決まってしまうため，納品にかかる平均時間を短縮することは非常に難し

図表10-3　納期管理のイメージ

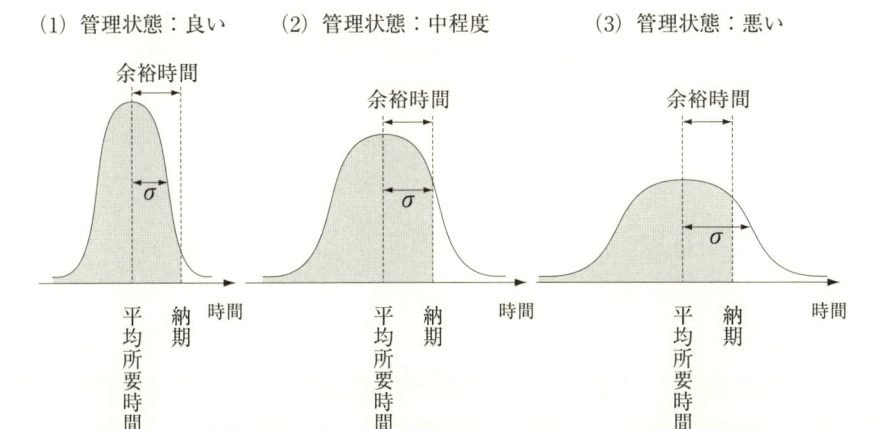

(1) 管理状態：良い　　(2) 管理状態：中程度　　(3) 管理状態：悪い

い。したがって，必然的に，バラツキを小さくすることに重点が置かれることになる。

　実務では，「納期短縮」「納期厳守」という標語が掲げられることがある。両者はしばしば混同されて用いられるが，両者は異なる意味を持っているので，異なる場面で使われるべきである。「納期短縮」は計画段階における目標であり，「納期厳守」はコントロール段階における目標である。計画がすべて決まった後で「納期短縮」を目標に掲げてもまったく意味がないからである。

### (3) 原価のコントロール

　品質管理と納期管理の結果は，原価にも反映される。品質不良が多ければ原価が高くなるし，作業に長い時間がかかっても原価が高くなる。また，品質やスケジュールとは関係なく，作業者が材料をむだづかいしたり，賃金の高い作業者を雇ったりすれば，それも原価に反映される。そこで，原価についても，計画通りの原価で製造しようとする取り組みが行われる。これを**原価統制**（コスト・コントロール）という。原価管理（コスト・マネジメント）という言葉もあるが，これは原価のコントロールだけでなく，計画段階における予定原価を引き下げも含む広い概念である。

図表10-4　能率差異と価格差異

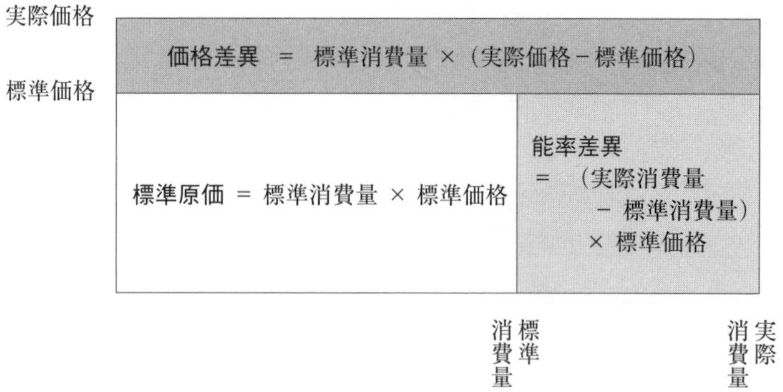

```
実際価格 ┐
         │  価格差異 = 標準消費量 ×（実際価格 − 標準価格）
標準価格 ┤
         │                              ┃ 能率差異
         │                              ┃ =（実際消費量
         │  標準原価 = 標準消費量 × 標準価格 ┃   − 標準消費量）
         │                              ┃   × 標準価格
                                    標準      実際
                                    消費量    消費量
```

　原価統制の方法としてよく知られているのは，**標準原価計算**という方法である。これは，予定した原価（**標準原価**）と実際原価を比較して原価差異を計算し，その差異の原因を追及することによって，コントロールに役立てようとするものである。

　標準原価計算では，製品原価を構成する要素を，大きく，直接材料費，直接労務費，間接費に分ける。直接材料費は，製品を構成する原材料，直接労務費は，加工・組立のための賃金，間接費は，それ以外の水道光熱費，家賃，監督者給料，通信費，物流費などである。製造現場では，間接費を管理する余地はほとんどないので，直接材料費と直接労務費の管理に焦点が当てられる。

　直接材料費と直接労務費は「消費量（作業時間）×単価（賃率）」として計算される。そこで，図表10-4のような図を描き，消費量（作業時間）が多かったために発生した差異（**能率差異**）と，価格（賃率）が予定よりも高かったために発生した差異（**価格差異**）とに分解する。こうして得られた結果をもとに，材料や労働の消費能率，調達価格などが再検討される。

## 4. 生産管理システムの発展

### (1) フォード・システム

　科学的管理法を提唱したテイラーは、作業者に標準作業を守らせるための仕組みとして、**差別的出来高給**という報酬制度を考案した。標準作業を守れば達成できる水準をノルマとして設定し、これを超えた作業者には高い賃率、超えなかった作業者には低い賃率で賃金を支払うという制度である。

　これに対して、テイラーと同じ頃のアメリカで、自動車工場を立ち上げたヘンリー・フォード（1863-1947）は、科学的管理法を採用しながらも、差別的出来高給とは異なる方法で標準を守らせる方法を考えた。それは、ベルトコンベアの採用である。ベルトコンベアは、タクトタイムに合わせて常に一定の早さで動くため、作業者はそれに合わせて作業せざるを得ない。それによって、半ば強制的に標準作業を守らせようとした。徹底した分業とベルトコンベアによるコントロールに象徴される生産管理の仕組みを**フォード・システム**という。フォード・システムによって、特殊な技能を持っていない人でも自動車工場で働くことができ、高い賃金を得ることができるようになった。また、生産性が向上し、当時高価であった自動車が一般の人々の手に届く価格になった。しかし、その反面で、コンベアに作業ペースを規定され、単調な仕事を繰り返す働き方は、非人間的、「人間が機械に使われる」などとして、社会的にも非難された。チャップリンの映画『モダン・タイムス』がフォード・システムを批判したものであることは有名である。

### (2) トヨタ生産方式

　第二次世界大戦後、トヨタ自動車の大野耐一（1912-1990）は、フォード・システムを模範とし、さらに工夫を加えて**トヨタ生産方式**とよばれる管理法を完成させた。大野による工夫の代表的なものは、**自働化**と**ジャスト・イン・タイム（JIT）**の2つであり、これらがトヨタ生産方式の二本柱とされている。

　自働化は「ニンベンのついた自動化（人間の判断力をもった自動化の意味）」

とも言われ,「自分で動く」だけの自動化と区別される。より分かりやすく言えば,異常,すなわち計画通りでない事態が発生したときに,「自分で止まる」機能を備えているという意味である。作業手順を間違えたり,品質不良が発生したりしたときに,作業を継続してしまうのではなく,直ちに作業を止めて,正常,すなわち計画した通りの生産に復旧する仕組みを取り入れた。その具体例には,手順を間違えると物理的に機械の操作ができなくなる**ポカヨケ**,作業に遅れが生じた場合にそれを知らせる**アンドン**のほか,作業者が異常を感知したら,ラインわきにあるヒモを引いてラインを停止させられる仕組みなどがある。一人の作業者の手によって自動車工場の巨大なシステムを停止させるというのは,非常に大胆な試みであるが,それだけ異常の感知に注力していたということである。なお,自働化の発想は,豊田佐吉が発明した縦糸が切れると自動的に止まる自動織機に由来している。

JITは,「必要なものを,必要な時に,必要な量だけ生産する」というキャッチフレーズでよく知られている管理法である。この言葉は,「顧客が必要なものを,顧客が必要とする時に,顧客が必要とする量だけ」と解釈されることもあるが,むしろ「後工程が必要なものを,後工程が必要な時に,後工程が必要な量だけ」という意味で理解するべきである。各工程は,計画されたスケジュールにしたがって作業をするのが原則であるが,さまざまな偶然的要因によって,スケジュールが守られないこともある。そこで,工程間で作業の進捗度

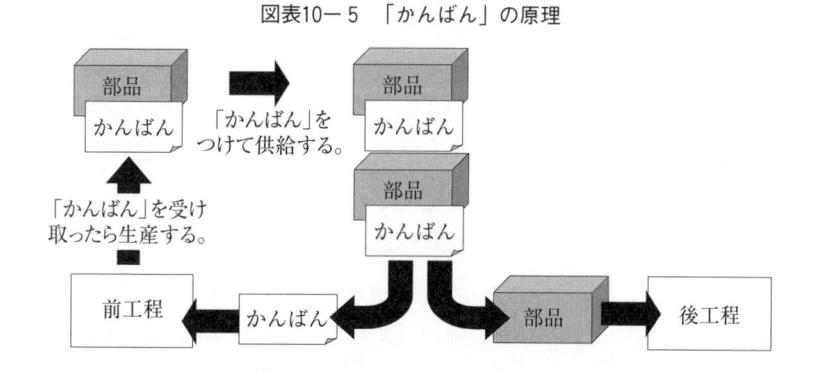

図表10－5 「かんばん」の原理

を伝達し合い，計画を微調整するのである。

　その際，各工程の作業の進捗度を伝達するための情報システムが「**かんばん**」である。「かんばん」は，部品箱に付けられた伝票であり，部品を引き取る人は，部品箱から「かんばん」を外して部品だけを持って行く。部品箱から外された「かんばん」は，前工程に送られる。前工程は，「かんばん」を受け取ると，「かんばん」に指示された数だけ，つまり，引き取られた部品と同じだけの部品を生産する。もし，後工程の作業が遅れて部品が引き取られなければ，前工程に「かんばん」が送られないので，前工程は部品を生産することはできない。このようにして，各工程が同じペースで作業を進めることができるようにしている。最近では，伝票ではなく，ITを利用してJITを運用することも多い。

## 5．サプライ・チェーン・マネジメント（SCM）

　エレクトロニクス製品や自動車などは，高度な技術が用いられた複数の部品が組み合わせられて製品になっている。このような高度な技術を要する部品の全てを1つの企業が単独で開発し，製造することはできない。製品だけではなく，部品メーカーが製造している部品にも，高度な技術が採用されていて，部品メーカーが単独ではつくれない部品もある。革新的な製品では，合金や樹脂などの素材や塗装にまで遡って開発されることもある。このように，原材料が部品，そして製品となり，販売されるまでには，いくつもの企業を経由することがある。

　したがって，供給される原材料・部品に品質不良があれば，それは製品の不良となる。一連のプロセスのどこかで生産・供給が遅れると，それは製品供給の遅れとなる。また，製品の需要予測が不正確で製品の生産計画が変更されると，部品の生産計画，材料の生産計画などにも影響がでる。そのため，一連の製造プロセスが複数企業によって担われている場合には，生産管理も複数の企業にまたがって行われなければならない。

そこで，企業の垣根を越えて，原材料の供給から販売までを1つのプロセス（供給連鎖：サプライ・チェーン）として捉え，これを一体的に管理しようとするのが**サプライ・チェーン・マネジメント（SCM）**である。M.E. ポーターが提唱したバリュー・チェーン（価値連鎖）に似ているが，バリュー・チェーンが価値の創造に着目しているのに対して，サプライ・チェーンは物の流れに注目している点が異なる。

SCMでは，通常，下流（販売に近い側）に位置する組立メーカーが商品の企画・設計を行う。すると，その設計は部品ごとに展開され，部品・材料・原料の規格が定められ，その情報は，上流（部品・原材料の供給側）へと伝えられる。また，組立メーカーが，販売店などからの需要予測に基づいて製品の生産スケジュールを立てると，それは部品ごと，原材料ごとの生産スケジュールへと展開され，その情報が上流へ伝えられる。そして，規格や生産スケジュールにしたがってつくられた部品が上流から下流へと流れていき，顧客のもとに届くのである。

なお，供給の連鎖が長くなると，それだけ途中でトラブルが起きる可能性も大きくなるので，企業間にも上述の「かんばん」の仕組みを取り入れて，計画の微調整を可能にしていることもSCMの特徴である。

## 【アドバンス】

### 1．制約条件理論（TOC）

これまで述べてきたように，分業生産をする上での最も重要な問題の一つは，工程間の作業のペースを合わせることである。これを**同期**という。各工程がそれぞれに設備の稼働率を上げようと生産を急いだり，設備が故障して生産が止まったりしているのでは，秩序を保つことができない。ベルトコンベアも「かんばん」も工程を同期させるために考案されたものである。

**制約条件理論**（theory of constraints：**TOC**）は，工程を同期させるためのスケジューリングの理論である。TOCでは，最も作業の遅い工程を**ボトルネッ**

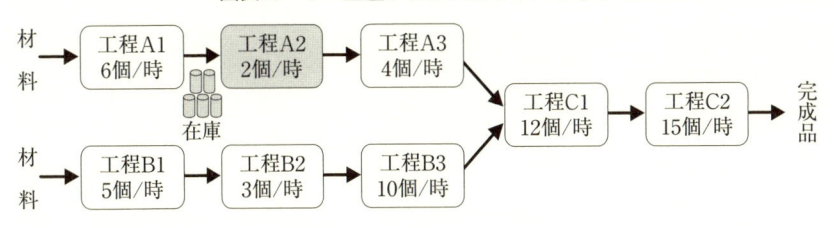

図表10-6　生産システムとボトルネック

```
材料 → 工程A1     →  工程A2   → 工程A3  ↘
       6個/時        2個/時      4個/時    → 工程C1  → 工程C2  → 完成品
                     在庫                    12個/時    15個/時
材料 → 工程B1     →  工程B2   → 工程B3  ↗
       5個/時        3個/時      10個/時
```

クとよび，生産システムの全体の生産性は，ボトルネック工程の生産性に依存して決まると考える。たとえば，**図表10-6**では，工程A2がボトルネックであり，他の工程がいかに能率を上げようと，完成品は，1時間当たり2個しか作られない。また，材料も1時間ごとに2個分の材料だけを投入しなければならない。

そうであるならば，生産システムの生産性を増大させるためには，ボトルネック工程の生産性を増大させるべきである。たとえば，設備投資はボトルネック工程に対して優先的に行うべきである。ボトルネック工程でムダな作業が発生しないようにしなければならない。あるいは，ボトルネック工程が停止しないように，最大の注意を払わなければならない。

また，ボトルネックより前の工程（工程A1）が停止した場合にも備えなければならない。ボトルネックへの供給が途絶えると，ボトルネックが止まってしまう。それは生産の停止を意味する。そこで，工程A1とA2の間にバッファーとなる在庫を用意しておく。そうすることで，A1が停止しても，A2は作業を継続することができるのである。他方，A2より後の工程（工程A3，C1，C2）が停止した場合には，一時的に在庫が溜まるものの，これらの工程はボトルネックより処理速度が速いため，フル稼働すれば溜まった在庫を処理することができる。したがって，ボトルネックの後工程には，在庫を用意しておく必要はない。

システム全体を同期させるという目的はJITと同じであるが，在庫でボトルネックを保護するという考え方は，異常が生じたら生産システム全体を止めて

しまうというJITの原則とは少し異なる。

## 2．セル生産方式

2000年頃の日本では，分業に逆行する動き，つまり，ベルトコンベアを廃止し，製品組立の最初から最後までを1人または少人数で完結的に行う生産システムが現れた。これを**セル生産方式**という。アダム・スミス以来，分業することが生産性を高めると信じられてきたし，フォードが考案したベルトコンベアは，生産性増大の象徴のように考えられていた。そのため，これらを否定して生産性を増大させるセル生産は，一時期，注目を浴びた。

過度に分業が進むと，コンベアから製品を取る・置く，工程間を運搬する，というムダな動作が生じて非効率になる。また，分業生産では，仕事の早い作業者も遅い作業者もペースを合わせて作業をしなければならない。その結果，仕事の早い作業者には「手待ち」とよばれる遊休時間が頻繁に発生する。また，1人の作業者の遅れが全体に波及しかねない。しかし，分業をやめて，1人で完結的に生産すれば，手待ち時間がなくなり，他の作業者の影響を受けなくなるために，生産性が増大するのである。

（小沢　浩）

＜参考文献＞

Batchelor, R., *Henry Ford,* Manchester University Press, 1994.（楠井敏朗・大橋陽訳『フォーディズム―大量生産と20世紀の産業・文化―』日本経済評論社，1998年）

Goldratt, E. M., *The Goal, 2nd ed. A Process of Ongoing Improvement*, The North River Press, 1992.（三本木亮訳『ザ・ゴール―企業の究極の目的とは何か―』ダイヤモンド社，2001年）

橋本賢一『技術者のための標準原価管理システム』日本能率協会マネジメントセンター，1991年。

稲垣公夫『米国製造業復活の秘密兵器TOC革命―制約条件の理論―』日本能率協会マネジメントセンター，1997年。

門田安弘『新トヨタシステム』講談社，1991年。

大野耐一『トヨタ生産方式―脱規模の経営をめざして―』ダイヤモンド社，1978年。

小沢　浩「セル生産による生産性増大の原理」『組織科学』第38巻第3号，2005年。

テーラー，F. W.（上野陽一訳・編）『科学的管理法』産能大学出版部，1969年。

# 第4編
# マーケティング

| 第11章 | マーケティング戦略 |
| 第12章 | 消費者行動：市場を構成する人間の行動と心理 |

# 第11章 マーケティング戦略

> マーケティングは，20世紀の初頭に米国において，大量生産と大量消費を架橋するという流通問題を解決するための活動として登場した。そして，製品を作りさえすれば簡単に売れた市場環境から消費者が望むものを提供しなければならない市場環境へ変化するのに対応して，マーケティングは変化を遂げてきた。現代では，多くの企業が消費者を起点とするマーケティング戦略を展開している。いずれの企業もすべての市場を対象とするのではなく，自社の優位性を発揮できるセグメントに向けて，マーケティング・ミックスを最適に組み合わせる活動を不断に行っているといえる。このようなマーケティング活動を理解することは，経営学を学ぶ上で重要なテーマである。

## 1．はじめに

マーケティングは20世紀の初頭に米国において，大量生産と大量消費を架橋するという流通問題を解決するための活動として登場したといわれている。後に，当時のマーケティングは，大量生産と大量消費をつなぐマーケティングという意味で，マス・マーケティングと呼ばれることになる。その後，米国におけるマーケティング理念は，次のような変遷をたどったといわれている（King, 1965）。

① 生産志向（1900〜1930年）
② 販売管理志向（1930〜1950年）
③ マーケティング・コンセプト志向（1950年〜）

生産志向の時代は，需要が供給を上回り，製品を作りさえすれば売れた時代であり，企業経営の力点は必然的に生産機能に置かれていた。ところが，生産体制が整備されるにつれて供給過剰ぎみになり，作った製品を販売することに力点がシフトしていったことにより販売競争が激しくなった。これが販売管理志向の時代である。この販売競争に勝つために，いわゆる高圧的販売がしばしば展開された。高圧的販売とは，厳しいノルマを課された販売員が押し売り的に販売するやり方である。これによって売上目標を達成することはできたが，短期的な成果にすぎなかった。そこで，長期的・安定的な利益を生むために，企業はマーケティング・コンセプト志向，いわゆる**消費者志向**を標榜するようになったといわれている。米国では1950年代頃から，またわが国では昭和40年代頃から消費者志向というマーケティング理念を採用する企業が増加していった。

　販売志向におけるマーケティングの展開は，つまり「作った製品を売ること」であった。これに対して，消費者志向におけるそれは，「売れる製品を作りそれをマーケティングすること」である。ここで注目すべきことは，両者はマーケティング展開の起点がまったく逆であることである。前者では企業に起点があり，後者では消費者に起点がある。また，販売志向においては，企業を起点として製品を消費者に販売した時点でマーケティング活動が終了するという一方通行である。ところが，消費者志向では，消費者の欲求するものを作り，それをマーケティングし，さらに消費者の製品に対する満足もしくは不満を次の製品開発に活かすというようにループを描いていると考えられている（図表11－1）。

　さてここで重要なことは，消費者志向のマーケティングにおいて新製品開発が中心的な位置を占めたという事実である。このことは，生産活動あるいは研究開発活動にマーケティングが関与することを意味する。さらに，消費者のニーズにあった製品を調査するための消費者調査もマーケティングの守備範囲となった。また，スミスによって導入された市場細分化という概念は，消費者志向という理念の実践とみなされて，**マーケティング戦略**（marketing strategy）

第11章 マーケティング戦略　193

図表11-1　販売志向と消費者志向の力点の違い

販売志向

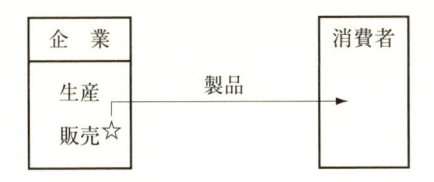

```
┌─────────┐          ┌─────────┐
│ 企　業  │          │ 消費者  │
│         │   製品   │         │
│ 生産    │ ───────→ │         │
│ 販売☆  │          │         │
└─────────┘          └─────────┘
```

消費者志向

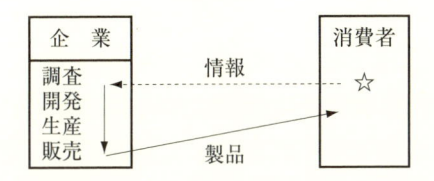

```
┌─────────┐          ┌─────────┐
│ 企　業  │          │ 消費者  │
│ 調査    │   情報   │         │
│ 開発    │ ←─────── │   ☆    │
│ 生産    │          │         │
│ 販売    │ ───────→ │         │
└─────────┘   製品   └─────────┘
```

の中に組み込まれていった (Smith, 1956)。今日，標準的なテキストに記載されているマーケティング戦略は，市場細分化理論に立脚した標的市場設定のプロセスとそれに適合したマーケティング・ミックスの最適な組み合わせを達成するというプロセスから構成されている。

## 2．マーケティング戦略

### (1) 市場細分化

　マス・マーケティングにおける前提は，消費者は大衆であり，その好みやニーズは同一であるというものであった。ところが，昭和40年代に入り，わが国においてもこの前提が当てはまらないことが多くなってきた。消費者の同質性に立脚するマーケティングだけでなく，消費者の異質性に基礎を置くマーケティングが社会的に要請されるようになってきたのである。そこで脚光を浴びたのが，**市場細分化**（market segmentation）という考え方である。市場細分化は，市場を何らかの基準でいくつかに分割することである。これらの分割された市場を**市場セグメント**（market segment）と呼ぶ。したがって，市場セグメン

ト内はある程度の同質性を持つ一方で，セグメント間は基本的には異質である。

今日では，市場細分化はマーケティング戦略における中核的な理論となっているが，その理由としては次の2点が指摘できるであろう。

① 市場細分化は，消費者志向というマーケティング理念を実践するものである。
② 市場細分化は，当該企業の差別的優位性を発揮するための競争空間を明らかにするものである。

消費者の生活水準が向上し，それに伴って好みやニーズが多様化および高度化してきた。消費者は，製品の本来的な品質ばかりでなく，デザイン，色，スタイル，パッケージ，付帯サービスなどの副次的な品質も重視するようになってきた。そのために，消費者は規格化され，量産された製品だけでは満足できなくなってきたのである。企業はそのような消費者のニーズに適合した製品を開発し，マーケティングする必要に迫られたのである。そこで登場してきた理論が市場細分化であり，これはまさに消費者志向に合致するものであった。つまり消費者志向とは，消費者のニーズを出発点とし，それらの異質性を的確にとらえたマーケティングを展開する考え方にほかならず，市場細分化は消費者志向のマーケティングのスタート地点に位置するからである。

いかに巨大な企業といえども，その資源は有限である。したがって，すべての消費者のニーズを満たすことは不可能である。そこで，当該企業が有している資源を最も効果的かつ効率的に投入することができる特定の市場セグメントを選び，それを標的としてマーケティング展開することは，他企業に対しての差別的優位性を確立することになり，マーケティング競争を有利に展開することを可能にするであろう。したがって，当該企業が全体市場のどのセグメントで差別的優位性を確立できるかを検討するために，市場細分化という考え方は貴重な指針を提供するものなのである。

市場細分化のための基準は多種多様であるが，代表的な基準としては，地理的基準，人口統計学的基準，心理学的基準（たとえば，自社のブランドに好意

的な態度を持っている人々をセグメントとする場合)，社会学的基準(たとえば，一人暮らしを始めた独身段階の人をセグメントとする場合)，行動基準(たとえば，少量しか消費しないライトユーザーと多量に消費するヘビーユーザーなどに分ける場合)，ベネフィット基準(その商品やブランドに何を求めているかを基準とするもので，歯磨き粉を例にとれば，歯の白さを求めるセグメントや歯槽膿漏予防を求めるセグメントなど)がある。

(2) マーケティング・ミックス

　市場細分化により標的とするセグメントが決定したならば，次にそのセグメントに最適な**マーケティング・ミックス**(marketing mix)を組み合わせることになる。マーケティング・ミックスの概念は，ボーデンによってはじめて導入されたといわれている(Borden, 1964)。彼は，製造業者のマーケティング・ミックスの諸要素のリストとして，①製品計画，②価格決定，③商標決定，④流通経路，⑤人的販売，⑥広告，⑦販売促進，⑧包装，⑨陳列，⑩サービス，⑪物的流通，⑫事実の発見と分析を提唱した。これを皮切りに，多くの論者がさまざまなマーケティング・ミックスの諸要素のリストを発表した。その中で最も有名なものが，マッカーシーの**4P**である(McCarthy, 1975)。4Pとは Product(製品)，Price(価格)，Promotion(プロモーション)，Place(場所：ただし内容的には販売経路)の頭文字のPから採ったものであり，マーケティング・ミックスの構成要素を4つに集約したものである。

　マーケティング・ミックスの組み合わせの基本原則は，相乗効果が発揮できるようにすることである。つまり，それぞれの要素はばらばらでなく，調和と一貫性をもって組み合わされなければならない。単純な例であるが，これまでの缶コーヒーに比べ，高級な缶コーヒーを市場に導入する際には，製品の品質，パッケージおよびブランドなどで高級感を出すばかりでなく，販売経路や広告活動においてもそれにふさわしいものにする必要がある。ただし，ここで注意すべきことは，ミックスの組み合わせを継続的に見直さなければならないことである。標的市場の変化に伴って，組み合わせを修正していく必要がある。

## 3．マーケティング調査

　マーケティング調査は具体的な消費者をいかに把握するかがテーマとなる。**マーケティング調査**（marketing research）とは商品やサービスのマーケティングに関連する問題を解決するために，データを体系的に収集し，分析することをいう。マーケティング調査の一般的な手順は，次のとおりである。

　① **調査目的の明確化と状況分析**…この段階では，何のために調査を行うのかが明らかにされなければならない。マーケティング調査をすればすぐに答えが出るのではなく，まず，問題は何かということを明確にすることが第1の作業になる。そして，調査目的が定義されると，今度はその問題に関連する要因を見いだし，要因間の関係を明らかにする作業に入る。この作業は状況分析（situation analysis）と呼ばれる。

　② **調査計画の樹立**…調査計画とは，いつ，何を対象に，どのようなデータ収集方法と分析を用いて，どの程度の規模（予算）の調査をするか，という調査の全体図を決めることをいう。ここで重要なことは，調査目的との関連でどのようなタイプの調査をするかということである。調査は，問題を整理し，関連する要因を抽出し，仮説を設定することを目的とする**探索調査**（exploratory research），問題となる事柄の特徴や規模などを記述することを目的とする**記述調査**（descriptive research），そして問題となる現象の原因と結果を明らかにすることを目的とした**因果調査**（causal research）の3つのタイプに分類される。

　③ **データ収集方法**…この方法には，**質問法**（survey method），**観察法**（observational method），それに**実験法**（experimental method）がある。質問法はさらに面接法・郵送法・電話法などに分けられる。それぞれの方法には長所と短所がある。たとえば，面接法では回収率は高いが単価が高くなる。逆に，郵送法は単価が低いが回収率が低くなる。電話法は面接法よりも単価は低く，郵送法よりも回収率は高いが，時間的な制約があり複雑な事柄についてデータを集めることはできない。観察法は対象となる事柄や行動を記録することによ

ってデータを収集方法であり，実験法は実験対象となる実験群とこれと対照される統制群を比較することによってデータを収集する方法である。

④ **調査票の作成**…調査票は，一般に3つの部分に分けられる。まず冒頭の部分は，この調査の目的と回答者の協力の依頼を述べてある部分である。次に質問項目が続く。最後にフェイス・シートと呼ばれる部分があり，ここで回答者の人口統計学的特性（年齢，性別，職業など）を問う。実際の質問項目を作成するためには，専門的な知識が必要である。

⑤ **標本抽出**…調査対象全部を調べる調査は，**全数調査**（complete survey）または**悉皆調査**と呼ばれる。それに対して，調査対象となる母集団の特性値を推定するために，母集団の一部を標本として抽出して調査するやり方を**標本調査**（sample survey）という。常識的に考えると，全数を調査したほうがいいように思えるが，時間的にもコスト的にも標本調査のほうが優れている場合が多い。

⑥ **予備調査と本調査**…予備調査は省略されることがある。だが，本調査の段階でミスが見つかっても修正ができないので，リスクを回避する意味でも予備調査は不可欠である。

⑦ **データ収集と分析**…データ集計方法には，単純集計やクロス集計などがある。最近では，パソコンでも多変量解析を利用できるソフトウェアがある。どのようなデータ収集・分析をするかを考えて，調査票を作成していなければならない。

## 4．製品

### (1) プロダクト概念の拡張

マーケティングの客体は，**プロダクト**（product）（通常，製品と訳される）と呼ばれる。1960年代頃までは，プロダクトとは**商品**（goods）と**サービス**（services）を指していた。ところが，1969年にコトラーとレビィが「マーケティング概念の拡張」という論文を発表し，プロダクトの概念を，個人（セールスマ

ン，映画スターなど），組織（政党，学校，教会など），それにアイデア（たとえば産児制限という考え方など）にまで拡張すべきである主張した（Kotler and Levy, 1969）。その後この拡張に対する批判も出されたが，結論的には彼らの主張は多くの賛同を得た。したがって，それ以降のマーケティング・テキストでは，プロダクトを「注目され，取得され，あるいは消費されることを意図して市場に提供されるものすべてをいう」（Kotler, 1976）のように拡張して定義することが多くなっている。

## (2) プロダクト・コンセプト

そこで重要になってきたのが，**プロダクト・コンセプト**（product concept）である。消費者はプロダクトそれ自体がほしいのではなく，プロダクトが提供してくれるベネフィット（benefit）がほしいのである。レビットは，この点を「昨年，4分の1インチのドリルが100万個売れたが，これは人々が4分の1インチのドリルがほしかったからではなく，4分の1インチの穴がほしかったからである」と説明している（Levitt, 1983）。また，レブロン社の社長は，「工場でわれわれは化粧品を作る。化粧品店においてわれわれは希望を売る」と述べた。確かに，女性（最近では男性も）は化粧品にお金を支払っているのではなく，美しくなる，あるいは美しさを保てるという希望にお金を支払っているといえる。このように，プロダクトを消費者の観点から評価し直してみることは非常に大切である。なぜならば，その評価によって消費者が何（プロダクトが提供するどのようなベネフィット）に対してお金を払っているかが明らかになるからである。さらに，そのベネフィットを一層その消費者のニーズに合ったものにすることにより，消費者は以前よりも満足することができ，ひいては，そのプロダクトの売上増につながるからである。このようにプロダクト・コンセプトとは，プロダクトが与えるであろうベネフィットをプロダクトの中心に据えて，プロダクトを消費者の観点から捉えた考え方をいう。

### (3) ブランド

ブランド（brand）とは，アメリカ・マーケティング協会の定義によれば，企業が販売または提供する商品もしくはサービスについて，他の競争企業のそれと区別するために用いられる名前，シンボル，デザイン，またはそれらの結合体である。また，わが国の商標法によれば，商標とは，文字，図形，もしくは記号もしくはこれらの結合，またはこれらと色彩との結合であって，業として商品を生産し，加工し，証明しまたは譲渡する者がその商品について使用するものをいう。

つまり他との識別機能がブランドの主な機能といえる。そして識別されることにより，そのブランドに対する保証機能が必然的に発生することになる。消費者は他のものと間違わずに，特定のブランドを選択でき，かつ安心できるのである。このブランドの古典的な事例として，19世紀末にプロクター＆ギャンブル社が自社の石酸にアイボリーというブランドを付与した例がある。それまで，石鹸は量り売りされていたが，個別包装されアイボリーというブランドをつけた石鹸は，「純度99.44％—浮きます」というキャッチフレーズを用いて，マス媒体を通して広告がなされ大成功を収めた。

### (4) 新製品開発プロセス

新製品と呼ばれるものには，①当該企業にとっては新しくても市場にとっては新しくない新製品，②異なったサイズの新製品，③新包装の新製品，④異なった形態の新製品，⑤既存製品の改良品，⑥真の新製品の6つのタイプがあるといわれている。新製品を広義に解釈すれば①から⑥までが当てはまり，狭義に解釈すれば⑤，⑥が当てはまるといえるし，厳密にいえば，⑥のみが新製品となる。

この新製品を開発する典型的なプロセスとしてよく知られているものに，ブーズ・アレン＆ハミルトン社の提唱した開発手順がある。このプロセスはすべての企業にあてはまる新製品開発の公式とはいえないが，典型的な手順なので新製品開発を考える際には有用である。

第1段階はアイデアの探索である。新製品のアイデアの源泉は，企業の内部（企画部門，研究開発部門，マーケティング部門，生産部門，営業部門など）と企業の外部（市場調査会社，広告代理店，流通業者，競争相手，顧客など）に求められる。第2段階はアイデアの選別である。これらの源泉から集められたアイデアはこの段階で取捨選択され，次の段階まで残るアイデアは少ないといわれている。なお，同社の51社を対象とした調査では，探索段階では平均60のアイデアが出されたが，この段階を通過したものは平均12であった。第3段階は経済性分析である。アイデアが新製品として市場に導入された場合の売上高，利益などを予測することがこの段階で行われる。同調査ではアイデアは平均12から平均7になった。第4の段階は開発である。この段階でアイデアが形のある製品として実際に作られる。ここでは，研究開発や生産部門などの技術担当者が中心となって進められる。同調査ではここでアイデアは平均3つになった。第5の段階はテストである。新製品の市場性および販売可能性についての情報を得るためにテスト・マーケティングが行われる。この段階を通過したのは平均2つであった。第6の段階は商品化である。この段階は新製品を市場導入するための準備段階である。導入のタイミング，新製品の価格戦略，プロモーション戦略，マーケティング・チャネル戦略などが策定される。

　以上はあくまで典型的な新製品開発の手順である。近年の企業間競争の激化，特に新製品開発期間の短縮化競争のために修正が迫られている。そこで，1つの段階が終わってから次に進むという**リレー方式**ではなく，いくつかの段階をオーバーラップさせることにより時間を短縮させる**ラグビー方式**を採用して成功している企業が現れている。

### (5)　プロダクト・ライフサイクル

　次に，開発された新製品が市場に導入されたあとに，どのようなプロセスをたどるのであろうか。**プロダクト・ライフサイクル**（product life cycle：**PLC**）とは，新製品が市場に導入され，成長段階，成熟段階，衰退段階を経て廃棄されるまでのプロセスを生物学上の個体の生涯（誕生―成長―成熟―死亡）にな

ぞらえたモデルである。PLCの概念はその製品に関するマーケティング戦略を策定するための枠組みを提供してくれる。なぜならば，PLCの段階ごとに消費者のニーズ，製品に対する知識および選好，競争業者の行動，流通業者の行動，技術の進歩などが異なるからである。そこで，それらに対応したマーケティング戦略の下位戦略すなわち価格戦略，プロモーション戦略，マーケティング・チャネル戦略を段階ごとに策定する必要が生じてくる。

① **導入期**…今までにその製品は市場に存在しなかったのであるから，消費者に試用してもらうために積極的なプロモーション戦略が必要である。既存製品の改良品の場合は，消費者はその種の製品の存在，用途，ベネフィットなどをある程度知っているので選択的需要を喚起すればよいが，真の新製品の場合には基本的需要を喚起しなければならない。

② **成長期**…すでにその製品の存在は多くの消費者に知られ，そのベネフィットや使用方法についてもある程度の知識を消費者が持つようになり，売上高は加速度的に増加し始める。そこで競争業者が次々にその市場に参入し，類似した製品を低価格で市場に導入し始める。この時期になってやっと先発メーカーは新製品の研究開発などへの投資を回収できるようになり，利益が得られるようになるといわれている。

③ **成熟期**…市場は飽和状態に近くなる。市場への参入に成功した後発メーカーは，先発メーカーおよび他の競争業者の製品と何らかの点で差異が出てくるように製品改良を行って市場に導入するという製品差別化を打ち出してくる。これに伴ってブランドを中心としたプロモーション競争が激しくなる。結果的に価格は低価格で安定することになる。

④ **衰退期**…その製品に代替する新製品（たとえば，ポケット・ベルに対する携帯電話）が出現したり，消費者の嗜好が変化（たとえば，激辛ブームや厚底の靴ブームなど）したり流行が移り変わったために，もはや市場に受け入れられなくなり，売上高・利益がともに急激に減少してしまう。

なお，アーバンとハウザーはこのように新製品開発を先行的に行う製品戦略をプロアクティブ戦略と名づけ，その新製品に対抗する製品戦略（模倣戦略や

改良戦略など)をリアクティブ戦略と呼んで製品戦略を大別している (Urban and Hauser, 1980)。

## 5．価格，プロモーション，チャネルについての戦略

### (1) 価格

　新製品の価格を決定することならびに既存製品の価格を変更することは，企業にとって重要な意思決定である。どのような価格にするかによって，売上高および利益が変化するからである。また，価格は売上高や利益ばかりではく，企業やブランドのイメージにも影響を与える。高級なブランドとしてのイメージが定着している企業は，イメージを損なうような低価格を設定しないであろう。

　価格設定は，基本的には2つのタイプがある。まず第1はいわゆる市場の価格と同一の価格設定をする場合である。これは価格競争を避けようとするものである。もう1つのタイプは，市場価格よりも高い価格か低い価格かのいずれかを設定する場合である。つまり，低価格戦略を採るか，高価格戦略を採るかという意思決定を迫られることになる。この意思決定は，マーケティング目標や経営目標に沿って選択されるといえる。たとえば，市場シェアを増加させることを主要なマーケティング目標にするのであれば，低価格戦略が採用されるであろう。他方，利益を重視するマーケティング目標の場合は，低価格は採用される確率は低くなるであろう。

　ディーンは新製品に対するこの2つ価格政策を次のように説明した (Dean, 1950)。彼はまず，新製品の価格決定に先立つ4つの段階を説明している。第1段階は需要の推定である。具体的には，消費者の選好などの探索，競争的価格の範囲の確定，いくつかの可能な価格の売上見込みに関する調査，代替品製造業者による価格切り下げという報復の可能性に関する考慮である。この第1段階を踏まえて，市場標的の決定，プロモーション戦略の設計，そしてチャネルの選択を行うというものである。これら4つの段階を経て，需要の最良の部

分（cream）をすくいとる初期高価格政策を採用するか，それとも市場浸透のために積極的な行為者として初期低価格政策を採用するかの決定を行うことになる。前者の政策は，**上層（上澄み）吸収価格政策**（skimming price policy）と後者の政策は**浸透価格政策**（penetration price policy）と名づけられた。

他方，価格は消費者の購買決定において重要な要因となる。品質が判断しづらい場合あるいは購買後でないと判断できない場合には，価格を手掛かりとして品質を推測するということがしばしば行われる。また，消費者は1万円という価格設定でなく，9,800円という**端数価格**（odd price）から割安感を感じることがある。さらに，香水や宝石などの高級ブランド商品においては，あえて高価格であること，これは**名声価格**（prestige price）と呼ばれるが，これを好んで購買する消費者も存在する。

## (2) プロモーション

一般に**プロモーション・ミックス**（promotional mix）は，広告，パブリシティ，人的販売などから構成される。**広告**（advertising）とは，明示された広告主による，アイデア，商品，もしくはサービスの有料形態による機構的なプレゼンテーションおよびプロモーションをいう。また，**パブリシティ**（publicity）とは，印刷媒体に商業上重要なニュースとして取り上げられたり，ラジオ，テレビ，もしくはステージに無料で行為的なプレゼンテーションを受けたりすることによる商品，サービスもしくは事業体に対する機構的な需要の刺激を指す。さらに，**人的販売**（personal selling）とは販売の目的で，見込み顧客に対してなされる口頭のプレゼンテーションである。

見込み顧客は，典型的には，特定の商品もしくはサービスへの注意（attention）→興味（interest）→欲求（desire）→記憶（memory）→行動（action）というプロセスをたどるといわれている。このプロセスは各段階の頭文字をとって，**AIDMA**（アイドマ）と呼ばれている。ところで，広告と人的販売は，このプロセスの段階で対照的な効果を発揮するといわれている。すなわち，広告は注意の段階で最も効果を発揮し，段階が進むにつれて効果が減少してくる傾向が

ある。他方，人的販売は，注意の段階ではその効果は最も低く，段階が進むにつれて増加する傾向があるという。このように，広告を中心にプロモーション・ミックスを組み合わせるプロモーション戦略を**プル戦略**（pull strategy）と呼ぶが，それは見込み顧客の注意を喚起させたり，興味を抱かせたりする効果が高いという特徴を持っている。一方，人的販売が中心となる**プッシュ戦略**（push strategy）は，見込み顧客の欲求を刺激したり，記憶にとどめたりする効果が高いという特徴を持つものである。したがって，類型化すれば，プロモーション戦略の目的が商品の知名度を高めることにあるならばプル戦略が採用され，購買意図を高めたいのであれば，プッシュ戦略が採用されることになる。

### (3) チャネル

**マーケティング・チャネル**（marketing channel）とは，商品もしくはサービスを最終消費者もしくは使用者が購買できるようにするための卸売業者や小売業者などの中間業者から編成される組織のことである。このチャネルに関する政策は通常3つのタイプに分類される。

① **開放的チャネル政策**（intensive channel policy）…これは販売先を限定せずにどこにでも商品を流すという政策である。つまり，中間業者の数を最大にしようとするものである。この政策の狙いは，できるだけ多くの販売先に商品を流すことにより，消費者の購買機会を増大させることにある。ただし，販売先を統制することができないという短所がある。

② **選択的チャネル政策**（selective channel policy）…これはあらかじめ一定の資格条件（販売力，信用度，経営方針など）を定めておいて，その条件に合致した販売先にのみ商品を流すという政策である。つまり，中間業者の数を最適にしようとするものである。この政策の狙いは，選択した販売先の指導・支援を行って，売上を安定させることにある。ただし，販売先は競合商品を品揃えすることもあるので，完全に統制できるわけではない。

③ **専売的チャネル政策**（exclusive channel policy）…これは特定の地域内で，1つの販売先にのみ限定して，その販売先とのみ取引をするというもの

である。この政策は，専属代理店政策や特約販売政策と呼ばれることもある。この政策の狙いは，販売先を限定することによって，商品に独自性，希少性，差別性などのイメージを付加して，その結果として売上を増大させるとともに，固定客を獲得することにある。ただし，消費者が満足できるような品揃えが提供できない場合がある。

## 【アドバンス】

### 1．ブランド研究の展開

　ブランドは，マーケティングの生成の時期から重要な研究テーマであった。特に，**ブランド・ロイヤルティ**（brand loyalty）という概念は，消費者へのマーケティング戦略における最終的な目的とされた。つまり，当該企業のブランドにロイヤルティ（忠誠）をもって，購買しつづけてくれる顧客を得ることは，当該企業にとって最も重要なマーケティング目的であるといえよう。このようなマーケティングにとって重要なブランドについて，アーカーはその資産的価値に着目し，ブランド・エクイティという概念を提示した（Aaker, 1991）。**ブランド・エクイティ**（brand equity）とは，あるブランド名やロゴから連想されるプラスの要素とマイナスの要素との総和であり，同種の製品であっても，そのブランド名が付いていることによって生じる価値の差であると説明されている。さらに，ケラーは，顧客ベース・ブランド・エクイティの概念を提唱した（Keller, 1993）。それは消費者が有するところのブランドが当該ブランドのマーケティング活動への消費者の反応に対して及ぼす差異的な効果と定義されている。これは消費者の知識構造を基礎とし，新しい消費者行動研究の知見が積極的に活用されている領域である。

　ブランド・エクイティをブランドに関する消費者の知識構造と捉えるケラーの考え方に対して，アーカーらは，ブランド・アイデンティティ（brand identity）という戦略的な概念を提唱した（Aaker and Joachimstaler, 2000）。それは，ブランド戦略家が創造し，維持しようとする一連のブランド連想である。

また，ブランド・イメージとは対照的に，理想とする対象であり，イメージを変えたり補完したりする必要性を示唆することもあり，組織がそのブランドに象徴させたいと望むものであると説明している。ブランド・エクイティは企業のブランド戦略の結果であるのに対して，ブランド・アイデンティティはブランド戦略を立案するための基礎となるものである。この概念の提唱によりブランド戦略の研究はより活発となってきている。

## 2．(伝統的) マーケティングからリレーションシップ・マーケティングへ

マーケティングにおいて，売り手と買い手の長期的な関係（リレーションシップ）が重視されるようになってきている。その原因としては，市場の成熟化があげられる。フォーネルによると，市場の成長率が低下し競争が激化すると，顧客の獲得を主たる狙いとした攻撃的戦略よりも既存顧客の維持を狙いとした防御的戦略のほうが有効になるという（Fornell, 1992）。具体的にいえば，既存顧客を維持することは，新規顧客を獲得することに比べコスト効率性が高いということである。通常，全売上高の約8割は，約2割の顧客からの売上高によるものであるという経験則もこれと合致する。低成長経済に移行することにともなって，既存顧客との関係を維持し，強化しようとすることを主眼としたマーケティングが重視されるようになったというわけである。

このリレーションシップ・マーケティング（relationship marketing）の領域における代表的研究として，モーガンとハントをあげることができる（Morgan and Hunt, 1994）。彼らは，焦点となる企業が有する10個のリレーションシップを認識して，各々を次のように説明している。

① 製造業者とその製品の供給業者との間の関係型交換に含まれるパートナー活動（partnering）。たとえば，ジャスト・イン・タイムによる調達やトータル・クオリティ・マネジメントなどがある。
② 広告あるいはマーケティング調査会社などのサービス供給者とその見込み

顧客との間の関係型交換。
③　企業とその競合企業との戦略的提携，たとえば技術提携，共同マーケティングによる提携，グローバルな戦略提携。
④　企業と非営利組織の提携，公的な目標を持つパートナーシップ。
⑤　企業と政府，地方自治体などの間の共同の研究開発に対するパートナーシップ。
⑥　企業と最終顧客との間の長期的交換。これはサービス・マーケティングの領域で特に推奨されている。
⑦　流通経路などの協働パートナーとの関係型交換。
⑧　他の部署とかかわる交換。
⑨　企業とその従業員との関係。
⑩　子会社，事業部，あるいは戦略事業単位などの事業単位にかかわる企業内の関係型交換。

　そして，それらすべてのリレーションシップを対象としたものとして，それまでの諸定義を整理した上で，リレーションシップ・マーケティングを「成功を収めるような関係型交換を確立し，発展させ，維持することを意図したすべてのマーケティング活動」と定義付けている。しかし，このリレーションシップ・マーケティングに対して，それは新しいパラダイムではないとペトロフは批判している(Petrof, 1997)。彼の批判の1点目は，リレーションシップ・マーケティングで主張されている顧客関係の重視は，これまでのマーケティングで既に主張していることで，新しいことではないという点である。第2の批判は，リレーションシップ・マーケティングの擁護者が伝統的マーケティングと呼んで批判するものは，マーケティング理念の出現以前に見られた販売（selling）という概念であり，マーケティングの範疇に含まれるものではない。第3に，リレーションシップ・マーケティングが社会学的満足の充足という視点を導入したような主張がその擁護者によってなされているが，この視点は古くから論じられてきたものであり，決して新しいものではない。

これらの批判に対して，グルエンは「しかしながら，リレーションシップ・マーケティングにおいては，顧客満足はマーケティング・パートナーシップによる価値創造の副産物として生まれる。満足は単に供給企業の責任だけではなく，むしろ，顧客が満足を生み出す関係を維持することに積極的に参加するようになるのである。リレーションシップ・マーケティングの生存領域は，それぞれの組織が相互に価値を創造することに向けられた環境を創造し，管理できるようにするための手段と方向を提供することに求められるのである」と述べている(Gruen, 1997)。つまり，リレーションシップ・マーケティングは，マーケティング・パートナーシップによって，価値を創造しているという点で，伝統的なマーケティングと異なっていることを強調しているといえよう。

　いずれにしても，リレーションシップ・マーケティングは，売り手と買い手の長期的な交換を明示的に分析しようとする点にその意義があると思われる。つまり，長期的な関係，それ自体を本格的に研究対象した点に，これまでのマーケティングとの違いがあるといえるであろう（高橋，2000）。

　このような長期的な関係を重視する大きな流れを受けるかたちで，アメリカ・マーケティング協会は，2004年に，つぎのようなマーケティングの新しい定義を発表した。「マーケティングとは，組織とその利害関係者に利する方法で，顧客に対して価値を創造・伝達・提供するための，ならびに顧客関係を管理するための組織の機能および一連の過程である」と。

　新しい定義では，プロダクトに代わって価値がマーケティングの客体となり，利害関係者や顧客関係のようにリレーションシップが強調されていることがわかるであろう。

（高橋昭夫）

＜参考文献＞

Aaker, D. A, *Managing Brand, Equity*, Free Press, 1991.(陶山計介ほか訳『ブランド・エクイティ戦略』ダイヤモンド社，1994年)

Aaker, D. A., and Joachimstaler, E., *Brand Leadership*, The Free Press, 2000.(阿久津聡訳

『ブランド・リーダーシップ』ダイヤモンド社, 2000年)

Borden, N. H., "The Concept of the Marketmg Mix", *Journal of Advertising Research*, 4, June, 1964, pp. 2-7.

Dean, J., "Pricing Policies for New Products", *Harvard Business Review*, November., 1950, pp. 45-53.

Fornell, C., "A National Customer Satisfaction Barometer: The Swedish Experience", *Journal of Marketing*, Vol. 56, April, 1992, pp. 1-19.

Gruen, T. W., "Relationship Marketing: The Route to Marketing Efficiency and Effectiveness", *Business Horizons*, Nov.-Dec., 1997, pp. 32-38.

Keller, K. L., "Conceptualizing, Measuring, and Managing Customer-Based Brand Equity", *Journal of Marketing*, Vol. 57, January, 1993, pp. 1-22.

King, R. L., "The Marketing Concept", in *Science in Marketing*, Schwarts, G.,ed, John Wiley & Sons, 1965.

Kotler, P., *Marketing Management 3nd ed.*, Prentice Hall, 1976.(稲川和男ほか訳『マーケティング・マネジメント』東海大学出版会, 1979年)

Kotler, P. and Levy, S. J., "Brodening the Concept of Marketing", *Journal of Marketing*, Vol. 33, January, 1969, pp. 10-15.

Levitt, T., *The Marketing Imagination*, Macmillan, 1983.

McCarthy, E, J, *Basic Marketing, 5th ed.*, IRWIN, 1975.

Morgan, R. L. and Hunt, S. D., "The Commitment-Trust Theory of Relationship Marketing", *Journal of Marketing*, Vol. 58. July, 1994, pp. 20-38.

Petrof, J. P., "Relationship Marketing: The Wheel Reinvented?" *Business Horizons*, November-December, 1997, pp. 26-31.

Smith, W. R, "Product Differentiation and Marketing Segmentation As Alternative Marketing Strategies", *Journal of Marketing*, Vol. XXI, No. 1, July, 1956, pp. 3-8.

高橋昭夫『現代商品知覚論―インターナル・マーケティングと新しい品質の提え方―』同友館, 2000年。

Urban, G. L. and Hauser, J. R., *Design and Marketing of New Product*, Prentice-Hall, 1980.

# 第12章 消費者行動：市場を構成する人間の行動と心理

> 企業経営の観点から消費者行動を考えると、「買う」「買わない」といったビジネス成果と直結している部分のみに目が向きがちである。しかし、消費者行動とは、こうした購買行動だけでなくそれに至るまでの心理的プロセスや購買後の行動などを含むより包括的な概念である。また、消費者行動は生活の中に埋め込まれた形で行われるため、消費者を取り巻く環境や消費者自身の特性によって大きく影響を受ける。消費者行動論は、こうした消費者行動のさまざまな局面やそれらに影響を及ぼす要因を明らかにすることを目的とした学問領域であり、心理学、社会学あるいは統計学といった複数の学問領域にまたがって学際的に研究が進められている。学習領域が多岐にわたっており、また局面ごとの行動メカニズムに関する検討はかなり詳細な内容になるため、学習の最初の段階で消費者行動の全体像を理解することが極めて重要になる。

## 1．消費者行動を理解することとその意義

　企業にとっての消費者とは、マーケティング戦略を通じて適応していく対象であり、またそれと同時に働きかけていく対象でもある。それゆえ、消費者行動に関する理解は、マーケティング戦略を策定していく上での根拠を生成する基盤となる。こうした考え方は、マーケティング・コンセプトの登場以降、研究者および実務家の間で広く共有されてきたが（Sheth, Gardner, and Garrett, 1988）、今日のような厳しい競争環境においてはよりいっそう強調されるべきである。

　では、消費者行動を理解するということは何を意味するのか。消費者行動の

理解とは単に，消費者が何を買っているのかという消費者動向を知ることではない。確かに，消費者行動が売上や市場シェアといった企業側の成果と関連付けて認識される場合，「買う」「買わない」といった購買行動自体がクローズアップされがちになる。しかし，それでは十分ではない。マーケティングのより効果的効率的な展開という点からみると，買うという行動の前後で起こっている事柄とそれらの関連性が分からなければ，消費者の行動やそれに関わる現象の「なぜ」の部分を念頭に置きながら戦略を策定することができない。また，こうした行動の目的である消費は生活というより上位の概念の手段に位置するため，生活文脈から切り離して考えることは不可能である。こうしたことから，消費者行動を理解するということは，購買行動が生じる前に何が起こっていてそれがどのように購買行動に結びついているのかを知ることであり，また購買行動後に生じた評価や行動が将来の購買行動や他の消費者の行動にどのように結びついているのかを知ることであり，さらにはこの一連の行動体系とそれに影響を及ぼす要因との関連性を知ることであるといえる。

　こうした消費者行動のメカニズムの理解は，マーケティング意思決定に対して多くのメリットをもたらす。たとえば，かなり古くから研究や実務において利用されているAIDAモデルでは，広告という刺激が購買行動を喚起する過程を「注意（Attention）」「興味（Interest）」「欲求（Desire）」「行動（Action）」という4つの心理・行動的状態の段階的発展プロセスとしてモデル化している。こうすることで，広告と消費者行動の接点を多元的に捉えるような広告目標の設定が可能となったり，あるいは他のプロモーション・ミックスとの役割分担と連動を通じてプロモーション効果を高めるような戦略策定が可能となる。また，現行の広告戦略を再考する場合にも，広告費と売上高との単純な関係だけでなく，認知度や関心度といった効果次元も考慮しながら戦略の修正を図ることができる。このように，消費者行動を理解することは，マーケティングに関わる戦略の選択根拠や評価根拠を形成する基盤知識として多くの示唆を与えてくれるのである。

## 2．消費者行動モデルにおける2つのアプローチ

　消費者行動を理解するために提示されてきたモデルは実にさまざまなものがあるが，それらのベースになるアプローチには刺激－生体－反応型と情報処理型という2つのタイプのものがある（杉本，1997；阿部，2001）[1]。**刺激―生体―反応アプローチ**は，刺激に対する反応という文脈から消費者の行動メカニズムの解明を試みるものであり，広告などのマーケティング要素を刺激とみなし，その刺激に対する反応の集合体として消費者行動が概念化されている。たとえば，先に述べたAIDAモデルはこのタイプの消費者行動モデルの典型例である。また，より包括的なモデルとして有名なハワード・シェス・モデル（Howard and Sheth, 1969）では，刺激となるさまざまなマーケティング要素や社会的要素が知覚構成概念と学習構成概念という2つの心理的媒介変数からなる生体を経て購買行動などの反応を生み出すに至るまでのメカニズムを消費者行動としてモデル化している。

　このアプローチにおける消費者行動は，刺激に対する反応という受動的な行動として認識されており，刺激を受容したところから始まると考えられている。しかし消費者は常に受動的であるとは限らない。より能動的に消費者行動を行うこともある。こうしたことから，1970年代の後半以降，自ら目標を設定しそれを達成していくという文脈から消費者の行動をモデル化しようとする試みが見られるようになった。これを**消費者情報処理アプローチ**と呼ぶ。このアプローチにおける消費者は目標達成のために動機づけられた情報処理体であり，**短期記憶**という作業場で外部環境や記憶内にある情報を処理（情報取得と情報統合）し，行動を生起させると考えられている。（図表12－1）。目標設定を始点とした能動的な消費者行動を取り扱っている点や，作業場としての短期記憶と情報保存庫としての**長期記憶**を区分したことで消費者行動の学習的局面の分析に適している点などの特徴が見られる。

　現在，さまざまな批判はあるものの，消費者行動研究の主たるアプローチとして認識されている（関連⇒【アドバンス1】）。

図表12−1　消費者情報処理の基本構図

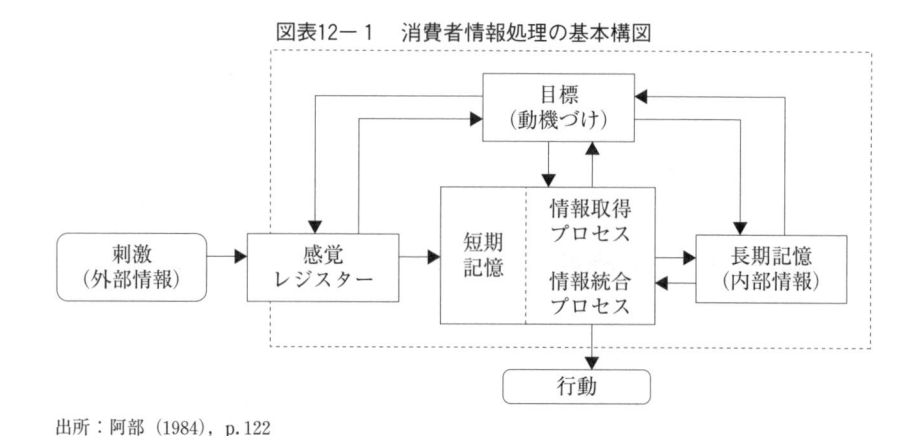

刺激（外部情報）→ 感覚レジスター → 短期記憶 — 情報取得プロセス／情報統合プロセス — 長期記憶（内部情報）

目標（動機づけ）

行動

出所：阿部（1984），p.122

## 3．消費者行動の流れ：購買意思決定プロセス

　消費者行動をひとつのメカニズムとして理解する際の基本は，購買行動とその前後に生じる諸段階を一連のプロセスとして把握することである。こうしたプロセスは購買意思決定プロセスと呼ばれており，図表12−2に示されるようにおおよそ5つの段階に区分することができる（Kotler, 2001）。

　①**問題の認識**…購買意思決定プロセスの最初の段階は，消費者が問題やニー

図表12−2　購買意思決定プロセスの概要

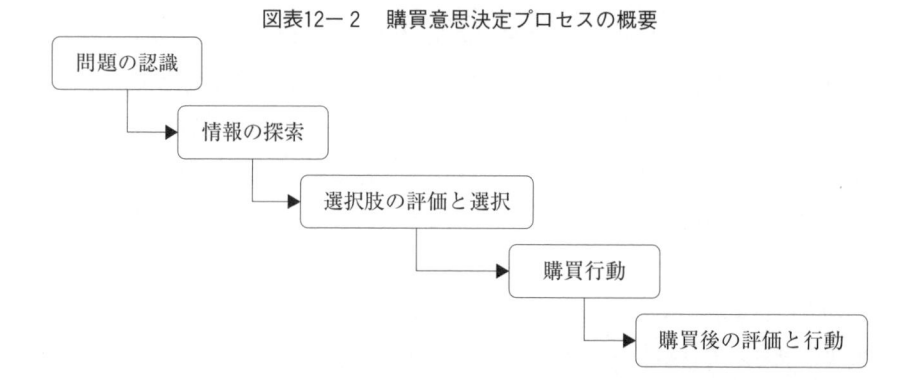

問題の認識 → 情報の探索 → 選択肢の評価と選択 → 購買行動 → 購買後の評価と行動

ズを認識することである。人は自分が望んでいる状況と現在の状況とのギャップが存在していることに対して問題やニーズを認識するようになる。「空腹感」などのように内的な動因によって発生することもあれば，友人の着ている服や企業が発信する広告など外的な刺激を通じて誘発される場合もある[2]。こうした問題の解決やニーズの充足が一連の消費者行動の**目標**となる。

②**情報の探索**…問題の認識を契機に，消費者はその問題のよりよい解決に向けて情報の探索を始める。自分の記憶内で関連情報を探索する場合のことを**内部情報探索**という。過去の購買経験から得られた情報や問題の認識以前に別の文脈で探索し記憶していた情報などがここで探索される。これに対して，問題の認識を契機にウェブで情報を探したり友達や販売員から情報を得るなど，情報源を外部に求める場合のことを**外部情報探索**という。一般に，まず内部情報探索が行われ，そこで十分な情報が獲得できなければ外部情報探索がなされると考えられている。外部探索した情報の中には，それを意思決定に利用するために解釈や意味づけが必要なものがある。その場合，取り込んだ外部情報（たとえば製品性能を表す数値）は記憶内の情報（今持っている製品の性能値とその使い勝手に関する記憶情報など）や他の情報（同じ価格帯の他の製品の性能情報など）を使いながら解釈情報（どんなベネフィットが得られるかなど）へと変換される。このように外部情報を内部情報と同じような解釈情報にしていく過程を**知覚符号化**（perceptual coding）という。こうして内外から得られた解釈情報は短期記憶上に一時的に保持される。

③**選択肢の評価と選択**…短期記憶上に保持されている情報に基づき一群の選択肢に対する評価がなされ，結果として購買される製品ブランドが選択されるのが三番目の段階である。消費者が製品をどのように評価するのかについては諸説あるが，一般に，消費者は製品に対して分析的な視点から評価を行うと考えられている。ここでいう**分析的視点**とは，製品をいったん構成属性へと分解し，それらへの評価を統合化することで製品全体の評価を形成するという考え方であり，多属性態度モデルや知覚類似性モデルなど製品評価を扱うモデルの多くで採用されている（Tversky, 1977；仁科, 1991；新倉, 2005）。

ここで用いられる属性情報の統合様式や選択の様式にはさまざまなものがあり，ごく少数の属性情報を非常に簡単に統合して選択肢を決定する場合もあれば，かなり幅広く属性を評価しそれを複雑に統合して決めるような場合もある（関連⇒【アドバンス２】）。一般的には，こうした評価や選択は，最適解を導くためのアルゴリズムではなく，受け入れ可能な解を発見するために簡素化されている**ヒューリスティックス**が採用されると考えられている[3]。

　場合によってはこの段階で，購買行動に先駆けて**態度**が形成されることがある。態度とは，ある対象に対して好意的あるいは非好意的といった形で一貫して反応をする学習された先有傾向（predisposition）のことであり，一旦形成されると比較的長期にわたり内部情報として保持され，その後の購買行動に影響を及ぼすようになる。

　④**購買行動**…最終的な選択がなされると実際の購買行動という行動次元での段階に入る。しかし，選択されたものが必ず購買されるとは限らない。たとえば，店舗に選択した製品やブランドが無かった場合，あるいは店頭で初めて知った製品やブランドに魅力を感じてしまった場合，当初の購買意図と実際の購買行動との間に齟齬が発生する可能性がある。製造業者の見地から考えると，こうした意図－行動間の不確実性に対応することも必要となる。

　⑤**購買後の評価と行動**…マーケティングを展開するにあたり，購買行動を消費者行動の終点と見なすのは適切ではない。購買行動は売上高や市場シェアといったビジネス成果と即時的で直接的な関係を持っているが，購買後の評価や行動は学習や社会的行動を通じてビジネス成果との間に図表12－3に示されるような長期的あるいは間接的な関係を有している[4]。

　最も基本的な関係は，購買後評価として高い**顧客満足**が得られ，それが将来の購買機会における**再購買行動**へと結びつくというパスの中で見られる。期待不一致モデルによると，消費者満足とは消費者が使用後に知覚したパフォーマンス水準が事前に抱いていた期待を上回った程度として概念化されるもので（Spreng, MacKenzie, and Olshavsky, 1996），満足した消費者は次回の購買機会も同じものを再購買する可能性が高いということが経験的にも支持されてい

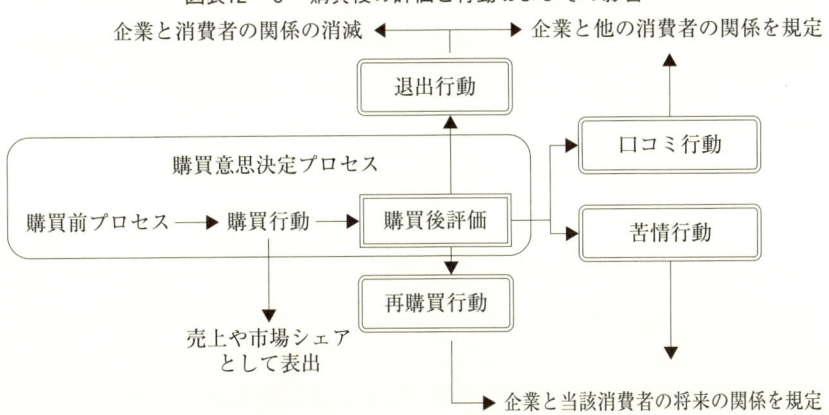

## 図表12－3　購買後の評価と行動およびその影響

```
企業と消費者の関係の消滅 ◀――――▶ 企業と他の消費者の関係を規定
                    ┌─────────┐
                    │ 退出行動 │
                    └─────────┘
                         ▲              ┌──────────┐
  ┌─────────購買意思決定プロセス──┐    │ 口コミ行動│
  │                              │     └──────────┘
  │ 購買前プロセス → 購買行動 → 購買後評価  
  │                              │     ┌──────────┐
  └──────────┬──────────────────┘     │ 苦情行動 │
             │         ▼              └──────────┘
       売上や市場シェア  再購買行動
       として表出         │
                         └───▶ 企業と当該消費者の将来の関係を規定
```

る（Garbarino and Johnson, 1999；高橋・福田, 2000)。再購買を喚起し既存顧客を維持することが新規顧客の獲得とともに企業の戦略を支える両輪であるという考え方に基づくと（Fornell, 1992)，再購買行動は安定的な売上や市場シェアの獲得という点だけでなく，企業による顧客関係管理の基盤としても重要な意味を持っている。

また，購買後に何らかの不満を持った場合，消費者は苦情を言って相手に行動を改めさせるか，あるいは声をあげずに黙って関係から退出するかを選択することが多い（Hirschman, 1970)。消費者が**退出行動**を選択した場合，その消費者が今後その製品を購買する可能性が著しく低くなるというだけでなく，重要な改善機会を損失したという点でその他の消費者にも同様の不満足を与え続ける可能性が高くなる。それゆえ，企業は不満を持った消費者の多くが退出行動ではなく**苦情行動**を選択するような仕組とそこで得られた苦情情報を活用するための仕組を構築しなければならない。

また，消費者の購買後行動の中には市場を構成する他の消費者に対して影響を及ぼすものもある。その代表的なものが**口コミ行動**である。口コミ行動とは消費者間で情報のやり取りをする行動のことであり，ある特定の製品ブランドに関する知識や経験に基づきその肯定的あるいは否定的な情報が伝達される。

古くはラザースフェルドの提唱した**コミュニケーションの二段階フロー理論**の中で**オピニオンリーダー**から一般聴衆へと向かう口コミ情報の影響が指摘されている（Katz and Lazarsfeld, 1955）。インターネットの普及などを通じて消費者の情報発信力が高まりつつある最近では，**バズ・マーケティング**などの新しい手法の中にこうしたクチコミ行動の影響力を積極的に活用しようとする動きも見られる（Hughes, 2005）。

## 4．消費者行動への影響要因

前述した購買意思決定に関わる一連のプロセスは生活文脈に埋め込まれているためさまざまな要因によって影響を受ける。一般に，購買意思決定プロセスに対する影響要因は，4つのカテゴリーに整理されることが多い（図表12-4）。

購買意思決定プロセスは，その消費者の属する**文化**や**社会**から強い影響を受ける。風習や慣例などに見られる文化的要素は，学習された価値観そのものであり，問題やニーズの認識の仕方，また情報の処理の仕方など購買意思決定プロセスのさまざまな局面を規定する。空腹時におにぎりを想起するイタリア人がそう多くないことを考えれば分かるだろう。また，消費者は消費という手段を通じて社会との間でさまざまな対話を行っているので，購買意思決定プロセ

図表12-4　購買意思決定プロセスに対する4つの影響要因

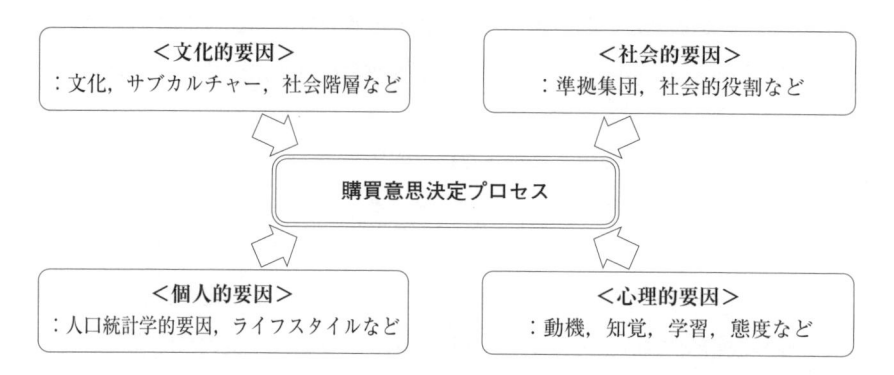

| ＜文化的要因＞ | ＜社会的要因＞ |
|---|---|
| ：文化，サブカルチャー，社会階層など | ：準拠集団，社会的役割など |

購買意思決定プロセス

| ＜個人的要因＞ | ＜心理的要因＞ |
|---|---|
| ：人口統計学的要因，ライフスタイルなど | ：動機，知覚，学習，態度など |

スは社会的要因によっても強く規定される。ファッション製品はことさらこうした社会的影響を受けやすい。

こうした所属やそれに伴う社会的相互作用がもたらす影響として重要な意味を持っているのが**準拠集団**（reference group）である。準拠集団とは人の価値観や判断や行動の拠り所となる集団を指しており，職場や学校のクラス，家族などその人が実際に所属している集団の場合もあれば，実際には所属していないものの所属することを希求する集団（あるいはその逆に所属することを拒絶する集団）の場合もある。人は所属している集団への**同調性**からその集団の保有する価値観の共有に努め，同質的な判断や購買行動を行おうとする傾向が見られる。また所属を希求する集団について言えば，その希求集団の構成員の**模倣**を図るような購買意思決定が促進される場合がある。また，所属集団内での**役割**も購買意思決定に影響を及ぼす。人は所属している集団内で様々な役割や地位を有しており，それらが購買意思決定のあり方を規定する。たとえば，部下を持つような地位の人は服や時計を選ぶ際にそうした部下からの視線を考慮するかもしれない。

消費者の外部に存在する要因ばかりでなく，消費者個々人の特性（**個人的要因**）も購買意思決定プロセスに影響を及ぼしている。たとえば，年齢や家族ライフサイクルの段階，あるいは所得といった**人口統計的要因**は，その人の生活上で生じやすい課題や状況，評価の際に利用される基準などと深く関わっており，食事や服の好み，接触する媒体，利用するサービスの種類などさまざまな点での違いを生み出す。また，こうした人口統計的要因の点では同じような特性を持っている人でも，**ライフスタイル**の違いで購買意思決定が大きく異なることも多い。ライフスタイルとは文字通り生活における価値づけのあり方のことであり，どのような価値を優先し，どのような生活目標を立て，どのような評価基準を用いるかといったことを規定する。ライフスタイルの分析手法としてはこれまでに VALS 分析法や AIO 分析法などが開発されてきた（清水，1999）。

購買意思決定プロセスは，その主体が人間であるため，人間の持つ情報処理

上の癖や傾向によっても影響を受ける。こうした影響要因は**心理的要因**と呼ばれる。

たとえば，情報の探索段階では，**知覚の選択性**という特性によって影響を受ける。具体的にいうと，人は既に保有している信念や考え方などの先有傾向に合致している情報を選択的に取得する傾向や，そうした先有傾向に合致するように解釈する傾向がみられる（Klapper, 1960）。つまり，同じコミュニケーション状況でも知覚する側の先有状態によって取得される情報やその解釈が異なってくるのである。こうした知覚の選択性は，製品の評価や選択を大きく左右し，思わぬコミュニケーション・ギャップの原因ともなりうる。

継続的に**学習**されてきた内容が情報の探索段階や評価段階において内部情報として意思決定の内容を方向づけることはすでに説明したが，こうした影響は意識的なレベルだけでなく無意識なレベルでも生じている。たとえば，パブロフの実験で有名な**古典的条件付け理論**はこうした学習効果を示している。これは，犬に対して肉片を与えること（無条件刺激）とブザー音を聞かせること（条件刺激）を同時に繰り返し行うと，無条件刺激に対する反応であった唾液の分泌が，条件刺激の提示のみでも生み出されるようになる，つまり刺激と反応の間に新たなパスが学習されることを示している。こうした行動変容のメカニズムを応用して購買意思決定を操作しようとする手法は日々行われている。たとえば，あるアイドルグループ（無条件刺激）に対して抱く好意的な感情をある製品（条件刺激）に移植するために，広告でこの2つの刺激の同時提示を反復的に行うことなどがそれにあたる。

## 5．消費者行動の類型

これまで述べてきた購買意思決定プロセスは，すべての消費者行動がこのプロセス通りに展開されるといった意味での普遍的な行動原理を示しているわけではない。消費者は消費者行動に対して無尽蔵に時間，労力，そしてお金をかけるわけにはいかない。状況によっては，いくつかの段階が省略されることも

あるし，進む順序が入れ替わることもある。また，情報の探索や選択肢の評価がどの程度入念になされるのかも状況によって異なってくる。以下では，本章の最後として，意思決定の状況の違いによって意思決定プロセスのタイプがどのように変化するかという点を整理する。

## (1) J. A. ハワードによる3類型

J. A. ハワードは，消費者の学習能力に着目し，購買経験の程度によって意思決定プロセスを3つのタイプに分類している（Howard, 1977）。第1のタイプは**拡張的問題解決**と呼ばれるもので，購買経験や製品知識がほとんどない製品について購買意思決定を行う際によく見られる。消費者は個々の選択肢について何も情報を持っておらず，また製品を評価する基準さえ分からないという状況である。そのため情報の探索や選択肢の評価に多くの時間や労力を費やし時間をかけて意思決定することになる。第2のタイプは，ある程度購買経験が蓄積されてきた状況で見られるようになるもので，**限定的問題解決**と呼ばれる。各選択肢の特性や評価基準に関する知識が蓄積され内部情報が活用できるので，拡張的問題解決よりも時間的にも労力的にも限定的に展開される。最後のタイプは，**習慣的問題解決**と呼ばれるもので，その製品カテゴリーに関する多くの購買経験を持った消費者がある特定の製品ブランドに対して強い選好を有しているような状況でよく見られる。ほとんど外部探索を行わず，また評価順位もすでに確立されているので，情報探索や選択肢の評価・選択に関わる段階は省略され，意思決定に対してほとんど努力が払われない。

## (2) 関与と知識水準による類型

ハワードの類型は，購買経験が増すにつれ内部情報である**製品知識**の水準が高まり（同時に外部情報への依存度が低くなり），購買意思決定プロセスが複雑なものからより単純化されたものへと変化していくという点を示唆したものであった。意思決定のタイプに影響を及ぼすものとして注目されてきたもう1つの要因は**関与**（involvement）である。使用頻度が多いわりに購買頻度が低

く，また自分の価値体系の中でも重要な価値と関わっているような高額の製品を購買する場合，消費者は高関与状態にある。この場合，選択に失敗することで被る損失が大きくなると予想されるため，意思決定に対して高く動機づけられた状況になる。このように考えると，情報処理という文脈で表現するなら，関与概念は処理動機の高さを表しており，一方の知識水準は処理能力の高さを表しているといえよう（新倉，2005）。現在では，この2つの要因を組み合わせることで，意思決定の違いを説明する考え方が良く採用されている。

たとえば，ピーターとオルソン（Peter and Olson, 1990）はこの2つの要因の組み合わせを通じて消費者行動の諸特性を4つのタイプに整理している（図表12−5）。これによると，知識水準の高低差は，設定される目標の明確さや利用される選択基準の幅，あるいは知っている選択肢の数といった点に影響を及ぼし，関与度の違いは，考慮される選択肢の数や利用されるヒューリスティックスの種類と数に影響を及ぼすと考えられる。たとえば，関与度が高く知識水準の低い製品の購買意思決定は，知覚リスクが高い半面そのリスクに対応するための情報が欠落している状況下で行われるので最も拡張的な意思決定が展開される可能性があるなどといったことが読み取れる。

また，ペティー等（Petty, Cacioppo, and Schumann, 1983）により提示された**精緻化見込みモデル**（elaboration likelihood model）は，広告情報が取り込まれその製品に対する態度が形成されていくプロセスの中での関与と知識水準の影響力を言及している。このモデルによると，関与度と知識水準の双方が高い消費者は，広告の主張内容に対して入念な情報処理をしたいという動機を持ち，また入念な処理ができる能力も有しているので，主張内容に対する吟味を通じて比較的持続性の高い態度形成がなされるが(これを中心ルートという)，少なくともそのいずれかが低い消費者は，主張内容以外の周辺的な要素（例えばBGMなど)に対する情報処理を通じて広告自体に対する態度を先に形成し，それをもとに製品に対する一時的な態度が形成される（これを周辺ルートという）と主張されている。このモデルでは，関与度や知識水準が意思決定プロセスの時間や労力の配分に影響を及ぼすだけでなく，外部情報の探索先の決定や

図表12-5　関与度と知識水準による消費者行動の類型

|  | 関与度＝高い | 関与度＝低い |
| --- | --- | --- |
| 知識水準＝高 | ・目標）確実性があり，明確なサブカテゴリーを持つ<br>・考慮集合）知っている選択肢がいくつかありそれらが考慮される<br>・選択基準）幅広い製品関連知識が利用可能<br>・ヒューリスティックス）多くのヒューリスティックが利用される | ・目標）確実性があり，明確なサブカテゴリーを持つ<br>・考慮集合）知っている選択肢はいくつかあるが考慮される選択肢はほとんどない<br>・選択基準）少数の中程度に抽象的な属性が利用される<br>・ヒューリスティックス）少数のヒューリスティックスが使用される |
| 知識水準＝低 | ・目標）不確実性があり，不明確なサブカテゴリーを持つ<br>・考慮集合）最初の段階で知っている選択肢はごくわずか，その後情報が取得されいくつかの選択肢が考慮される<br>・選択基準）重要な選択基準について不明確<br>・ヒューリスティックス）多くのヒューリスティックスが使用される | ・目標）不確実性があり，不明確なサブカテゴリーを持つ<br>・考慮集合）知っている選択肢も考慮される選択肢もほとんどない<br>・選択基準）少数の具体的な属性（目に見える属性）が利用される<br>・ヒューリスティックス）少数のシンプルなヒューリスティックスが使用される |

出所：Peter and Olson（1990）p.190の一部を抜粋しマトリックス表示したもの

評価形成のメカニズムにも影響力があることが示唆されている。

　本章では，消費者行動の全体像の理解を最優先に説明を行ってきた。消費者行動の各局面に焦点を絞ってその行動メカニズムを詳細に扱ったモデルも数多く存在しているが，こうしたモデルを検討する際には，常に全体像を意識しつつ行うことを勧める。

## 【アドバンス】

### 1．消費者行動に関するポストモダン・アプローチ

　消費者情報処理アプローチの代替的なアプローチとして1980年代以降注目されているのが，**ポストモダン・アプローチ**である。情報処理アプローチを含む

従来型のアプローチがあまりにも認知的で分析的過ぎるという批判をもとに，より感情的・経験的な視点を通じて消費者行動を研究していこうとする考え方である（和田・恩蔵・三浦，1996）。このアプローチは，研究における焦点と方法論の点で従来型のアプローチと大きな違いを有している（阿部，2001；桑原，2006）。従来型のアプローチでは，購買行動及びそれに関連する心理的・社会的要因に焦点が置かれ，その予測や説明を可能とするような一般化された法則性の定立を目指して定量的な調査・分析手法が採用されている。こうした研究の焦点と方法論が採用されてきたのは，消費者行動がビジネス成果との関連性という脈略で論じられていたためである。一方，ポストモダン・アプローチでは，ビジネス成果との関連性に縛られず，消費自体の意味の理解が強調されている。使用行動や消費経験といった部分に研究の焦点が置かれ，これらの意味を文脈情報が付与されたまま理解することを目指すため，文化人類学などで用いられるような定性的な調査・分析手法が採用されている。

ポストモダン・アプローチは，これまでのアプローチでは言及されてこなかった領域に対する研究を進めていく上で重要な貢献をなしてきているが，独自の方法論を提示するまでには至っておらず，このアプローチを通じて導出された知見をマーケティング論や経営学といった領域でのインプリケーションにいかにつなげていくかといった課題も残されている（杉本，1997；竹村，2000）。

## 2．消費者によるアドホックな製品カテゴリー化

消費者は，製品を知覚し評価する際に，常にピースミールな処理（詳細な属性情報を一つ一つ丁寧に吟味する認知的負荷の大きな処理）をするわけではない。限られた能力と時間の中でさまざまな意思決定をこなしていくため，意識的あるいは無意識的に認知上の倹約を図っている。こうした際によく利用されるのが，製品カテゴリーをベースとした情報処理である。たとえば，新しい製品に出会った場合，それが既存の製品カテゴリーの中に位置付けられるのであれば，その製品に関する情報を探索しなくとも製品カテゴリーに関する情報で置き換えて知覚・評価することができるようになる。こうした製品カテゴリー

の認識は選択行動にも大きく影響する。なぜなら，どのように製品カテゴリーを形成するかが購買意思決定時の選択肢の中身を規定するからである。たとえば，ポータブルPCという製品カテゴリーの中にいわゆるネットブックを入れる人と入れない人で，考慮される選択肢が大きく異なってくる。

このように，製品を消費者がどのようにカテゴリー化するのかは，企業がマーケティングを展開する上で非常に重要であるが，製品カテゴリーは必ずしも物理的特徴が似ているかどうかで決定されるわけではないことが分かってきている。現在，消費者がその場その場の消費目的に応じてカテゴリーを創り出すという現象が注目されており，**目的派生的カテゴリー化**(goal-derived categorization)という概念のもとで研究が進んでいる(Barsalou, 1983 ; Ratneshwar, Pechmann, and Shocker, 1996)。製品カテゴリーのあり方が競合関係を規定するという意味では，経営やマーケティングを考える場合，こうした消費者主導的なカテゴリー化概念も考慮する必要がある。

（福田康典）

＜注＞

(1) 実際には，これら2つに刺激−反応型というタイプを加えた3つに類型化されることが多い。刺激—反応型は行動に先立つ心理的プロセスをほとんど加味していないため，ここでは言及しなかった。なお，これらのアプローチの特性については青木（1992）や阿部（2001）で詳細な検討がなされている。

(2) 無論，購買による問題の解決には金銭的，時間的，労力的にコストが必要なため，人は日々無数の問題認識を行っていてもその全てが購買行動に結びつくわけではない。瞬時に忘却されるものあれば，我慢することでやり過ごされるものもあり，こうした選択は意識的，無意識的になされている。

(3) ヒューリスティックスの具体的な例としては，たとえば，感情参照型（affect referral：新たに情報処理することなく現時点で最も好きなブランドを選択するといったルール）や辞書編纂型（lexicographic：最も重要と思う属性で最も高い評価の選択肢が選ばれ，もし同じ評価の選択肢が複数ある場合，次に重要な属性の最高評価の選択

肢が選ばれるといったルール），あるいは線型代償型（linear compensatory：フィッシュバインの多属性態度モデルのように各属性を重要性で重み付けし，属性ごとの評価を重み付け合算してその最高評価のものを選択するというルール）などがある。詳しくは，青木（1992）や杉本（1997）参照のこと。

(4) 企業の社会的責任や環境問題に対する意識の高まりを受け，近年では購買後行動の中の廃棄行動に対して明確に言及する研究も増えてきている。廃棄行動に関する研究レビューとしては杉本（1997）などがある。

## ＜参考文献＞

阿部周造「消費者情報処理理論」中西正雄編著『消費者行動分析のニューフロンティア―多属性分析を中心に』誠文堂新光社，1984年，pp. 119-163.

阿部周造「消費者行動研究の方法論的基礎」阿部周造編著『消費者行動研究のニュー・ディレクションズ』関西学院大学出版会，2001年，pp. 1-36.

青木幸弘「消費者情報処理の理論」大澤豊編『マーケティングと消費者行動―マーケティング・サイエンスの新展開』有斐閣，1992年，pp. 129-154.

Barsalou, L. W., "Ad Hoc Categories", *Memory and Cognition*, Vol. 11, 3, p. 1983, pp. 211-227.

Fornell, C., "A National Customer Satisfaction Barometer: The Swedish Experience", *Journal of Marketing*, 56 (January), 1992, pp. 6-21.

Garbarino, E. and Johnson, M. S., "The Different Roles of Satisfaction, Trust, and Commitment in Consumer Relationships", *Journal of Marketing*, 63 (April), 1999, pp. 70-87.

Hirschman, A. O., *Exit, Voice, and Loyalty: Responses to Decline in Firms, Organizations, and States*, Harvard University Press, 1970.（三浦隆之訳『組織社会の論理構造：退出・告発・ロイヤルティ』ミネルヴァ書房，1975年）

Howard, J. A., *Marketing Management: Operating, Strategic and Administrative*, 3rd ed., Richard D. Irwin Inc., 1973

Howard, J. A. and J. N. Sheth., *The Theory of Buyer Behavior*, John Wiley and Sons, 1969

Hughes, M, *Buzzmarketing*, Penguin Group Inc. 2005.（依田卓巳訳『バズ・マーケティ

ング』ダイヤモンド社,2006年)

Katz, E. and Lazarsfeld, P. F., *Personal Influence : The Part Played by People in the Flow of Mass Communications*, Free Press, 1955.(竹内郁郎訳『パーソナル・インフルエンス：オピニオンリーダーと人々の意思決定』培風館,1965年)

Klapper, J., *The Effect of Mass Communication*, The Free Press of Glencoe, Illinois, 1960. (NHK放送学研究室訳『マス・コミュニケーションの効果』日本放送出版協会)

Kotler, P., *A Framework for Marketing Management*, First Edition, Prentice-Hall, Inc., 2001.(恩蔵直人監修『コトラーのマーケティング・マネジメント』ピアソン・エデュケーション)

桑原武夫「ポストモダン消費者研究」田中洋・清水聰編著『消費者・コミュニケーション戦略』有斐閣アルマ,2006年,pp.203-230.

新倉貴士『消費者の認知世界－ブランドマーケティング・パースペクティブ』千倉書房,2005年。

仁科貞文監修『新広告心理』電通,1991年。

Peter, J. P., and Olson, J. C., *Consumer Behavior and Marketing Strategy*, 2$^{nd}$ ed, Richard D. Irwin, Inc., 1990.

Petty, R. E., Cacioppo, J. T. and Schumann, D., "Central and Peripheral Routes to Advertising Effectiveness : The Moderation Role of Involvement", *Journal of Consumer Research*, Vol. 10, 1983, pp. 135-146.

Ratneshwar, S., Pechmann, C., and Shocker, A. D., "Goal-derived categories and the antecedents of across-category consideration", *Journal of Consumer Research*, Vol. 23, 3, 1996, pp. 240-250.

Sheth, J. N., Gardner, D. M., and Garrett, D.E., *Marketing Theory : Evolution and Evaluation*, John Wiley and Sons, 1988.(流通科学研究会訳『マーケティング理論への挑戦』東洋経済新報社,1991年)

清水聰『新しい消費者行動』千倉書房,1999年。

Spreng, R. A., MacKenzie, S. B., and Olshavsky, R. W., "A Reexamination of the Determinants of Consumer Satisfaction", *Journal of Marketing*, 60 (July), 1996, pp. 15-32.

杉本徹雄編著『消費者理解のための心理学』福村出版，1997年。

高橋昭夫・福田康典「企業と消費者の長期的関係形成に影響を与える要因〜消費財市場における満足と信頼の影響を中心として〜」『広告科学』第40集，2000年，pp. 127-136.

竹村和久『消費行動の社会心理学―消費する人間の心と行動』北大路書房，2000年。

Tversky, A., "Features of Similarity", *Psychological Review*, 84(4), 1977, pp. 327-352.

和田充夫・恩蔵直人・三浦俊彦『マーケティング戦略』有斐閣アルマ，1996年。

# 第5編
# 会計と経営財務

第13章　会計情報と経営分析

第14章　財務の意思決定：資金調達と投資・成果配分

# 第13章 会計情報と経営分析

　会計とは複式簿記を元に企業の経営について情報を提供する体系である。複式簿記は独特のルールに基づいた体系であり，一般的な常識だけで会計情報に取り組むことは難しいだろう。反対に，その基本的な仕組みを理解すれば，会計の本質が明らかになり会計情報の利用や分析についてもより理解が深まる。会計用語はそのビジネスにおける意味を考えながら学べば理解しやすい。この章では，複式簿記から作成される財務諸表の基本的な成り立ちを概説すると共に，財務指標分析とCVP分析について，その概要を説明する。ここで扱う財務会計は企業外部の関係者に情報を伝達する機能を持っている。その情報を理解すれば企業経営の本質にも迫ることができよう。

## 1．会計情報の基礎

### (1) 複式簿記と財務諸表

　会計学の重要な分野として，**財務会計論**（financial accounting）と**管理会計論**（managerial accounting）が存在する。**財務会計論**は，企業に利害関係を持つステークホルダーに対して，企業経営の状態に関する情報を提供しようとするものである。企業の外部にいる関係者に対して報告を行うことを目的としているため，外部報告会計とも呼ばれる。

　一方，**管理会計論**は企業経営の意思決定を行う経営者や中間管理職に必要な情報を提供しようとするものである。企業内部にいる意思決定者に対して報告を行うことを目的としているため，内部報告会計とも呼ばれる。本章で扱うのは主に**財務会計論**とその基礎となる**複式簿記**の概念である。

財務会計では情報伝達の手段として報告書が用いられ，**財務諸表**（financial statements）と呼ばれる。基礎的な**財務諸表**としては，**損益計算書**(income statement）と**貸借対照表**（balance sheet）があげられる。**損益計算書**は，その事業が儲かっているのか損失を出しているのかを示す報告書であり，最も基礎的で重要な報告書とも言われる。もうひとつの**貸借対照表**は，企業の経済的な資源およびそれに対する請求権をあらわす**資産**（asset）や，他の経済的主体に対して返済義務を負うような借金などのマイナスの経済的資源を表す**負債**（liability），株主やオーナーなどから出資してもらった分を表すような**資本**（capital）がその時点でどのような状態にあるのかを示す報告書である。**貸借対照表**においては，その年の儲けや損失が資本に反映され，資産―負債＝資本の関係が成り立っており，資産＝負債＋資本の等式を**貸借対照表等式**と呼ぶ。

ここでは，財務会計論の手始めとして複式簿記の基礎について説明しよう。会計について学んだことのない読者も複式簿記という言葉は聞いたことがあるかもしれない。複式簿記は一定のルールに従って，企業経営における出来事を記述しようとするものである。たとえば，複式簿記における**取引**（transaction）とは，貸借対照表等式における資産・負債・資本などに変化を与えるものである。たとえば，火災保険の保険料として現金を支払った場合，現金という資産は減るが，火災保険料という費用が発生する（簡単に理解するためすべてその年度の費用となるものと仮定する）。商品の売上げなどの収入と費用の差額が資本の増加（赤字の場合は減少）につながる。取引を記録する際，資産の増加，負債の減少，**費用**（expense）の発生などを左側に書くことになっている。そして，この左側のことを**借方**（debit）と呼ぶ。一方，負債の増加，資産の減少，**収益**（revenue）の発生などは右側に書くことになっており，この右側のことを**貸方**（credit）と呼ぶ。こうして取引を借方・貸方に分けて，勘定科目と呼ばれる項目に分類することを**仕訳**とよぶ。仕訳の書き方は，貸借対照表等式にあてはめて考えると理解しやすい。等式では，資産の増加は左側（借方）が増え，負債が増える場合には右側（貸方）が増える。また，収益が発生すれば，資本が増えるため貸方となるし，費用が発生すれば資本が減少するので，

資本の増加の反対で借方となる。

　上記の火災保険料の支払いを，金額1万円として仕訳を書いてみると，

　　　（借方）保険料　10,000円　　　（貸方）現金　10,000円

となる。こうして，企業の一定期間中の取引をすべて記録した後，すべての勘定科目について，各勘定科目の借方合計，貸方合計を一覧にして**合計試算表**を作成する。これは仕訳などのチェックに用いられる。さらに，各勘定科目の借方・貸方のネットの残高を計算し，表にしたものが**残高試算表**となる。この残高試算表から損益計算書や貸借対照表を作成することになるが，その前に**決算整理**と呼ばれる修正を行い，期中の取引が収益や費用の実体と合うような修正を行う。決算整理後の残高試算表から，収益や費用に関するものを取り出したものが損益計算書となり，資産・負債や資本の部分がまとめられて貸借対照表となる。

　損益計算書や貸借対照表のほか，現金の出入りの状況を示した**キャッシュ・フロー計算書**（statement of cash flows）や，株主資本を中心とする純資本の部の変動額や変動理由を示す**株主資本等変動計算書**などが財務諸表を構成している。株主資本等変動計算書は，会社法の制定により，定例株主総会以外でも配当が行えるようになったことなどから，純資産の変動をより詳しく報告する必要が生じ，以前の利益処分計算書に変わって作成されることになったものである。

　損益計算書は**発生主義**（accrual basis）に基づいて作成されており，そのため会計上の利益と現金の出入りに基づくキャッシュ・フローは乖離することがある。実際に事業を遂行していく場合には，現金の不足によって資金繰りが悪化し，企業経営が破綻する場合もある。そうした現金の重要性に鑑み，企業を現金という側面から捉えようとするのがキャッシュ・フロー計算書である。キャッシュ・フロー計算書に関して，企業の活動は大きく3つに区分される。企業が主要な事業として行っている**営業活動**，設備投資や他社への投資などを含む**投資活動**，および資金調達と返済に関する**財務活動**である。キャッシュ・フ

ロー計算書では，この3つの活動から生じるキャッシュ・フローを要約して報告している。営業活動によるキャッシュ・フローは本業からどれだけ現金収入があるのかがわかる。投資活動によるキャッシュ・フローではどれだけ投資のために企業から現金が出ていっているか，また，財務活動によるキャッシュ・フローでは，企業が資金調達（返済）により，どれだけ現金を調達（返済）しているのかが明らかになる。キャッシュ・フロー計算書では，そうした資金収支に関する全体像をざっくりと理解することが重要である。

### (2) 損益計算書

この項目では，損益計算書にかかわる事柄の説明を行う。損益計算書における収益（売上）や費用の認識で重要な点は，**費用収益対応の原則**（matching principle）と発生主義である。会計期間中に得られた収益とその収益を得るために費やした費用は期間的に対応させて認識しなければならないという原則である。また，発生主義とは，現金の受け取りや支出を元に収益や費用を認識する現金主義とは異なり，一定の基準を満たし販売が確定した時点をもって収益を認識し，経済的資源の消費をもって費用の認識を行う会計処理の方法である。代金の回収がまだ行われない場合でも，販売を行ったことが確実になった時点をもって収益の認識を行うことから，実現主義とも呼ばれる。この2つの原則を守ることにより，事業活動の成果である収益とその努力のための資源の消費である費用が適切に認識されることになる。

損益計算書のひな形のひとつは，**売上高**（sales revenue）に始まり，**売上原価**（cost of goods sold）を引いたものが**売上総利益**（gross profit）となる。売上総利益とは粗利とも呼ばれ，製品やサービスの原価だけを考えた場合にどれだけ儲かっているかを示す数字である。売上総利益から，直接の製品原価ではないが販売に要した費用や本社部門の人件費などを含む「**販売費および一般管理費**」を差し引いたものが**営業利益**（損失）となる。営業利益に利息や配当・不動産賃貸料などの営業外収益を足し，資金調達などの費用である営業外費用を差し引いたものを**経常利益**（損失）と呼ぶ。総じて，営業利益（損失）に広

図表13-1　損益計算書の区分表示

| | |
|---|---|
| Ⅰ．売上高<br>Ⅱ．売上原価<br>　　　売上総利益<br>Ⅲ．販売費および一般管理費<br>　　　営業利益 | 営業損益計算 |
| Ⅳ．営業外収益<br>Ⅴ．営業外費用<br>　　　経常利益 | 経常損益計算 |
| Ⅵ．特別利益<br>Ⅶ．特別損失<br>　　　税引前当期純利益<br>Ⅷ．法人税・住民税など<br>　　　当期純利益 | 純損益計算 |

い意味での金融収支を足したものが経常利益（損失）であると理解できる。経常利益（損失）に一時的で臨時に発生した利益や損失である特別利益や特別損失を加減することで，**税引前当期利益**（損失）が計算できる。

### (3) 貸借対照表

　貸借対照表は既に述べたように，資産・負債・資本の状況を複式簿記の原則に則ってまとめたものである。日本では貸借対照表は**流動性配列法**と呼ばれる，資産であれば現金化のしやすさを基準によって配列され，**流動資産**(current assets)，**固定資産**（fixed assets）の順に並べられる。負債の場合は現金の請求の早さの順に，**流動負債**（current liability），**固定負債**（fixed liability）の順に並べられる。貸方では資本は負債の次に並べられる。

　上記に出てきた流動資産・固定資産の区別は，**営業循環基準**と呼ばれる基準によって区分されている。営業循環基準とは，製造業の例でいえば部品や原材料から始まり，製造過程にある仕掛品を経て，製品になり，掛売りによって売掛金を得て，最終的に現金を回収するまでの営業循環に出てくる資産と負債を流動資産（負債）とする基準である。これ以外の資産・負債については**1年基準**（ワン・イヤー・ルール）と呼ばれる，貸借対照表の翌日から1年以内に返

図表13－2　貸借対照表の区分表示

| (資産の部)<br>　流動資産<br><br>　固定資産<br>　　有形固定資産<br>　　無形固定資産<br>　　投資その他の資産<br><br>　繰延資産 | (負債の部)<br>　流動負債<br>　固定負債<br><br>(純資産の部)<br>　株主資本<br>　　資本金<br>　　資本剰余金<br>　　利益剰余金<br>　　自己株式<br><br>　評価・換算差額等<br>　新株予約権 |
|---|---|

済すべき負債，満期1年未満の預金・債券などの資産を流動負債・資産とする基準である。こうした配列法を理解する必要がある。

　ひとつ指摘しておかなければいけないのは，会社法の制定による**純資産**（net worth）の意味の変化である。会計基準に関する法的規制として金融商品取引法や会社法が存在するが，2005年にそれまでの商法を改正する形で会社法が制定され，株主の出資としての資本から，資産と負債の差額としての純資産の部に衣替えされることになった。これにより，株主の出資分としての株主資本のほか，有価証券や土地などの評価損益である**評価・換算差額等**のほか，新しい株式を発行する際，あらかじめ決められた価格で買うことができる**新株予約権**も貸方の勘定科目として純資産に入ることになった。

　さて，ここからは資産・負債・資本の勘定科目に関して基礎的な概念を説明していこう。

　まず取りあげるのは，**棚卸資産**（inventories）の評価法である。棚卸資産とは，事業上収益を得るために保有しており，払い出しを予定しているものである。製品だけでなく，サービスも含んだ概念となっている。棚卸資産の取得原価は，購入代金に付随して生じる引取運賃や検収費などの費用を足して算出する。棚卸資産の原価は売上原価になる部分と会計上翌期以降の費用となる部分に配分する必要がある。こうした配分方法には，個々の資産の払い出しを記録

しておく**個別法**，取得された順に古いものから払い出しが行われたという前提で評価が行われる**先入先出法**，新しく取得されたものが先に払い出されたという前提で評価が行われる**後入先出法**，会計年度全体で平均単価を算出し，それを売上原価と繰越部分に適用する**総平均法**，仕入れごとに平均単価を算出していく**移動平均法**などの方法がある。

棚卸資産評価に関する基本的な概念として，**原価法**と**低価法**も重要である。期末の時点で正味売却価額（時価）が取得原価を下回った場合，そのまま原価で評価するのが原価法，時価で評価しなおすのが低価法である。正味売却価額とは，その資産を売却した場合に手数料などを差し引いた正味の価額である。これまでは，原価法を原則として低価法を例外的に適用してきたが，2008年度から通常の販売目的で保有する棚卸資産の時価が取得原価を下回った場合には低価法の適用を義務付けるようになった。

次に，有価証券の評価の基礎概念をみてみよう。まず，その企業が過半数の株式を保有する**子会社**や議決権の20％以上50％以下を所有し，経営方針に影響を与えることのできる**関連会社**の株式は取得原価で評価される。子会社の場合は，経済的実体として親会社と子会社がひとつの会計主体として連結財務諸表が作られることになる。その際，親会社と子会社間の取引はひとつの主体と見た場合，企業内部の取引となり，相殺されるなどの調整が行われることになる。関連会社の場合も，連結財務諸表の作成にあたっては，**持分法**（equity method）と呼ばれる方法で関連会社の損益の状況を親会社の財務諸表に反映させることになる。すなわち，関連会社の損益のうち，親会社の持分に相当する分の損益だけ関連会社の投資額（投資勘定）を増減させることになる。関連会社から配当を受け取った場合には，その分関連会社の投資額（投資勘定）を減らすことになる。このようにして，関連会社の損益の状況を親会社の財務諸表に反映させることになるため，一行連結とも呼ばれる。

子会社や関連会社以外の有価証券は以下の3つに分類されている。ひとつは，**売買目的有価証券**である。この分類にあてはまる証券は，短期的な価格の変動により利益を得る目的で取得した有価証券とされており，時価の変動により評

価損益が出た場合，その年度の収益に反映されることになっている。もうひとつは，**満期保有目的の債券**と呼ばれるもので，償還期限に定めがあり，償還期限（満期）まで企業が保有するという意思を持って保有する債券のことである。保有する間時価の変動はあっても，満期まで保有すれば額面による償還および利息の支払いが見込めるため，取得原価によって評価される。3つ目のカテゴリーは，**その他有価証券**とよばれるものである。「その他有価証券」は，子会社株式や関連会社株式でもなく，「売買目的有価証券」にも「満期保有目的の債券」にも該当しないものである。「その他有価証券」は貸借対照表上の評価は時価で行われる。取得価額と時価の差は評価差額として，税の効果を反映させた上で純資産の部に表示させる。貸借対照表上には表示されるものの，その年度の損益には反映されない。

次に，**固定資産**の会計処理の基本概念をみてみよう。固定資産には，建物や生産設備などの**有形固定資産**や，特許権や商標権などの法律上の権利，買収・合併の際に生じる「のれん」などの**無形固定資産**などがある。

このうち，法律上の権利については，取得原価を耐用年数の期間にわたって費用とする。こうした処理を償却とよぶ。

他の企業を買収・合併する場合に，被買収企業の純資産額を上回る買収価格をつける場合がある。そうした場合，個々の資産の価値以上に収益力を生む無形資産が背景にあるとして，純資産額を上回る差額について「**のれん**」（**営業権**）（goodwill）という無形資産として計上する。「のれん」は日本の会計基準では償却すべきものとされている。なお，売買などによって価値の測られることのない自社内で創設されたのれんは資産計上できないとされている。

有形固定資産については，減損と減価償却の概念が重要である。

有形固定資産が，経済的状況の変化などから陳腐化して収益性が低下することがありうる。そうした場合に，将来期待できるキャッシュ・フローと帳簿価額との比較から前者が後者を下回る場合には，**減損損失**という損失を認識する。この場合のキャッシュ・フローは割引率を考慮せず，そのままの数字を使用する点がファイナンスにおける現在価値の考え方と異なる。

有形固定資産は，通常数年にわたって使用できるものである。そのため，その取得価格を購入した会計年度に費用として計上することは適当ではない。日本の場合は税法上の耐用年数に基づいてその取得価格を数年間に分けて費用として認識していくことが多い。これを**減価償却**（depreciation）という。土地などのように使用によって価値が減少しないものは減価償却の対象とはならない。日本の税法上では，**定額法**，**定率法**と**生産高比例法**などの方法がある。定額法は，毎年同じ金額を償却していく方法であるのに対して，定率法は初めの年により多くの金額を償却していく方法である。生産高比例法は耐用年数ではなく，資産の利用度に応じて償却を行っていくものである。貸借対照表上では，有形固定資産はその取得価額を資産に計上し，減価償却額の累計額を控除する形で表示されることになる。

このほかの資産として，**繰延資産**が存在する。創業費や開業費のように，その効果が支出した翌年以降にわたって続き，費用収益対応の原則から支出の年に全て費用化するのが適当でないものを繰延資産として計上し，徐々に償却を行っていくことになる。

流動資産には売掛金や貸付金などのように顧客に対する貸付としての性格を持つ資産が存在する。このような場合，貸し付けた資金を回収するために努力を行うことになるが，すべての資金を回収できるわけではない。そうした場合，会計上は資金が回収できないことが確定する前に合理的に貸し倒れの金額を見積もって貸借対照表に反映させる必要がある。そうした目的で，売掛金などから控除する形で表示されるのが**貸倒引当金**（allowance for bad debts）である。過去の経験などから貸倒率を合理的に見積もり，会計上その損失を反映していくことになる。

**リース会計**については，なぜリース会計が導入されたのか理解しておくことが重要である。リースを利用すれば，貸借対照表上で資産・負債を計上することなく，実質的に設備投資と同じことを行うことができる。こうしたことを防ぐために，リース会計では一定の定義にあてはまり，経済的実質が売買取引と見なしうるものについては，貸借対照表において資産・負債の認識を行うこと

になっている。

## 2．経営分析の基礎

ここでは，経営分析の基礎となる**財務指標分析**と **CVP 分析**の基本的な概念について説明を行う。

### (1) 財務指標分析

財務諸表にまとめられた企業経営の情報を使って，企業の安全性・収益性・効率性などについて分析を行う手法が財務指標分析である。以下では分析に使われる基本的な指標の解説を行う。分析に使われる指標は単独では必ずしも有効なツールとはならない。同じ企業の過去の指標と比べて，その変化を認識することによって経営の方向性をつかむことができる。また，同じ業界の他社の指標と比べることにより，同業他社との経営の違いを浮き彫りにすることができる。前者を**時系列分析**，後者を**クロスセクション分析**とよび，財務指標分析において重要な手法となっている。クロスセクション分析では，日経経営指標（日本経済新聞社）などによる業界平均の指標と比べることにより分析を行うことも可能である。

次に，指標の説明に移るが，各指標ともに定義にはいくつかのバリエーションが存在するものが多い。定義そのものに指標についての考え方が反映されているので，その点を理解して使用することが重要である。

安全性の指標としては，**流動比率，当座比率，現金比率，負債比率，固定比率，固定長期適合率，インタレスト・カバレッジ・レシオ**などがある。

流動比率＝流動資産／流動負債　　　当座比率＝当座資産／流動負債
自己資本比率＝自己資本／総資本　　固定比率＝固定資産／自己資本
固定長期適合率＝固定資産／（自己資本＋固定負債）
インタレスト・カバレッジ・レシオ＝（営業利益＋受取利息・配当金）／支

払利息

　流動比率は，流動負債の支払いのために同額以上の流動資産があればいざというときに安全性が高いという考え方である。当座比率は流動比率と考え方は同じであるが，流動資産から現金化しにくい棚卸資産を除き，現預金，売掛金，受取手形,流動性の高い有価証券などと流動負債の比率で見てみるものである。自己資本比率は自己資本の総資本（＝総資産）に対する比率を見ている。自己資本（株主資本）でなく，負債による調達が大きくなれば経営の安定性が低下すると考えられている。固定比率は資金が長期に固定される固定資産をどの程度返済の必要のない自己資本（株主資本）でまかなっているかを示す。次の固定長期適合率も同様の考え方で，自己資本でまかなえない部分は長期に資金を借り入れている固定負債でまかなうという考え方である。インタレスト・カバレッジ・レシオは，支払利息の何倍の利益があるかを見て，利息の支払いの安定性を見るものである。営業利益に受取利息・配当金を足しているのは，本業の利益に金融収益を加えたものが利払いの源泉となるからである。こうした会計上の利益を元にしたもののほか，営業活動によるキャッシュ・フローを分子とするレシオもある。

　効率性の指標としては，**資産回転率**が用いられることが多い。資産を分母に比率を計算し，なんらかの経営効率をみる指標である。

　　**売上債権回転率**＝売上高／（売掛金＋受取手形）
　　**棚卸資産回転率**＝売上高／棚卸資産
　　**有形固定資産回転率**＝売上高／有形固定資産
　　**総資本回転率**＝売上高／総資本

　売上債権回転率は，この比率が高いほど債権回収が早いことを示している。売上債権回転率の逆数をとり，365倍したものが**売上債権回転期間**とよばれ，売上債権が売上高の何日分かを示している。他の比率からも同様の方法で回転期間を計算できる。

棚卸資産回転率は，棚卸資産の管理の効率性を示す指標である。この数字が大きいほど，その効率性が高い。

有形固定資産回転率は，工場や機械設備などの有形固定資産がどれだか効率的に売上に結びついているかを示す指標である。一定の有形固定資産に対してより大きな売上をあげた場合，この比率が高くなり効率性が高くなる。

総資本回転率は総資本（総資産）を使用してどれだけ効率的に売上をあげているかの指標となる。

収益性の指標としては，**ROE，ROA，売上高利益率**などの指標がある。

　ROE＝当期利益／自己資本
　ROA＝（営業利益＋受取利息・配当金）／総資本
　売上高経常利益率＝経常利益／売上高

ROEは**自己資本利益率**とも呼ばれ，自己資本（株主資本）に対してどれだけの利益があがっているかを示すものである。これに対して，ROAは**総資本事業利益率**とも呼ばれ，株主資本だけではなく，負債（他人資本）も含めてどれだけの利益をあげているかをみるものである。分子が「営業利益＋受取利息・配当金」（＝事業利益）となっているのは，株主への利益配分のほか，借入金への利払いもこれらから支払われるためである。分子を当期利益として，総資本利益率として使用することもある。

**売上高経常利益率**は売上高に対して，どれだけの経常利益をあげているかを示す。分子を，当期利益，営業利益などに変えて算出する場合もある。

こうした指標分析のほかに，損益計算書や貸借対照表の各項目の全体に対する割合（パーセンテージ）を計算して，その構成を見る構成比率法もある。

## (2)　CVP分析

CVP分析は**損益分岐点分析**ともよばれ，管理会計における経営分析ツールのひとつである。売上をあげるための費用を**固定費**と**変動費**に区分する。固定

費とは，固定資産の減価償却費や管理者給与のように売上に関係なくかかる費用である。変動費とは売上によってその金額が変わってくるもので，通常は売上に比例して変動するという形で分析を行う。

　最も単純な例として，1個あたりの購入原価60円のものを100円で販売するケースを考えてみよう。この商品を販売する場合，単価100円に対して，60円の変動費がかかると考える。これに対して，固定費が5万円かかるものとする。単価100円から1個当たり変動費60円を差し引いた40円を**貢献利益**とよぶ。1個の商品が売れたとき，1個あたりの貢献利益から固定費を少しずつ負担していき，ちょうど固定費を負担した販売量が**損益分岐点販売量**となる。この場合は，固定費／単位当たり貢献利益＝5万円／40円＝1250個となり，損益分岐点販売量が求められる。さらに単価をかければ**損益分岐点売上高**となる。

　上記の例では，1個あたりのデータから計算を行ったが，いろいろな商品をあつかっている場合など，単位当たりの情報に意味のない場合もある。そうした場合には，1－変動費／売上高＝**貢献利益率**と計算して，以下の式から，損益分岐点売上高を求める。

　　損益分岐点売上高＝固定費÷貢献利益率

　さらに，予定している売上高と損益分岐点売上高の差を**安全余裕**とよび，**安全余裕率**は以下の式で計算することができる。

安全余裕率＝（予定している売上高－損益分岐点売上高）／（予定している売上高）

　安全余裕率が小さい場合には，売上の減少により利益が出ないリスクが増す。

## 【アドバンス】

### 1．無形資産の重要性

　財務会計においては，研究開発費の費用処理などに見られるように，無形資産については貸借対照表上，極めて限定された形で認識されてきた経緯がある。

これは，資産計上した場合に，資産化した場合経営者の裁量で会計上の利益が操作しやすくなるという懸念があったためである。

　しかしながら，近年，経済成長や企業価値における無形資産の重要性について注目が集まっており，会計学の分野でも関心が高まっている。特に価値創造企業については，1990年代には無形資産のバランス・シート上の比重が高まっているという研究もある。(伊藤・加賀屋，2001；伊藤，2007)

　無形資産は他の資産と異なり，多重利用・複製が可能であるため，ただ乗りなどが可能であり，その便益を独占的に享受することができない。また，無形資産の投資はアイディアや発案段階のものが多く，それから生み出される便益は投資の段階では不確実であること，さらに多くの無形資産には取引市場が存在しないといった特質がある。こうしたことから，その評価は簡単ではない。

　会計の役割のひとつが，企業経営に関する情報の非対称性を減らすものであるとすれば，そうした困難にもかかわらず，会計情報を提供する枠組みの中に無形資産を取り込んでいく努力が必要となる。たとえば，無形資産の評価方法として，無形資産を作り出す上で必要となった原価に注目するコスト・アプローチや，無形資産が将来に生み出すであろう利益の現在価値に基づくアプローチが考えられている（伊藤，2007）。経済成長の源泉が「もの」から知的資産にシフトしつつあるとすれば，そうした動きは企業経営と会計を学ぶものにとって今後とも重要性を増すことになろう。

　また，出来上がった無形資産の評価の問題だけではなく，研究開発からどのような形で企業価値が増大していくかという問題に対する研究も進展している。西村（2001）によれば，企業で研究開発活動が行われ，知識が蓄積することによって，中間的成果としての技術知識ストックが生まれる。フローの研究開発投資が一定の比率で陳腐化しながらストックとして蓄積していくが，時間がかかるものの，売上高の増加，企業価値の増大などの最終的成果につながっていくという。

　こうした研究の進展は会計の進むひとつの方向性を示唆していると考えられる。会計の勉強も，会計基準のルールを学ぶこと以外にこうした研究動向にも

注意を払っていきたい。

## 2. 国際会計基準（International Financial Reporting Standards）適用の可能性

　最近は，国際会計基準が日本企業にも適用になる可能性が高まってきており，その動向は企業の経理・財務担当者を中心に注目を集めている。国際会計基準（以下IFRS）は，1973年に国際会計基準委員会（IASC）が世界的な会計基準の統一を目的として設立されたことに始まる。その活動を引き継ぎ，国際会計基準審議会（IASB）が活動を続けており，2005年にはEUが域内全ての上場企業にIFRSの導入を義務付けた（熊本，2009）。こうした状況下，IFRSが広く各国で適用される可能性がでてきた。

　米国および日本はそうした動きの中，自国企業への導入について態度を保留していた。米国の場合，2002年に結ばれたノーウォーク合意でIFRSとの統合化の推進（コンバージェンス）についての意思決定を行った後，IFRSの適用（adoption）への方針転換を行うことになった。米国証券取引委員会（SEC）は2008年11月にIFRS強制適用へのロードマップを公表し，1）2009年12月15日以降に終了する事業年度からIFRSの任意適用を認め，2）強制適用の達成条件（会計基準の改善など）をみながら，2011年に米国企業への強制適用を判断するとしている。強制適用の場合，企業をいくつかのカテゴリーに分け，2014年から段階的に適用するとしている。

　日本については，2007年にコンバージェンスについての東京合意を結んでいたが，EUに続いて米国もIFRS適用の可能性が高まる中，その適用を推進する機運が高まった。経団連は2008年10月にIFRSの採用に向けた提言を行い，金融庁も2009年2月に導入に向けたロードマップ案を公表した。2010年3月期からIFRSの任意適用を認めている。ロードマップでは強制適用について2012年に判断するものとしているが，状況により前後することがありうるとしている（熊本，2009；山田，2009）。その後，金融危機を経験したものの，今後も各国でIFRSが採用される可能性は大きい。

実際に，IFRS の適用を日本企業に行う際には，いままでの日本の基準との相違のほか，情報開示の量的増大，原則主義の会計基準による経営者の責任増大などにより，大きな影響があるとされている（八田，2009）。経理や財務部門のみならず，日本企業の経営全体にも少なくない影響を与える可能性があるため，今後とも IFRS を理解し，本格適用へ準備を進めていく重要性は変わらないものと思われる。強制適用の動向にも十分な注意を払っていく必要があろう。

（金田直之）

＜参考文献＞

『日経経営指標』日本経済新聞社，2009年。

伊藤邦雄『ゼミナール企業価値評価』日本経済新聞出版社，2007年。

伊藤邦雄『ゼミナール現代会計入門』日本経済新聞出版社，2006年。

伊藤邦雄・加賀谷哲之「企業価値と無形資産経営」『一橋ビジネスレビュー』第49巻3号，2001年。

熊本浩明「国際会計基準　IFRS とは」『国際会計基準完全ガイド』日経 BP 社，2009。

斎藤静樹『財務会計』有斐閣，2009年。

桜井久勝『財務会計講義』中央経済社，2009年。

桜井久勝・須田一幸『財務会計・入門』有斐閣，2009年。

染谷英雄『簿記と財務諸表の基礎』経済法令研究会，2007年。

武田隆二『最新財務諸表論』中央経済社，2009年。

西村優子『研究開発戦略の会計情報』白桃書房，2001年。

八田進二「インパクトは内部統制を上回る」『国際会計基準完全ガイド』日経 BP 社，2009年。

山田辰巳「IFRS の及ぼすインパクト」国際会計基準フォーラム資料，2009年。

# 第14章 財務の意思決定：資金調達と投資・成果配分

> 前章で考察した会計情報は，さらにその先の企業の財務的意思決定に利用される。そして，企業（典型的には株式会社）は資金調達，投資，成果配分というプロセスを経て，成長・発展していくことになる。このプロセスは資金調達→投資→成果配分→資金調達→投資→成果配分→……というフィードバック・システムという形で続いていく。この章では，そのプロセスを構成する基本的なことがらについて，学習してゆく。財務的意思決定にかぎらず，企業における意思決定の最終的な目標は，その企業の価値の極大化にあるが，一般的には経営学ではそれは，「株主にとっての富」という形で認識される。それは具体的には株価という形で目に見えるものとなる。

## 1．経営財務論の基礎

### (1) 経営財務および財務的意思決定の3大コンポーネント

　経営学では，企業経営に必要なさまざまな構成要素をいかにうまく関連づけて推移させるかを考え，その手段を工夫することがテーマとなる。そして，企業経営における4大資源とされる，ヒト・モノ・カネ・情報のうち，「カネ」すなわち「お金」の扱い，あるいは管理を取り上げるのが「経営財務（論）」であることは言うまでもない。企業経営の「3大意思決定」として，「生産」「販売」「財務」の3つを挙げることもあり，企業の財務的意思決定は非常に重要な問題であることがわかる。

　次に「財務」の具体的な中身を考える必要がある。身近な問題として考えると，企業が実行しなくてはならない財務的意思決定の対象には最低限，①投資，

②資金調達，③配当の3つが含まれなくてはならない。これは一般に**財務的意思決定の3大コンポーネント**とされる。

　財務的意思決定のトピックをどの程度まで広げるか（あるいは狭めるか）には諸説存在するものの，ごく最近までは前述の投資と資金調達を中心として，配当はこれらに付随して存在するものと考えられていた。その後，**コーポレート・ガバナンス**（corporate governance）の問題がにわかに注目されるようになって以来，配当は「成果配分の問題」，あるいは「**ステークホルダー**（stakeholder）**の問題**」として盛んに取り上げられつつある。

## (2) 投資の意思決定
### 1) 確定性下の投資

　現金で支出されるもので，それにより利益あるいは便益（benefit）が一年以上の長期にわたって実現するものを**投資**（investment）という。すなわち，有形資産としての固定的設備機械のみならず，施設の増設，拡張に必要となる運転資本の増加などもこれに含まれる。このような投資は，投下した資本に対する成果（利益）がどのような確からしさのもとに実現するかによって，**確定性下の投資**と**不確定性下の投資**に分類される。一般には図表14−1のような分類が可能である。

　投下した資本に対して実現する利益の値がはっきりと判明している（あるいはそのように扱ってかまわない）ときの問題を，確定性下の投資決定問題とよぶ。このとき，投資の経済性を計算する基準とその基準に沿った方法として次の3つが存在する。

図表14−1　投資決定の分類

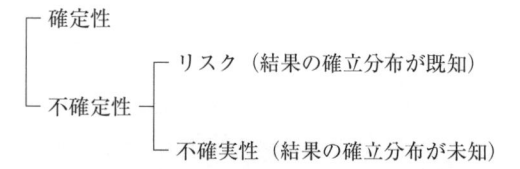

```
        ┌ 確定性
        │          ┌ リスク（結果の確立分布が既知）
        └ 不確定性 ┤
                   └ 不確実性（結果の確立分布が未知）
```

①**利益額**…収入から投資支出を引いた利益額の大きさを判断の基準とするもので，その代表的な方法である**純現在価値法**では貨幣の時間価値を考慮し，将来得られる利益を現在時点での価値（**現在価値**：present value）に換算して（これを**資本還元**（capitalization）という）投資案の評価を行う。その金額が正であれば採用の価値があることになり，またその金額は多いほど望ましいことになる。資本還元に際して将来の利益を現在価値に換算するのに使われる係数は**割引率**（discount rate）とよばれる。

②**収益率**…投資額に対する収益の相対的な大きさを表す何らかの尺度を判断基準にするもので，その代表的なものは**内部収益率法**である。これは，その投資にあたって支出される金額とそれによってその後継続して得られる収入を，時間価値を考慮して比較したとき計算される利益率が，たとえば定期預金と同じように考えると何％の利子率にあたるのか，という考え方によるものである。

③**回収期間**…投資額がその後の収入によって回収される期間の長さを判断の基準にするもの，すなわち累積収益が当初投資支出額に達するまでの所要期間の長短によって投資案を評価する方法で，**回収期間法**とよばれる。

この中では貨幣の時間価値を正しく考慮し，割引率をフレキシブルに扱うことができる純現在価値法が理論的には最も適切と言われるが，計算方法が単純な回収期間法も，現実にはしばしば用いられている。

## 2）リスク下の投資

前述の通り不確実性下の意思決定は結果の起こり方の確からしさ（確率）が知られているかどうかによって，**リスク**の状態と**不確実性**の状態に分類されるが，企業の財務的意思決定にとって重要なのは前者である。リスクの状態とは，ある資本を投資したときに，起こりうる結果（利益の値）が複数考えられて，しかもそれぞれの起こる確率が知られているケースのことであり，このとき意思決定者はその投資による利益の**期待値**と**分散**を計算することができる。ここでの分散とは利益の値が揺れ動く程度を意味し，この投資が持つリスクの大きさにあたる。期待値は高いほうが好ましくリスク（分散）は小さいほうが望ま

しいが，この両者は通常反対方向に動き，期待値が高いとリスクも大きいものである（ハイリスク・ハイリターン）。そして彼（女）がこの投資案を評価するとき，いかに小さなリスクで高い利益があげられるかを判断基準とするであろう。このような判断は期待値と分散の2つを基準とした**期待値一分散原理**に基づくものとなる。これは財務の領域では，**ポートフォリオ・セレクション**（portfolio selection）とよばれる分野にあたり，不確定性下の投資決定の中心的トピックである。利益率の揺れ動きをできるだけ小さくしつつ，期待収益率を高める技法が考案されている。

### (3) 資本構成と資本コスト
#### 1）資金調達の方法

**資本コスト**（cost of capital）とは，企業が投資その他の事業活動に必要な資本を入手する際に，その資本と引き換えに資本拠出者に提供しなくてはならなくなる支出（具体的には，調達資本額に対する％表示で表される）を意味する。それがどのように計算されるかについては，複数の主張があり，このような資本コストが，資本源泉別に異なるというのが**伝統派**の主張である。伝統派とは，1950年代アメリカにおいて，企業が直面する現実の財務的意思決定を，主として制度の記述や決定の意味付けという立場から説明することを試みていた研究者たちの総称である。

これに対しいくつかの前提条件の下では資本コストが，資本源泉別に異なら

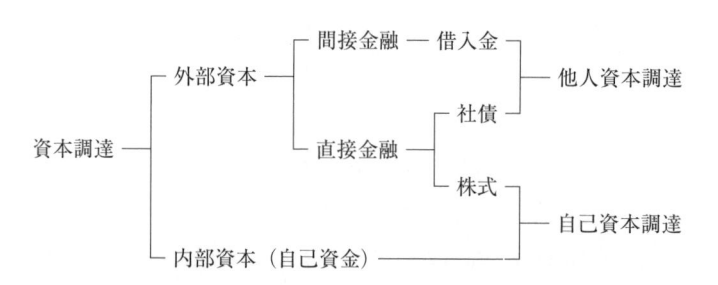

図表14-2　企業の資本調達方法

ずすべて同じというのが**モディリアーニ&ミラー**（Modigliani & Miller）**派**（両者の名前から MM 派とよばれる）の主張である。

さて，企業（株式会社）の資本調達方法は図表14－2のように分類される。

株式会社は私たちの身の回りにある典型的な企業形態であり，この分類表は，その代表的な資金調達方法を表している。まず**株式**は株式会社の代表的な資本調達源で，会社が株券を発行し，それに対して資本金を払い込むのが株主である。会社にとってはこの資本は株主に返済する必要がなく，配当を支払わなくてはならない以外は，長期に安定した資金で，設備投資などに充てられる。ただし配当の金額は，原則としてそのときどきの利益の状況に応じて変動することがある。次に**内部資本**は，企業の内部留保と減価償却費の和で，返済の必要がなく，配当や利子の支払の必要もないため，最も安定した資本調達源とされる。ただし，これは必要な時に資本調達活動を行って得られるというものではなく，会計年度末に結果として発生しているものであるから，そのほかの資金調達源とは区別されるべきものである。なお，内部資本と株式は，資本調達方法としては図の通り**自己資本調達**に属する。次の**社債**は，株式会社のみに許される資金調達方法で，確定利付証券（社債券）を発行し，資本市場を通じて多数の投資家から大量の資金を調達することができる。その利子は会社の業績に関係なく確定した金額（確定利付）である。社債には発行する企業により，製造業企業が発行する事業債，金融機関が発行する金融債などがあるが，株式とは違って返済の必要があるため，返済能力があるとみなされる企業のみが社債発行を許されることになっていたが（適債基準の存在），1996年よりそれが緩和され，各社が自らの**デフォルト・リスク**（default risk：債務不履行危険）に応じた利率で発行できることになっている。なお，発行後一定の期間を過ぎれば持ち主は自由意思で株式に転換できる権利がついている**転換社債**という特殊な社債もある。転換社債は，通常の社債よりも低い利率，長い償還期間という，企業にとっては有利な資金調達方法である。また，投資家にとっても元本の安全性・確定利付という社債のメリットと潜在的な株式の取得可能性というメリットを併せ持った独特の投資対象である。株式，社債，転換社債はみな投資家

の側からの資本供給が企業の側からの資本需要と資本市場で直接出会い，企業へ投資家から資本が直接供給されるため，**直接金融**（direct financing）とよばれる。これに対し，銀行などの金融機関に投資家が資金を預け，それらの金融機関からまわりまわってそれを企業が借入金という形で取得するという資本調達方法もある。これを**間接金融**（indirect financing）という。戦後のわが国の企業の発展，特に昭和40年代の「高度経済成長期」の企業の資本調達行動を支えたのが，この間接金融であったことは，広く知られているところである。ここで企業へ資本の供給を行う銀行には都市銀行から地方銀行，信託銀行等，多くの種類あるが，それぞれが貸出企業の規模，資金の用途などに応じて貸付先のマーケットセグメンテーションが行われている。借入金の場合は当然返済の義務があり，また一般に社債などと比べて金額は少なく，返済期間も短いものが多い。企業にとっては資本が必要なときにすぐに調達できるなどの社債とは異なったメリットがある。社債と借入金はこの分類表の通り，資本調達方法としては**他人資本調達**に属する。企業全体の資本コストは，これらふたつの方法それぞれで調達された資本のコストから，最終的には**加重平均資本コスト**（weighted average cost of capital：WACC）として算出される。

## 2）伝統派によるレバレッジと資本構成の理論

　企業がこのようにして多彩な資金調達を行う結果，その使用資本にはさきの分類表のように，株式などをはじめとする自己資本と，社債などをはじめとする他人資本が現れる。この自己資本と他人資本との使用額の比率，すなわち総資本（＝自己資本＋他人資本）の内訳を**資本構成**（capital structure）とよび，その代表的な尺度が**自己資本比率**（＝100＊自己資本／総資本）である。仮に返済の義務のない自己資本だけで活動していれば，企業にとって債務不履行の心配はないが，それだけでは資金が十分には集まらないし，自己資本の中でも，株式を考えると，配当の負担があり，たとえば社債利子がそれよりも安ければ，企業としてはそちらを積極的に利用する方が有利である。ただしこのような他人資本を利用するときには**財務リスク**（financial risk）が増大することに留意

する必要がある。以下，**伝統派**の主張にしたがいこの点について考察を進めよう。

　財務リスクとは，企業が他人資本（負債）を利用することによって，株主にとっての利益率の変動が大きくなること，あるいは借り入れによって生じる，自己資本利益率の変動に伴うリスクであるといえる。今，次のように記号を定めよう。$E$：自己資本，$D$：他人資本，$A$：総資本，$\pi$：税引前利益，$\rho$：自己資本利益率（$=\pi/E$），$\gamma$：総資本利益率 $i$：利子率

　このとき，次の式が得られる。

$$\rho = \gamma + (\gamma - i)\lambda$$

ただし $\lambda = D/E$（レバレッジ比率あるいはてこ比率）である。**レバレッジ** (leverage) とは本来「梃子（てこ）」のことで，この式は，財務レバレッジ（財務的てこ作用，他人資本のてこ作用）を示す重要な式である。財務レバレッジ効果とは，資本構成中に他人資本の含まれる程度により，自己資本利益率（$\rho$）が総資本利益率（$\gamma$）よりも高く押し上げられたり引き下げられたりする現象を意味している。しかも，この式からも明らかなように，その際の他人資本の導入の程度が大きいほど（つまり $\lambda$ が大きいほど），総資本利益率の変動に伴う自己資本利益率の変動が増幅されることになる。すなわち，総資本利益率（$\gamma$）が負債利子率（$i$）より高ければ（$\gamma > i$），自己資本利益率（$\rho$）は総資本利益率（$\gamma$）より高くなり，しかもレバレッジ比率（$\lambda$）が高ければ高いほど，自己資本利益率は高く押し上げられる。逆に総資本利益率（$\gamma$）が負債利子率（$i$）より低い場合（$\gamma < i$）には，自己資本利益率（$\rho$）は総資本利益率（$\gamma$）より低くなり，しかもレバレッジ比率（$\lambda$）が高ければ高いほど，自己資本利益率は低く引き下げられるのである。前者を「正のレバレッジ効果」，後者を「負のレバレッジ効果」と呼ぶことがある。

## 3）MM派の理論と資本コスト

　モディリアーニ＆ミラー（以下，MMと略す）が主張した資本コストの概

念は，完全に機会費用の考え方，すなわち，市場において最低限達成できる利益率で，既存の株主が他社へ投資対象を換える必要がない新投資の収益率の最低の限界（cut-off point），つまり，企業価値を下落させない投資の収益率である。ただし，このような「株主にとって最も望ましい」という考え方は，純粋にアメリカ流の財務論の発想によるものである。アメリカでは，企業は株主のものである，という考え方が当然とみなされており，わが国における現状とは一致しない。ただし，コストをできるだけ低めるという考え方は，実務的にも納得しうるものであろう。

　モディリアーニ＆ミラーは，いくつかの前提条件の下では資本コストが，資本源泉別に異ならずすべて同じであると主張した。すなわち，その資金の調達源が何であるかと資本コスト，すなわち企業価値は全く関係がない，ということである。彼らは，①法人税は存在しない，②取引費用・情報費用は存在しない，などの仮定（前提条件）の下に，均衡状態においては資本調達限に関係なく企業価値は等しくなり，言い換えれば資本構成は企業価値に影響を与えない，と主張した。

　MMによる考え方では，税金が存在しなければ企業が事業活動，投資に使用する資金は，資本市場が完全な限り負債でも自己資本でも「お金」に変わりはないということである。この時，企業価値の決定要因は各企業の利益に帰せられる，ということである。その後前述の仮定のうち，MMは法人税が存在しないという仮定を除いた分析も行っている。

### 4）最適資本構成

　こうして考えてくると，「最適な」資本構成，すなわち最も望ましい自己資本と他人資本の組み合わせ比率は，いったいどのようなものになるだろうか。現実には伝統派の考え方にしたがうと，企業の負債が増大して自己資本比率が低下し，貸手の目からみて貸倒れの可能性が大きくなるにつれ，貸手はより高い利子率を要求するであろうと考えられる。自己資本コストにもこれがあてはまり，この時，企業全体の資本コストもU字型のカーブを描くと思われる。

最適資本構成とは、株主にとって、各種の資本の利用によって発生するコスト（資本コスト）の合計が最小になる、あるいは企業価値が最も大きくなるような資本構成ということになる。すなわち他人資本の導入により、資本コストが安いという、有利な面もあるが、導入金額の増大と同時に、①倒産の潜在的な可能性が増大し、それに伴い倒産コストの期待値が増大すること、②債権所有者の発言権が強まり、それに伴い、経営者に対する監視・動機づけコストが増大すること、を考慮しなくてはならなくなる。一方、逆に、自己資本の利用額の増加に伴って（それに伴い他人資本の導入額が減少しても）、株主による、経営者に対する監視・動機づけに要するコストが増加することから、それらのかねあいから、資本構成の変化にしたがって増減するさまざまなコストの総和を最小化するような資本構成が最適な資本構成であるというのが現代における一般的な見解となっている。

### (4) 日本企業の財務政策
#### 1） 日本的経営財務の変貌

従来の日本企業の財務政策を特徴づける要因として、①グループ内資金調達、②株式の相互持合、③銀行による株式保有、④硬直的な配当政策の4つをあげることができる。

これらはみな、企業系列あるいはメインバンク制度を背景としたわが国独特の金融系列制度に根ざしたものといえる。**持合**とは会社の株式を相互に所有し合うことによりお互いにお互いを支え合うシステムである。ただし、このような会社相互の株式所有という形態は、時価会計の導入により徐々に消えつつある。ただ、高度成長期には東証第一部の場合、法人株主の持株比率は75%といわれていた。そして、それらは市場で取り引きされることはない。なぜなら、「株主安定化政策」という目的から、けっして売却されることはないからである。このような持合は、アメリカの機関投資家のように、企業が資産の効率的な運用を図ろうという目的で、他企業の株式を保有した結果として生じたものではない。わが国の場合は他の会社に自分の会社の株式を取得させることが、

いわゆる安定株主工作のための法人株主の創造をめざしたものであり，しかも，このような法人株主は，通常アメリカの機関投資家のように取締役を送り込んで，経営を監視したりはしないため，株式所有に基づく影響力は，事実上は相殺されているのである。しかも，お互いの取引関係の途絶等によって，相互に持合の関係を解消したりするような例外的な場合を除き，相手の会社が必要とする限り，その法人株主はその相手企業の株主であり続けるのが普通である。このような企業集団，系列の存在が長い間，海外から批判を受けていることはよく知られているとおりであるが，それが日本社会の文化的特質によるところも大きいことにも留意する必要があろう。

## 2) 新しい日本的経営財務

このような従来の日本的経営財務は，**グローバル・スタンダード**（global standard），具体的には国際会計基準が否応なしに我が国に導入されて，新しい日本的経営財務へと変わらざるを得ない。特に時価会計の導入により持合株も時価評価を余儀なくされ，いわゆる**含み経営**が許されなくなる。すなわち我が国企業は株式や土地の含み損益を都合よく利用して財務の体裁を整えてきたが，厳格な時価会計の導入により含み損益の先送りができなくなる。これからは株主や投資家に，まさに「実態で売り込む」財務の時代となる。

**グローバル・スタンダード**，および新しい日本的経営財務の重要なキーワードは**企業情報の開示**（disclosure）である。経営者は従来と違って，ガラス張りで株主，債権者，取引先，従業員などの，企業の利害関係者（**ステークホルダー**）に企業の利益をフェアに配分することに取り組まなくてはならない時代となっている。**コーポレート・ガバナンス**については他の章でとりあげられるが，これからの我が国の企業の経営財務を考えるにあたっては，コーポレート・ガバナンスをはじめとする一種のデモクラシーの議論は中心的なもののひとつとなろう。

## 3）これからの日本企業の経営財務

　バブル経済の破裂以降，日本企業の経営財務は迷走を続けてきた。毎日のインターネット記事や新聞を見ても明らかなように，不況→デフレ→不況→デフレという循環で，わが国の産業はことごとく縮小傾向にある。産業内での有力企業の経営統合が相次ぎ，人によっては「そのうちに1産業に1大企業のみ，という状況になる！」という説もあるほどである。この中で，前述の，①グループ内資金調達，②株式の相互持合，③銀行による株式保有，④硬直的な配当政策，も変貌している。特に①〜③は，従来の日本的経営の重要な後ろ盾であった企業系列が事実上崩壊したことにより，形を変えつつある。すなわち，三井グループのメインバンクであった三井銀行（さくら銀行）と住友グループのメインバンクであった住友銀行が合併して，三井住友銀行ができたくらいであるから，もはや狭いグループ主義が通用しなくなっていることはわかる。ただし，②については，一時影を薄くしていたのが，また目立ってきている。その理由は2つあり，

　　i 投資ファンドによる株式の公開買い付けなどの企業合併・買収（M&A）が起こり，再び安定株主対策が注目されていること
　　ii 経営戦略の手詰まり，すなわちマーケット自体の拡大があまり望めなくなっている現在，単独で有効な戦略をみつけて実行することが困難であることから，相互に有益なパートナーをみつけて戦略的提携を行おうという傾向が強まっていること

が挙げられる。
　④については，産業によっては好況時に増配を続ける企業も目立っていたが，特にサブプライム問題による不況後は，再び配当金額を低く抑える政策へ戻っているようである。

## 【アドバンス】

### 1．組織論的な経営財務分析の重要性

　総論的な入門学習ののち，経営財務の各論に取り組むことになる。そこで，各論として昨今よく取り上げられるテーマについて解説しよう。まず，企業論的な立場から資金調達の経済学的な分析に進み，ミクロ経済学の知識とともに，所有権理論，**取引コスト理論**，**エージェンシー理論**などの新制度派経済学の手法による組織論的な経営財務分析が進みつつある（本書第4章参照）。これは，経営者を取り巻くさまざまな**ステークホルダー**の間の関係を明示的に把握して，そこでの利益をいかにフェアに配分するかというメカニズムの設計が目的である。そして主として経営者がこの役割を担うことから，経営者をいかに規律づけるか，そのための制度はどのように設計されるべきか，ということが考察の対象となる。そしてこれがいわゆる**コーポレート・ガバナンス**の理論というもので，本書では別の章で取りあげている。ただ，経営財務という観点からいえば，これは株主の利益をいかに確保するかということが中心的な問題であって，それはコーポレート・ガバナンス論の一部に過ぎないといえるであろう。このような経営財務の経済分析は，この30年ほどで急速に注目されてきたテーマであり，企業論と経営財務の重複分野といえるであろう。これは数学的に取り扱うこともできるが，むしろ現実の企業経営の意味付けに有効に使われるものといえる。

　なお，「組織論的」という用語から連想され，昨今一時注目を集めていた「行動ファイナンス」について若干触れておこう。まず，「ファイナンス」という言葉の意味だが，ここでは「金融（市場）」という意味に解釈すべきであろう。すなわち行動ファイナンスの考察対象は，市場での資産価格の決定のプロセスである。行動ファイナンスでの主張によれば，「プロスペクト理論」というものによって，投資家が行っている現実の意思決定は，経済学で前提とされているような合理的なものではない，ということである。言い換えれば，人間の認

知の仕方や心理的バイアスの結果，資産の市場価格や，さらには一般的な経済的意思決定にどのような影響を与えるかを研究する分野である。つまり，「経済人」の合理性の欠陥から，従来の合理的意思決定がいかに外れる（あるいは破綻する）かを論じている。株式を中心とする相場の値動きを論じたことから，一時注目を浴びていたが，昨今の傾向としては，ひとつの面白い考え方，という見方になりつつある。

## 2．金融工学

投資決定論に関しては，確定性下の投資については，前述の説明以降はあまり進んだトピックはなく，むしろリスクの下での投資に見るべきテーマが数多く見られる。ポートフォリオ・セレクションなど，本章で概説したものの次に来るのは，資本市場理論，オプション，アービトレイジ，先物など，いわゆる**デリバティブ**（derivatives：金融派生商品）の話，さらには**金融工学**（financial engineering）と呼ばれる数学的なテーマである。それを理解するには，ブラック・ショールズ式のような微分方程式をはじめとする高度な数式に対する理解を必要とする。

この種の議論では，ポートフォリオ・セレクションでとりあげられた危険資産が，資本市場で売買され，価格決定されるときに，それがどのようなメカニズムで行われるかということをモデル分析により検討されるものである。これは市場均衡分析と呼ばれるモデル分析であり，その帰結が**資本資産価格形成モデル**（capital asset pricing model：CAPM）である。このモデルでの価格決定の対象は，従来は投資家が現に所有する証券であったが，それが「今は持っていないがこの日に買う権利」とか「もし，この日に売れば」というような，将来の売買の値段を考えようという方向に発展したのが，オプション価格決定の理論である。これに始まり，より数学的に精緻な扱いをしていくのが金融工学の体系である。トピックとしては易しいものとはいえないが，現代経営財務のひとつの重要な柱であるといえる。ただし，そのようなモデル分析の常として，現実の経済事象の動きを誰もが納得するように説明する，というものではない

ことは，留意しておくべきである。また，さきのサブプライム・ローンの問題で明らかになったように，機械的にモデル（具体的には債券格付けモデル）を作り，事務的に流通させることには大きな弊害があることも認識しておくべきである。

## 3．国際経営財務

　最近のグローバル化の傾向の中で，**国際経営財務**とよばれる分野も注目されつつある。一般に国際経営論といえば，人事，労務，組織などのテーマが中心であるが，国際投資，国際資金調達などのトピックも経営財務のひとつとしてとりあげられる。ただ，現状としては，国際金融，国際経済などの理論を借用することが中心であり，国際経営財務の固有の展開としては，各国資本市場論や進出先の国家の会社形態の議論などに独自性が見られる程度である。しかし，国際経営財務は，特に発展途上国への進出にあたっての問題など，実務的にも非常に有用なものであり，今後の発展が大いに期待されるものであるといえよう。具体的には，東南アジアへ進出した日本企業が，投資資金，事業資金をいかに調達するべきか，現地での成果配分は，いかに行うべきか，などのテーマとなる。最近では，中国への進出にあたって直面する問題をとりあげることは流行であり，日本企業にとって多大の利益が見込めるマーケットであることと，新しいトピックも多いことから，大いに目を向けるべき分野であるといえよう。

（小山明宏）

＜参考文献＞

安達智彦・斎藤進『現代のポートフォリオ・マネジメント』同文舘，1992年。

浅野幸弘・榊原茂樹・青山護『証券投資論　第3版』日本経済新聞社，1998年。

砂川伸幸・川北英隆・杉浦秀徳『日本企業のコーポレート・ファイナンス』日本経済新聞出版社，2008年。

久保田敬一『よくわかるファイナンス』東洋経済新報社，2001年。

Modigliani, F., & Miller, M., "The Cost of Capital, Corporation Finance and the Theory of

Investment", *American Economic Review*, 48, 1958, pp. 261-297.

野々山隆幸他『財務情報分析の基礎』実教出版,1997年。

Picot, A., Dietl, H., & Franck, E, *Organisation—Eine ökonomische Perspektive—*, 4. Fassung, SCHÄFFER POESCHEL Verlag 2006.(丹沢安治他訳『新制度派経済学による組織入門（第4版）』白桃書房, 2007年)

Brealey, R., Myers, S., & Allen, F., *Principles of Corporate Finance*, McGraw-Hill, 2007.

# 第6編
# 経営情報

第15章　経営と情報システム

第16章　情報技術とネットビジネス

# 第15章 経営と情報システム

> 本章の内容は，日本では経営情報（システム）論，英語では情報システムと呼ばれる経営学の一分野である。組織（典型的には企業）の目的を実現するために，多様な情報技術を組み合わせて構築する情報システムを，組織目的・組織行動および組織で情報システムを利用する人々の側面から研究する学問領域である。情報技術への知識を前提とするので，科学の一分野である計算機科学（Computer Science：CS）や情報科学（Information Science），工学の一分野である計算機工学（Computer Engineering：CE）やソフトウェア工学（Software Engineering：SE）との関連性が深い。学際的領域で，経営学，経営戦略，組織論，心理学などの知識も必要である。情報システムは今日の高度情報社会の基盤であり，毎日の生活や組織経営はこれなしにはありえない。どのような情報システムが，どこでどのように使われているかの事例を探したり，応用例を考えたりしながら勉強すると，分かり易く理解が深まる。

## 1．経営情報化の重要性

### (1) 経営情報論の意義

　高度情報社会の今日，製品やサービスと同様に，**情報技術**（Information Technology：IT）活用の巧みさが組織（政府・自治体・企業やその他組織も含む）の成果を左右するようになっている。組織は情報技術に多額の投資をしており，時には組織の盛衰を左右するほどの影響力を持つ。情報技術にはコンピュータや通信など多様な要素が含まれており，組織はこれらを組み合わせて**情報システム**（Information Systems：IS）を構築する。経営情報論は，組織における情

報システムの利用を，経営・組織・組織構成員（経営者・管理者・社員など）の視点で研究する学問分野である。経営情報論には以下のような研究テーマが含まれる。ただしこれは例示であり，これだけに限らない。

- 情報化投資にはどのような，あるいはどれだけの経営効果があるのか。
- 情報システムの使い易さ（使い難さ）は，どのような要素にどの程度影響されるのか。
- どのような情報システムが，どのような目的でどのように組織内で使われているのか。
- 任意の情報システム導入によって，経営にどのような差が出てきたか。
- 情報システム導入の成否を決めるのはどのような要素か。

このようなテーマは，自組織の情報技術活用のヒントになるので，組織の経営者や情報システム管理者にとって重要な関心事である。IS利用者にとっての使い勝手にも影響する。しかしこれらの答えは，情報システム自体の技術的特性による以上に，その他の要素，たとえば経営者の考え方，経営戦略，組織風土，業界の競争環境，利用者の特性，利用の仕方，システム展開の仕方などによって異なってくる。

経営情報論は，このような経営者や利用者の視点から，情報システムとこれを活用する経営の成否を，情報科学・計算機工学などの知識だけでなく，経営学・経営戦略論・組織論・心理学・社会学などの関連領域の知識も活用して研究する，学際的な学問分野である。

(2) **経営情報論の体系**

経営情報論の知識は，次の6つのカテゴリで構成されている。

① 情報システムの基礎
② データと情報の管理
③ エンタープライズアーキテクチャ

④ プロジェクト管理
⑤ システム分析・設計
⑥ 情報システム戦略

　経営情報論では，経営戦略や経営組織と情報システム戦略の連携，情報システムおよび情報技術の体系・可能性とリスク等の理解が必要である。プログラミングなどのシステム開発技能は必須ではないが，あれば望ましい。経営情報論の正しい理解によって，企業が情報化する必要性，企業の情報化アプローチ，利用可能な情報化代替案，潜在的なリスク（risk）の認識と対処方法の理解が可能になる。これらの知識を活用することで，企業が持つ情報化資源を活用し，企業の情報化，ひいては経営戦略を成功させる可能性が高まる。
　本章の以降では，上記の6つの知識カテゴリについて順に説明する。

## 2．情報システムの基礎

　情報システムの基礎では，情報システムを構成する多様な要素や考慮すべき側面を理解する。更に代表的な情報システム構成や情報システム種類を，その出現順序や技術的背景を含めて理解する必要がある。

### (1) 情報システムの構成要素

　情報システムの構成要素には，コンピュータや通信機器のハードウェアやソフトウェアだけでなく，データ・ネットワーク・設備・スタッフ・サービス・組織・関係者などが含まれている。IT管理には高い技術的専門性を要求されるので，社内で独立の組織部門（一般的には情報システム部門）が管理する。そこでは技術的専門性に基づいて，開発部門・運用部門・ユーザ支援部門・保守部門などの，幾つかの下部組織を構成する。
　情報システムの構成要素を理解するためには，ITの基礎知識も必要である。コンピュータの基本ソフトウェアであるオペレーティングシステム（Operating

system：OS）やインターネットを含むネットワークの仕組みを理解することが必要である。利用者の間で IT の知識や利用環境が不十分であると，これがその人の仕事の能力，更には生活水準・所得・待遇・機会などに限界をもたらす。IT の知識や利用環境の差が生み出すこれらの格差を**デジタルデバイド**（digital divide）という。

## (2) 情報システムの種類と発展の歴史

組織では多様な情報システムが利用されている。業務の情報システム化は 1950年代から EDPS 等の用途で始まった。初期のコンピュータはデータの**一括処理**（バッチ処理：Batch Processing）が中心であったが，コンピュータと通信技術の融合で，**オンライン即時処理（リアルタイム処理）**（On-Line Real-Time：OLRT）が普及してきた。代表的な情報システムの種類には次のようなものがある。歴史的には計算中心の定型的な業務処理から利用が始まり，次第に意思決定支援や情報交換・共有（コミュニケーション）にも使われるようになってきた。ほぼ次のような順序で，下記の情報システムが出現してきた。これらは経営における情報システムで，広義の**経営情報システム**（Management Information Systems：MIS）である。

- **電子的データ処理システム**（Electronic Data Processing Systems：EDPS）や**取引処理システム**（Transaction Processing Systems：TPS）
  業務データによる簡単な計算や，コンビニエンスストアやスーパーマーケットにおける清算処理（レシート発行）などの，伝票発行システムなど。1950年代から導入され，今日では**オンライン取引処理システム**（On-Line Transaction Processing：OLTP）に発展した。略してオンラインシステム（On-Line system）と呼ばれることもある。
- **経営報告システム**（Management Reporting Systems：MRS）
  EDPS や TPS データを集計して，管理・意思決定用の一覧表・集計表・報告書などを作成するシステム。1960年代から導入されており，狭義の経

営情報システム（MIS）とも言われる。
- **意思決定支援システム**（Decision Support Systems：DSS）
特定の非定型的問題解決支援のための，データやモデルの統合分析システム。店舗配置計画，投資分析，財務計画，需要予測などに使われる。
- **経営者情報システム**（Executive Information Systems：EIS）または**経営者支援システム**（Executive Support Systems：ESS）
経営者の高度な意思決定に必要な，組織内外の多様な情報を，自由な粒度[1]で簡単に提供するシステム。進出市場の決定，他社買収や併合，長期的な投資戦略策定などの意思決定を支援する。EIS（ESS）と前記の DSS を併せて，経営支援システム（Management Support systems：MSS）と呼ぶこともある。
- **戦略的情報システム**（Strategic Information Systems：SIS）
企業戦略に基づいて，戦略的なターゲットに対する戦略推進力を実現するための情報システム。戦略推進力には，差別化，コスト優位，革新，成長，連携の5つがある。TPS を戦略的に運用するシステムで，たとえば顧客囲い込みのためのポイントシステムなどがある。
- **オンライン分析システム**（OnLine Analytical Processing：OLAP）
EDPS 等で蓄積したデータを多次元的に解析するシステム。
- **知識管理システム**（Knowledge Management Systems：KMS）
組織の構成員が持つ多様な知識を組織内で共用するためのシステム。顧客との取引・接触情報の共有を行なう SFA（Sales Force Automation）などがある。
- **地理情報システム**（Geographic Information Systems：GIS）
地図等の地理画像情報を，その他のデジタル情報と統合して扱うシステム。

組織を下から業務処理層（担当者・係長クラス），下級管理層（課長クラス），中間管理層（部長クラス），上級管理層（経営者層，役員クラス）と分けた時，上記の EDPS から ESS の主たる利用者は，図15－1のように各階層に対応す

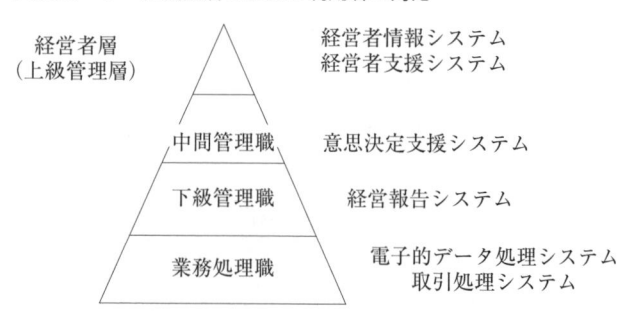

図表15-1　組織階層と主たる利用者の対応

```
         /\
        /  \       経営者情報システム
  経営者層  \      経営者支援システム
 （上級管理層）\
      /------\
     /中間管理職\    意思決定支援システム
    /----------\
   /  下級管理職  \   経営報告システム
  /--------------\
 /    業務処理職    \  電子的データ処理システム
/------------------\ 取引処理システム
```

る。SIS～GIS のシステムは，階層を問わず全社的に利用される。階層が下ほど業務は定型的で，上ほど非定型的である。定型的な業務ほど自動化が容易なので，IT は歴史的に，定型的な下層の業務から応用が始まり，次第に非定型的な上層の業務へと適用されてきたことになる。

　IS は全社システムとして情報システム部門で組織的に開発・利用される（Organizational Computing：OC）だけでなく，業務目的を実現する為に，情報システム部門に所属しないエンドユーザ（個人あるいは小集団）ベースでも利用されてきた。これをエンドユーザコンピューティング（End User Computing：EUC）という。エンドユーザが自分のために行うシステム開発を**エンドユーザ開発**（End User Development：EUD）という。

## 3．データと情報の管理

　コンピュータは，データをファイルシステム（file system）という仕組みでハードディスクに保管する。さらに組織が持つ多量のデータを統一的に管理・共用するには，**データベース管理システム**（Database Management Systems：DBMS）を使う。DBMS により，多量のデータから必要なデータを高速に検索したり，自由に集計したり，簡単にデータを再利用することができる。DBMS におけるデータ管理の仕組み（物理的または論理的なデータモデル）や**構造化検索言語**（Structured Query Language：SQL）[2] 等も理解する必要がある。

DBMS を活用して，データを目的別・時系列的に管理して分析を容易にするシステム（データウェアハウス，Data Warehouse）が構築される。これにより前記の OLAP やデータマイニング（Data Mining）が行われるようになった。データマイニングは，多量の業務データの中から未知の法則（知識）を探り出すシステムで，任意の商品がどういう場合に売れるかとか，どのような商品と一緒に売れるかなどの知識を発見するのに有効である。

## 4．エンタープライズアーキテクチャ

### (1) エンタープライズアーキテクチャとは

組織全体の業務・情報システム・組織構造などを包括的に整理する記述手法がエンタープライズアーキテクチャ（Enterprise Architecture：EA）である。EA の対象は IT に限らない。しかし今日の組織では IT が基幹的な役割を持っているので，EA は経営情報の重要なテーマである。EA は組織の IT 選択の基礎（前提）となる判断であり，全社的・長期的に一貫性のある技術選択を行う前提となる。これに基づいて全社的なシステム選択・開発・統合がなされると，データや情報が，全社的にスムーズに共有できる情報システムを実現することができる。

### (2) 新しい情報技術

EA を策定する場合，組織が利用できる IT や IS サービスにはさまざまなものがあるので，これらについての理解や評価が必要である。たとえば新しいコンピュータ技術としては，環境に配慮したグリーンコンピューティング（Green Computing）[3]，オープンソースソフトウェア（Open Source Software：OSS）[4] の活用，企業資源計画（Enterprise Resource Planning：**ERP**）[5] ソフトウェアの利用などがある。インターネットとサーバの技術を活用した新しい技術としては，**ASP**（Application Service Provider）[6] や **SaaS**（Software as a Service）[7]，グリッドコンピューティング（Grid Computing）[8]，さらにはクラウドコンピューティング（cloud computing）などが利用できる。クラウドコンピュー

ィングは，Internet上に配置された多数のサーバを連携させ，その記憶容量や処理能力をサービスとしてユーザにInternet経由で提供するシステムである。ユーザは記憶容量や処理能力を，必要に応じて自由に利用することができる。この能力を**スケーラビリティ**（scalability）という。

しかしこれらの代替手段をバラバラに採用すると，全社システムの一貫性がなくなり，利点が実現できない。そこで，どのようなITでどのように全社システムを構築するのかについて，基本方針を策定することがEAである。

新しいITには，前記のASPやSaaSのように，インターネットとサーバ技術の融合に基づいたWWW（World Wide Web）の応用が多い。インターネットの利用の仕方や影響が根本的に変わってくるので，ティム・オライリー（Tim O'Reilly）はこれを**Web2.0**と呼んだ。**サービス指向アーキテクチャ**（Service Oriented Architecture：**SOA**）と呼ばれる開発アプローチが利用される。これは大規模なISを構成するソフトウェアの機能をサービスと見立てて，これをネットワークで連携させてシステム機能を構築していく開発アプローチで，技術的には**ウェブサービス**（Web service）と呼ばれる。

ITサービスを運用管理する場合，**ITIL**（Information Technology Infrastructure Layer）を参照できる。これは1989年に英国で公表され，その後も継続的に改訂されているITサービス管理における最善の技法・方法，すなわち**ベストプラクティス**（best practice）集である。

### (3) リスクの考慮

EAの検討においては，組織が直面している潜在的なリスクを考慮し，これに対する対策も検討しておく必要がある。すなわち，**IT統制**，リスク評価，**リスク管理**，**法令遵守**（compliance），**システム監査**（system audit）などを考慮しなければならない。IT統制（control）は**ITガバナンス**（governance）とも言われる。IT統制を検討する場合，**COBIT**（Control Objectives for Information and related Technology）を参照することができる。これは情報システムコントロール協会（ISACA）とITガバナンス協会（ITG）が1996年に初版公開し

た，IT管理についてのベストプラクティス集である。

IT統制は，組織の内部統制の一部であり，組織の業務や管理のシステムを，ITによって監視・記録・統制する仕組みである。個別業務処理システムにおけるデータ網羅性・正確性・正当性・継続性を対象とする**業務処理統制**と，組織全体の情報基盤を対象とする**全般統制**に大別できる。

システム監査は，組織内のIT利用における法令遵守・安全性・正当性を確保するための情報システム部門による管理・統制の有効性を，管理部門である情報システム部門とは異なる，第三者の立場で監査することである。組織のISが関係者により不正使用されたり，内外の攻撃や侵入に脆弱であったりして，データの不正操作や個人情報や機密情報の漏洩などが発生し，組織に大きな損害を与えることがある。情報システムが**コンピュータ犯罪やサイバーテロ**（cyber terrorism），すなわちITを利用した情報システムに対する破壊活動に巻き込まれることもある。このような**インシデント**（incident）あるいは危険（risk）の有無を監査する。インシデントは，元来は英語で「出来事」の意味であるが，日本では重大事故(事件)に至る可能性がある事態の発生を指す。企業は通常，上級経営者の直轄部門として監査部門を持つ。この監査部門にはシステム監査担当者も配置される。システム監査は，監査法人など，組織外部の監査技術者により内部監査として行われる場合もある。

地震や火災などの災害や，コンピュータ犯罪やサイバーテロによる事故・システムの運用誤りなどのトラブルで情報システムが停止すると，業務停止など，業務に重大な支障が発生する。このような場合でも，情報サービス提供が短時間に復旧し，事業に致命的な支障とならないようにする情報システム計画策定・管理が必要である。**事業継続計画**（Business Continuity Planning：BCP）はそのために平時に策定しておく計画である。そしてこれに基づく組織やISの管理が**事業継続管理**（Business Continuity Management：BCM）である。

## 5．プロジェクト管理

### (1) 開発プロジェクト

今日の情報システムは非常に複雑なシステムである。この開発は難しく，失敗の危険が大きい。開発投資額が大きいので，失敗した場合の損失も大きい。難しく複雑なシステム開発を成功させるためには，開発プロジェクト管理を適切に行うことが必要である。開発には長期間にわたる，多数の技術者や関係者の協同が必要であり，このためにプロジェクト組織を編成する。このプロジェクト組織の管理が**プロジェクト管理**（project management：PM）である。

### (2) 調達方法

新しいシステムを導入するアプローチは，**インソーシング**（insourcing：内部調達）と**アウトソーシング**（outsourcing：外部調達）に大別できる。インソーシングでは，組織内の情報技術者を集めて組織内でプロジェクト組織を編成して開発する。アウトソーシングでは，開発の一部または全部を外部組織に委託したり，既製のソフトウェアを導入したりする。外部組織から技術者を招聘したり，他組織と共同開発したりという，中間的な形態もある。インソーシングすなわち組織内の開発プロジェクトに必要な情報技術者を社内で充足できるユーザ企業はほとんどない。多くのユーザ企業はアウトソーシングまたは上記の中間的な形態でシステム開発を行う。

既製のソフトウェアを導入することが最も簡単である。しかしこれには自社の業務のやり方に合わない，ユーザには使い難いなどの欠点がある。折角の自社の強みを削いでしまうこともあるので，情報システムの用途に応じて上記の調達方法を使い分ける。

### (3) 開発アプローチ

システム開発のアプローチには，幾つかの方法がある。大規模なシステム開発では，**ウォーターフォール**（Waterfall）型の**システム開発ライフサイクル**（System Development Life Cycle：SDLC）モデルが伝統的に使われてきた。ウォーターフォール型とは，滝のように上流工程から下流工程に向かって段階的に設計・開発作業を進め，一度次の段階に移行したら元に戻らないという開発アプローチである。しかしこれにはユーザからの要求の変化に対応できないとか，ユーザと開発側とのコミュニケーションが不十分な場合に失敗プロジェクトになり易いなどの欠点がある。

そこで代替的な方法として，小規模な開発では，**アジャイルモデリング**（Agile Modeling）や**エクストリームプログラミング**（eXtreme Programming：XP）など，幾つかの**アジャイルソフトウェア開発**（agile software development）の方法論が使われるようになってきた。しかしこれにも，大規模な開発に適用できないとか，最終的な開発規模の推定が難しいなどの欠点がある。採用するシステム開発のアプローチが異なると，プロジェクト管理の仕方も異なってくる。

## 6．システム分析・設計

### (1) 業務分析

前項の情報システム開発プロジェクト管理では，情報システム開発過程やプログラム開発過程の知識が前提になる。システム開発は現行業務分析などのシステム分析に始まり，システム設計を経て，プログラム開発やシステム開発を行う。まず**業務分析**により，現状でどのような業務をどのように実施しているのかを確認する。これを最新のITによりどのようにシステム化するか，開発するシステムに対してユーザがどのような要求を持っているか（**要求分析**という）を検討する。

ユーザはしばしばITについての技術知識が不十分で，目的を実現するためにどのような情報システム機能が必要なのかを正確に理解していなかったり，情報技術者にうまく説明できなかったりする。逆に情報技術者はユーザの業務内容を正確に理解していない。情報技術者とユーザのこの知識格差により誤解が生じ，結果的に開発要求についての両者のコミュニケーションが適切にでき

ない場合がある。このために，開発した情報システムがユーザの要求を満たせなかったり，ユーザの期待と異なっていたりして，結局ユーザに使われないシステムになることがある。これはシステム開発の失敗である。このようにならないために，両者の相互理解を実現する**統一モデリング言語**(Unified Modeling Language : UML)や，ユーザに使い易く分かり易い**インターフェース**(Human Computer Interface : HCI)の設計方法などについての知識が必要である。UMLは，情報システム設計に必要な情報をユーザと情報技術者が共有するための，モデル記述方法の標準である。

開発意思決定に当たっては，開発しようとするシステムがどれくらいの規模になり，どれくらいの開発費用や開発期間が必要なのかを正しく見積もって，これを開発依頼主や利用者（ユーザ）に伝える必要がある。このための見積もり技法についての知識も必要である。

(2) **リエンジニアリング**

新しい業務システムを開発する場合，最新のITを採用することを前提に，現在の仕事のやり方を根本的に変えてしまうシステム化のアプローチが**ビジネスプロセスリエンジニアリング**（Business Process Re-engineering : BPR）である。単に**リエンジニアリング**と言われることもある。

## 8. 情報システム戦略

情報システム戦略では，上級経営者の視点で，組織内外の情報システムの統合，経営戦略と情報システム戦略の連携などを検討する。組織において情報システムを主管する役員を**情報システム担当役員**（Chief Information Officer : CIO）という。その役割は経営戦略と情報システム戦略の連携，情報システム部門の統括，全社の情報化などである。CIOは必ずしも情報技術者ではないが，経営戦略とITの両方についての幅広い理解が求められる。

情報システム戦略では，情報セキュリティ統制，情報の価値，情報品質，情

報価値連鎖，国際化，経営戦略と情報戦略との連携，情報化投資評価などを理解することが必要である。情報化投資を考慮する場合には，最初の設備購入経費や開発費だけでなく，それ以降の運用・利用にかかる費用も考慮しなければならない。電気代・通信費・利用者教育費・消耗品費用・廃棄費用などのすべてを考慮すると，その総額は初期費用の何倍にもなる。このように初期費用だけでなく，運用中そして廃棄までの全費用を考慮した費用総額をTCO（Total Cost of Ownership）という。

## 【アドバンス】

### 1．エンタープライズアーキテクチャ

アーキテクチャ（Architecture）とは，システムの基本設計や設計思想のことである。これをモデルとして記述したものがアーキテクチャモデルである。アーキテクチャモデルは，業務とシステムの構成要素とそれらの関係を記述したモデルのことである。

企業（Enterprise）全体のアーキテクチャ，すなわち基本設計がEA（Enterprise Architecture：エンタープライズアーキテクチャ）である。ビジネスアーキテクチャと呼ばれることもある。企業全体の業務とこれを実現するための情報システムとを統一的にモデル化し，業務と情報システムの整合性を確保しながら，これらを同時に改善することを目的とした，企業の記述モデルである。次の4つに係わる領域をアーキテクチャとして整理し，システム全体の理想と現状を表現する。

① 組織全体の業務（ビジネス）プロセス
② 業務に利用する情報（データ）
③ 情報システム（アプリケーション）の構成
④ 利用する情報技術（テクノロジ）

今日では企業だけでなく，官公庁などその他の組織でも使われる。米国連邦

政府や日本政府（総務省）もこれを採用している。総務省は**自治体EA**としてこれを公開している。EAの意図は全体最適化にあり，このためにアーキテクチャモデルを作成する。

　フレームワーク（framework；枠組み）はEAを考えたり記述したりするための枠組みである。組織を体系的に記述できるように，各構成要素の範囲や関係を分類・整理してある。EAを設計・構築・評価するためのガイドラインとなるもので，複雑な情報を分類したり体系化したりするための論理的構造である。ここに実際の組織の構成要素をあてはめていくことで，構造の整理・分析を行う枠組みである。

　総務省の自治体EAでは，成果物の表記方法や参照モデル（雛型）も示している。これには業務参照モデルとデータ参照モデルとがある。これらは業務の現状分析やあるべき姿の検討に用いる。業務参照モデルには，含まれる機能を細分化して整理するための**機能分析表**（Diamond Mandara Matrix：DMM）と，機能とデータの関係を示す**機能情報関連図**（Data Flow Diagram：DFD）が含まれる。データ参照モデルでは**情報体系整理図**（UMLのクラス図）を用いる。

## 2．Web2.0

　ティム・オライリーはWeb2.0の7原則を次のように列挙している。それぞれを簡単に説明する。

- **プラットフォームとしてのウェブ**
  ウェブがプラットフォームとして機能するので，ウェブの仕様に合わせてソフトウェアを作れば，どんな環境でもサービスが利用できる。
- **集合知の利用**
  多くのユーザがウェブ機能（ブログやユーザ参加型コンテンツなど）で情報発信を始めたので，多人数の知識（集合知）が利用できるようになる。
- **データは次世代のインテル・インサイド**
  ウェブサービスによるデータ公開でユーザを集めることができるので，

Google map™ の地図情報のようなコアデータを支配するものが，Web2.0時代を支配する．

- **ソフトウェア・リリースサイクルの終焉**
  ウェブ上のソフトウェアは常に更新されているので，パソコンにインストールされたソフトウェアのようなリリースサイクルはもはや存在しない．
- **軽量なプログラミングモデル**
  Web サービスを組み合わせることで，さまざまな機能を開発・提供することができる．
- **単一デバイスの枠を超えたソフトウェア**
  パソコンだけでなく，携帯電話，PDA，ネット家電等も連携させることができる．
- **リッチなユーザ体験**
  リッチなコンテンツを持つウェブサイトが多数出現し，ユーザはこれらを利用できる．

　上記で Web サービスとは，SOAP（Simple Object Access Protocol）という XML 形式の通信規約，UDDI（Universal Description, Discovery, and Integration）という Web サービスのデータベース，WSDL（Web Service Description Language）という UDDI インターフェース情報を組み合わせて，多様な Web サービスの機能を組み合わせて目的とするサービスを実現する，技術枠組みである．

　今日では，Web2.0により，使い易く便利なウェブによるサービスが，いろいろと利用可能になっている．上記の Web2.0の特徴を活用した，新しいサービスやビジネスが出現しつつある．たとえば，次のようなサービスが実用化している．

- インターネット上にある多数のブログや掲示板の情報を収集・集計・分析して，任意の製品についてマーケティング調査情報を作成するサービス．

- 携帯電話の GPS 情報を参照して，ユーザが求めていると思われる情報を，先回りして携帯電話に提供するサービス。

(佐藤　修)

＜注＞
⑴　集計レベルのこと。集計データの詳細や内訳を必要に応じて示したり，より大きなレベルで集計したりできる。
⑵　国際標準であるデータベース専用言語。
⑶　IT の効果的利用で環境保護に貢献することと，IT 利用自体の省資源化を推進することが含まれる。
⑷　著作権を守るが，再配布や利用が自由であるソフトウェア。
⑸　先進企業の事例を基に開発された，統合業務システムパッケージ。日本でも ERP という英略号の呼び名のほうが，企業資源計画よりも一般的である。
⑹　特定のユーザが必要なアプリケーション機能を，インターネットを通じて提供するサービス。
⑺　インターネットを通じて多数のユーザに，特定のアプリケーション機能を提供するサービス。
⑻　広域ネットワーク上にあるコンピュータ資源を連携させて，一つの複合コンピュータシステムとして機能させる仕組み。

＜参考文献＞
秋好陽介『Web2.0の謎を解く』C&R 研究所，2006年。
一瀬益夫編著『新版現代情報リテラシー』同友館，2008年。
佐藤修『デジタル社会の情報管理』サンウェイ出版，2001年。
佐藤修・福永栄一・山田典男『基本情報技術者学習テキスト２マネジメント・ストラテジ系』実教出版，2009年。
嶋本・柿木・西本・野間・野上・亀倉・松本・福原『Web サービス完全構築ガイド』日

経BP社，2001年。

宮川公男編著『経営情報システム』中央経済社，2004年。

# 第16章 情報技術とネットビジネス

　インターネットを使ったビジネス（ネットビジネス）が，この十数年で急速に成長している。ネットビジネスの成功要因とは何か，従来の経営学とは違う考え方が必要かという問いに答えるために，その研究は始まったばかりである。学際的な分野であり，情報技術（IT）と企業行動の関係を記述する経営情報論，企業の戦略的要因を探る情報戦略論，インターネット上における消費者行動に着目するインターネット・マーケティング論など，経営学の中でも複数のアプローチがある。ネットビジネスを理解するには，個々の企業事例を知るだけではなく，これらの分野の幅広い学習が必要である。本章では，ネットビジネス特有の戦略的要因について説明する。

## 1．ネットビジネスとは

　コンピュータと通信ネットワークの急速な進展により，企業や社会に大きな変化（情報革命）がもたらされた。コンピュータの性能はますます向上し，手作業に依っていた作業にコンピュータが導入され，会社での仕事の仕方や組織のあり方が変わってきている。さらに，世界中のコンピュータが連結された通信インフラであるインターネットの登場で，電子メールやウェブサイトなど人々のコミュニケーションが変化し，情報革命の波は企業だけでなく一般消費者へと広がっている。最近では，小型軽量のノートパソコンや携帯電話などの持ち運びのできる情報端末を用いて，いつでもどこでもインターネットを利用する環境（**ユビキタス**）が実現しつつある。これらの**情報技術**（Information Technology：IT）は，私たちの生活を便利にするだけでなく，IT産業という新

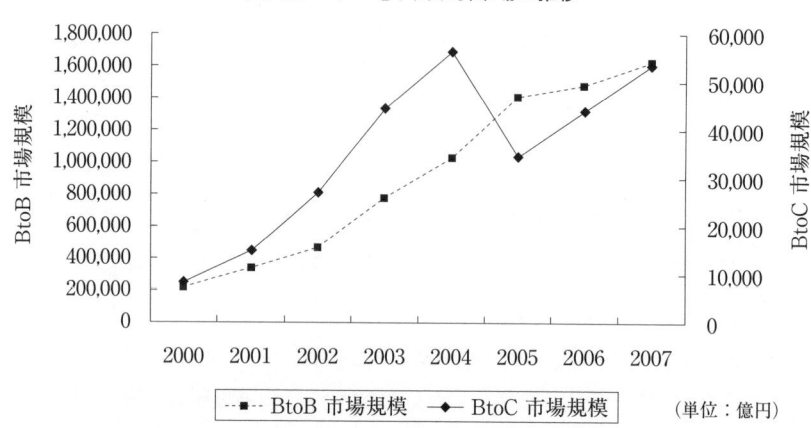

図表16−1　電子商取引市場の推移

（単位：億円）

出所：www.soumu.go.jp/johotsusintokei/field/data/gt040302.xls
　　　www.soumu.go.jp/johotsusintokei/field/data/gt040301.xls をもとに作成

しい産業を生み出し，企業環境を大きく変えている。

　本章では特に，インターネットを使ったビジネス（ネットビジネス）を扱う。コンピュータ・ネットワークを使った商取引のことを**電子商取引**（Electronic Commerce：EC）と呼び，特にインターネットを使った商取引を**インターネットビジネス（ネットビジネス）**という。商取引とは，インターネットを使って商品・サービスの受発注を行うことであり，インターネットを使った通信販売やソフトのダウンロード販売などがある。その市場規模は，図表16−1に示すように年々増加している。

　ネットビジネスは，取引主体，取引対象，通信インフラ別に分類される。まず，取引主体の区別によって，企業対企業の取引である **B to B**（Business to Business）と，売り手が企業で買い手が消費者となる **B to C**（Business to Consumer）に分けられる。さらに，インターネットオークションなど一般消費者が売り手および買い手になる場合を，**C to C**（Consumer to Consumer）という。近年では e–Tax（国税電子申告・納税システム）などインターネットを通じた行政サービスが出てきており，その場合の取引主体を G（Government）と表記する。

ネットビジネスの取引対象は，大きく物財とコンテンツ・サービスにわけられる。物財は，手にとることのできる有形財である。そのうち，最終消費者が使うものを消費財，企業がそれを用いてさらに加工するものを産業財という。それに対して**コンテンツ・サービス**は，紙やCDなどの物的媒体を伴わずに消費者に提供されるもので，無形財ともいう。たとえば，紙媒体の本を販売する電子書店サイトは物販であるが，ネットニュースのサイトはコンテンツ・サービスに分類される。音楽ダウンロードや動画配信など，デジタル信号化されたコンテンツを特に**デジタルコンテンツ**という。インターネットがあれば情報の中身，つまりコンテンツだけを流通させることができ，コンテンツビジネスが広がりをみせている。総務省「平成21年通信利用動向調査」のアンケート調査によると，インターネットでの購入のうちデジタルコンテンツの割合が約半数にのぼるという。

近年では，携帯電話・スマートフォン・ゲーム機など，インターネットに接続できる情報端末が多様化している。携帯電話を使った取引については，パソコンのインターネットと区別してモバイルコマースと呼ばれる。通信インフラの違いにより，自宅と通勤中など使用環境が変わってくるので，それにあわせたネットビジネスを考えなければならない。

## 2．ネットビジネスの影響力

### (1) ネットビジネスへの期待とニューエコノミー論

ネットビジネスの萌芽期にあたる1990年代，IT企業の躍進をみて，製造業中心のオールドエコノミーとは違う論理「**ニューエコノミー**」が生まれたのではないかと論じられた。

当時米国は，インフレーションを伴うことなく急速な成長を続けていた。特に，ネットビジネスへの期待からIT企業の株価が急騰した。この空前の好景気について，ITによる生産性向上によって産業構造が変質し，景気変動が消滅してこのまま好景気が続くのではないかという意見も出てきた。ところ

が，2000年に米国でネットバブルがはじけると，こうした楽観論は収束していった。

これだけの期待がネットビジネスに寄せられたのは，インターネットには産業構造を変容させるだけの力があると考えられたためである。その後，インターネット普及率はますます高まり，日本では平成20年度に75.3％（9,091万人）に達し，人々の生活に浸透してきている（総務省,2009）。将来の成長性に期待を寄せるだけでなく，ネットビジネスの成功要因とは何か，従来産業の論理とどう違うのかということを，本格的に考える時期にきている。

## (2) 物理的制約からの解放

ネットビジネスの影響力を考えるにあたり，ここでは2つの視座をとろう。

1つは，ネットビジネスそのものの特性を考える視座であるが，その最たるものは物理的制約からの解放である。インターネットを用いることで，遠隔地の取引相手との取引が可能になり，しかも相手と瞬時につながりコミュニケーションをとることができる。従来産業がかかえていた空間的制約や時間的制約がなくなることで，新しいビジネスチャンスが生まれる。

さらに，情報伝達に関する制約も緩和される。マローン等はこれを，リーチとリッチネスのトレードオフからの解放と表現した（Malone et al., 1987）。**リーチ**（reach）とはアクセスや接続性であり，どれだけ多くの人に情報を届けられるかを指す。**リッチネス**（richness）とは，やり取りする情報の深さや詳細さを示している。従来は，どちらかを優先すると片方を犠牲にしなければならなかった。詳細な情報を伝えるには対面の説明か専用の伝達経路が必要で少人数に限らねばならず，他方，大勢の人に伝えるには内容を標準的なものに絞って一方的に伝える方法をとらざるを得なかった。しかし電子メールやウェブサイトを使えば，大勢の人に詳細な情報を伝えることも，一人一人に対応することも容易になる。

情報技術の発達につれて，リーチとリッチネスの双方はますます向上し，トレードオフ関係を前提とした従来のビジネスとは状況が変わってくる。どの顧

客をターゲットとするかというアクセスの広がり（リーチ），顧客の嗜好毎にどれだけカスタマイズしてゆくか（リッチネス）は，自社がどのようなビジネスをしていくかという定義（事業領域：ドメイン）に関わる問題である。

　物理的制約の解放は，受発注の情報伝達に限られない。取引対象の商品そのものがモノではなくなるという究極のケースがある。音楽CDを買う代わりに配信サイトでダウンロードをする，パッケージソフトを買う代わりにオンラインゲームを利用するといった場合である。コンテンツビジネスは，物的媒体なしに情報の中身（コンテンツ）のみを消費者に届けるという，物理的制約から解放されたビジネスといえる。

## (3) 産業構造の質的変化

　もう1つの視座は，既存の産業の構造を変革するという，ネットビジネス以外への波及である。エヴァンスとウースターや，クリステンセンは，ネットビジネスには，既存事業の伝統的価値を崩壊させ，そのバリューチェーンを再構築する力があると述べている（Evans and Wurster, 1997；Christensen, 2001）。

　バリューチェーン（value chain）とは，素材・部品調達から製造・物流・販売という一連の流れのなかで，企業における諸活動が鎖のように連なっていくことで，製品の付加価値が徐々につくられていく様子を表現するものである（図表16－2参照）。ポーターが提唱したバリューチェーンの概念は，製品が作られてから販売されるまでのモノの流れをベースに仕事の流れを捉えており，製造業を前提としていた（Porter, 1985）。

　このフレームワークを応用して，バリューチェーンにおけるモノと情報の流れをITによって制御して効率化を図ることを，**サプライチェーンマネジメント**（Supply Chain Management：SCM）という。SCMは1990年代後半に盛んになったが，あくまで従来のバリューチェーンを前提として，人間の作業とITによる情報処理とを適切に組み合わせることが志向された。

　しかし，ここで論じるネットビジネスは，バリューチェーンそのものを変質させ，従来企業の伝統的価値を崩壊させるというものである。

図表16-2　バリューチェーン概念図

素材部品の川上から，最終消費者のいる川下へ
各社の価値連鎖が連なり，付加価値が生まれる

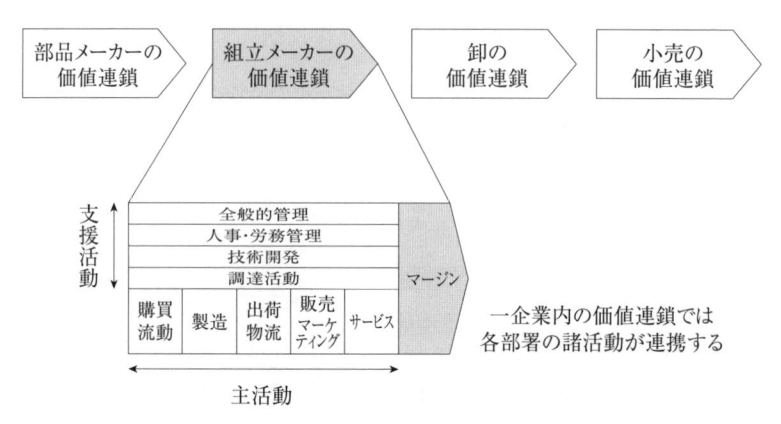

部品メーカーの価値連鎖　組立メーカーの価値連鎖　卸の価値連鎖　小売の価値連鎖

支援活動：全般的管理／人事・労務管理／技術開発／調達活動

主活動：購買流通／製造／出荷物流／販売マーケティング／サービス

マージン

一企業内の価値連鎖では各部署の諸活動が連携する

出所：porter（1985）をもとに作成

　百科事典の例を考えてみよう。紙媒体時代には，一冊1,500から2,200ドルという価格帯で販売され，自宅書斎に高価な百科事典を並べることがステータスと考えられていた。個人宅への訪問販売が直接的に売上を向上させることから，世界の有名ブランドのブリタニカ百科事典は，強力な営業部隊を持つことで大きなマーケットシェアを獲得した。百科事典のバリューチェーンは，専門家による執筆から編集作業，印刷・製本の製造工程を経て，営業部隊が個別販売で顧客へ届けるというものであるが，そのうち原稿の編集コストは全体の5％位しかかからず，最もコストが割かれたのが営業部隊であった。その後，50ドル前後のCD-ROM版事典マイクロソフト「エンカルタ」などが出ると，紙媒体の市場は奪われていった。営業部隊が戦略的要因である従来のバリューチェーンがもはや崩れていることに気づかず，その温存を選んだブリタニカは，市場の劇的な変化に対応できなかったといわれる（Evans and Wurster, 1997）。今では，ユーザー編集の無料サイトWikipediaまで出てきており，百科事典のバリューチェーンがさらに変化していることがわかるだろう。

## 3．ネットビジネスの新しいロジック

　ネットビジネスは従来ビジネスの論理とどこが違うのか。ネットビジネスは進化中であり，年々新しい経営用語が生まれているが，ここでは重要なキーワードに絞って事例を付しながら説明していこう。

### (1) 物理的制限からの解放と新ビジネス

　前述のようにネットビジネスの最大の特徴は，物理的距離や時間的制約をこえて自由に取引ができることである。パソコンとインターネットさえあれば，何処にいても24時間ショッピングをすることができる。

　街中の店舗には商圏（trading area）があり，たとえばコンビニなら半径500メートル圏内というように，地理的条件によって顧客の範囲が決まっていた。頻繁に購買をする食品や日用品など（最寄品）では商圏が比較的狭く設定されており，商圏内のライバル店とだけ競争をしていればよかった。インターネット販売では，遠くの顧客を相手にすることができビジネスチャンスが拡大する一方で，全国のライバルと競争しなければならないというデメリットも生まれる。

　物理的制限の解放という特徴を最も活かしたのが，**インターネットオークション**である。1995年に米国のOnsaleは，メーカー過剰在庫や新古品という店頭では売れない商品を効率的に販売するために，インターネットを使って競売をする仕組みを始めた。買い手の入札によって価格が決まるので，安すぎたり売れ残ったりするリスクが回避される。しかも，地理的に離れた顧客も取り込めるので，アウトレットストアよりも多くの需要が見込むことができる。効率的な在庫販売チャネルとして，B to Cの領域で使われるようになった。

　通常，1週間程度の入札期間がとられるので，即座に欲しいものを購入したい人にとっては不便を感じるかもしれない。定価販売ではなくオークション形式をとったのは，通常の商圏では売り手と買い手が出会えないという取引摩擦が生じるところ，地理的制限から解放された取引の場を用意することで，どん

な商品にも価格をつけるという意味がある。

　その後，インターネットオークションは，米国 eBay や日本 Yahoo！オークションのように，フリーマーケットに参加するような楽しさを演出し，一般消費者が売り手にもなる C to C のビジネスとして定着している。

## (2) 低価格の実現

　ネットビジネスの良さは商品価格の安さであるとしばしば指摘される。商圏のなくなったインターネット通販では，競争が激化した結果として商品価格が下落する傾向がみられる。その影響は有形財だけでなく，インターネット予約で割安になる航空券やネットバンキング手数料など，コンテンツ・サービス業においてもみられる。

　低価格が可能になるのは，実店舗を持つための賃料や運営維持費用が不要となり，その分のコストが節減されるからである。さらに，顧客がウェブサイトに注文のために入力したデータはそのまま企業のデータベースに自動的に移行されるため，データ入力処理といった事務処理費用も大幅に削減することができる。

　松井証券は，1990年に外回り営業を廃止して支店を閉鎖，株取引の仲介受付を郵便とコールセンターに絞った。大手証券のように，店舗・営業マン・コンサルタント・コールセンターなど多くの窓口を持てば，それだけ顧客を広げることができるが，その分店舗維持や人件費に膨大なコストがかかる。当社は，低価格の手数料を実現するために，あえて通販型のチャネルに絞り込んだ。この戦略は，インターネットが出来てからも引き継がれ，日本のネット証券の草分け的存在に成長した。インターネットでは，株価推移などの詳細な情報を全顧客に一括して提供することができ，売り買いの注文もプログラム化して自動に処理されるため，強力に低コスト化を推進することができる。

　インターネットの低価格は，消費者による情報検索能力の向上の側面からも説明される。品質や製造コストといった商品の詳しい情報について，専門家である売り手のみが持っており一般消費者である買い手が知らないことを，情報

の非対称性という。インターネットによって，一般消費者でも価格や商品情報などを容易に検索できるようになり，情報の非対称性が緩和されている。たとえば，価格.comはコンピュータや電化製品の実売価格を日々提供しており，このサイトを用いることで最も安いところを見つけることができる。一方で，企業の立場から考えると，価格をめぐる競争激化という厳しいビジネス環境となっている。

(3) **クリック＆モルタル**

インターネットのビジネスに特化したネット専業に対して，リアルとネットの兼業を行うことを**クリック＆モルタル**（Clicks & Mortar）と呼ぶ。クリックはコンピュータを示し，モルタルは実店舗を表す用語である（Pottruck & Pearce, 2000）。

ネットビジネス萌芽期において，既存の実店舗でのビジネスと相乗効果（シナジー）を働かせたクリック＆モルタルが重要視された。当時はネットビジネスの将来性が不透明であったため，既存店舗とのシナジー効果を狙うことで新ビジネスのリスクを回避することが志向されたのである。もちろん現在でもクリック＆モルタルは行われており，飲食店のウェブサイトでクーポンを発行して既存店舗への客足を増加させるという事例があてはまる。

専業か兼業かという違いは，ネットビジネスの成果を何で測るかという経営判断に関係する。専業ではネットビジネス単体の黒字化が求められるが，兼業では既存ビジネスへの効果や企業ブランドの向上など包括的な視点から判断される。

(4) **ネットワーク外部性と収穫逓増**

インターネットの通信インフラとしての特徴は，世界中のコンピュータが蜘蛛の巣状につらなったネットワーク構造を持つことにある（アドバンス参照）。ネットワーク構造では，情報の発信者と受信者とが多対多の関係でつながり，一対一の関係にはなかった現象が生じる。すなわち，ネットワークの規模が大

図表16-3　ネットワーク外部性の概念図

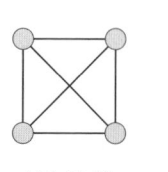

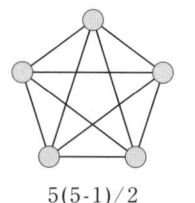

4(4-1)/2　　　5(5-1)/2

n(n-1)/2：パスはノードの数の二乗にほぼ比例

きくなればなるほど，そのネットワークの持つ価値が高まるという，ネットワーク外部性である（Katz and Shapiro, 1985）。

　ネットワークの価値を通信・交流できる人々の組み合わせで表すとすると，その組み合わせのパスは参加者の数（ネットワークのノード）のほぼ2乗に比例して増加する（図表16-3参照）。

　具体的には，SNS（ソーシャルネットワーキングサービス）や対戦ゲームサイトなど，顧客同士が通信や交換・交流をするサイトでは，会員数が多ければ多いほど交流の組み合わせが多くなり，その価値が増す。会員が多いほどよりコミュニケーションが期待できることから，さらに顧客を呼ぶ。勝者がますます勝つという好循環が得られることから，まずは会員数を増やそうという傾向が，ネットビジネスに強くあらわれる。なかには無料サービスをいとわずに集客を重視することもある。

　このような状況を指して，アーサーは**収穫逓増**という概念を提示している（Arthur, 1994）。収穫逓増とは，投入量を増やしたときに追加的に得られる産出量の増分である「収穫」が，次第に増加することをいう（図表16-4参照）。市場が本格的に立ち上がる時点（**クリティカル・マス**）において，市場シェアをとった一番手の企業がその後も持続的な競争優位を持つといわれる。

　通常の財では，ある程度までは投入量を増やせば産出量が伸びるが，そのうち生産量の増分が頭打ちになる限界が生じる。たとえば農業であれば，密植による単位面積あたり生産量が下がるという限界がある。経済学・経営学におい

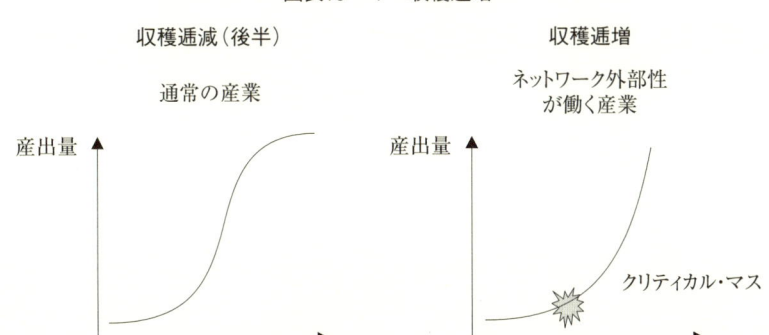

図表16－4　収穫逓増

収穫逓減（後半）
通常の産業

産出量／投入量（S字型曲線）

収穫逓増
ネットワーク外部性が働く産業

産出量／投入量（指数的曲線）　クリティカル・マス

て，前半は逓増し後半は逓減するＳ字型の生産関数が通常想定される。

　しかし，いくつかの産業においては，頭打ちになる限界が生じず，生産量が多くなればなるほどコストが低減し，アウトプットである利益がますます得られることがある。たとえば鉄道業では，線路用地の買収から駅舎の建設など，サービス開始前にかかる初期投資が莫大である。その後，多くの客を輸送すればするほど，初期投資の固定費負担が軽くなっていく。ネットビジネスでも同様に，初期にはウェブサイトの作成やプログラム費用がかかるが，その後の事務処理コストや人件費はかなり抑えられる。このようなコスト構造によって収穫逓増となり，大規模なサイトがますます優位に立つという現象が生じる。

## (5)　ロングテール

　**ロングテール**とは，少数の売れ筋商品を大量に売るのではなく，ニッチ商品の多品種少量販売によって売上を得ようという考え方である（Anderson, 2006）。縦軸に販売数量，横軸にアイテムを販売数量の多い順に並べたグラフにおいて，右側の長い尾にあたる部分がロングテールにあたる（図表16－5）。

　全体の売上の8割は売れ筋の2割のアイテムによってまかなわれると言われ，売れ筋アイテムを特定し最適の品揃えを実現することが経営の効率性であると考えられてきた。コンビニなど店舗面積が限られる場合，アイテム絞込み

図表16−5　ロングテール

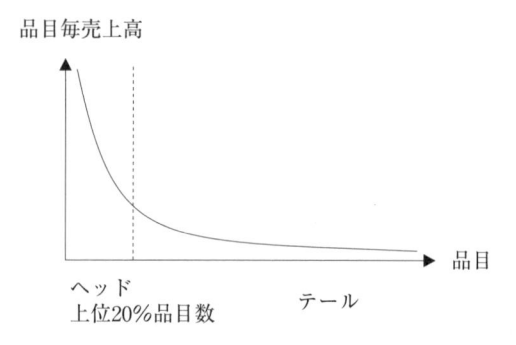

品目毎売上高

ヘッド
上位20％品目数

テール

品目

が特に重要であり，売れ筋の2割のアイテムを知ることに力が注がれてきた。たとえば，ABC分析は売れ行きによってアイテムを3分類する管理手法である。

　それに対してロングテールは，売れ行きの悪い8割のアイテムによって売上を得ようという逆の発想である。売れ行きの遅い雑多なアイテムを取り揃えることは，店舗面積に縛られないネットビジネスでしかできないことである。小さな売上を積み上げるビジネスは非効率にみえるかもしれないが，売れ筋を廻る競争が激化した今日において，かえって他社が手につけていない商機になると考えるのである。

　既存店舗の数十倍の品揃えを誇る通販サイトは，ロングテールビジネスの典型である。Googleが行っている検索ワード広告も好例である。ユーザーが入力した検索ワードに関連した広告を提示する仕組みであり，広告主は特定の検索ワードに関連した広告表示の権利を購入する。テレビ広告では一件数千万という高額であるが，1ヶ月で数万円単位から利用でき，中小企業に広く機会を提供する広告業のロングテールといわれる。

## (6) カスタマイズとOne to Oneマーケティング

　顧客毎にカスタマイズした製品やサービスを提供することは，ネットビジネスの一つの強みである。顧客をひとかたまり（マス）でとらえるのではなく，

一人一人のニーズに対応することを，**One to One マーケティング**という。供給側の論理としては一律に大量販売する方が効率的であるが，消費の飽和をむかえ，より細かな顧客ニーズに対応することで活路を見出そうという企業が増えてきた。

しかし実際には，顧客一人一人に別の製品・サービスを提供するには費用がかかりすぎ，文字通りに実行することは難しい。カスタマイズのための追加費用だけでなく，一人一人のオーダーをとる事務処理も煩雑になるからである。

インターネットとデータベースは，カスタマイズのための事務処理コストを大幅に引き下げた。インターネット通販では，顧客が自ら注文画面に入力をしたデータは，入力作業などを介さずにそのままデータベースとして活用できる。多様な注文情報を自動的に集計することができ，それまで理念として考えられてきた One to One が実現可能になったのである。

電子書店の Amazon では，顧客の購買履歴をデータベース化し，カテゴリーや併買情報から顧客一人一人に違った本を推薦するサービス（レコメンドサービス）を行っているが，文字通りの One to One マーケティングといえる。

製品のカスタマイズを伴う例としては，Dell コンピュータが有名である。1984年に創業しパソコンメーカーとしては後発であったが，カスタマイズ・パソコンのインターネット通販によって一大メーカーに成長した。注文ページでは，CPU やメモリや付属品などを選べるようになっており，適宜見積価格をチェックしながら顧客自らが最適なパソコンのスペックを決めることができる。その注文情報は，インターネットを通じてマレーシアの工場に直接伝わり，注文に応じた仕様のパソコンの製造がすぐに始められる。注文してから 4～7 日後には国際便で届くというスピードも人気をよんだ。

### (7) 口コミ効果の活用

口コミ（word of mouth：WOM）とは，インターネットで顧客同士が情報交換を行うことが，商品やサイトの信頼性を増したり集客を促進したりする効果である。スーパーやコンビニなどの店頭では，隣り合わせた顧客同士で会話を

することは稀だが，インターネット上では見知らぬ同士であっても，購買した商品やサイトについて評価や感想を話し合うことが多い。この効果をねらって，電子掲示板（BBS）や商品コメント欄など，顧客が書き込める場を設けるサイトは多い。

書き込みが多くあることで，多くの人が賑わっているとより人が集まってくるバンドワゴン効果（Leibenstein, 1950）を期待することもできる。あるいは，購入しなければわからない消費者目線の説明が，その商品の特性や使用感など，買物に対する不安感をおさえてくれるという効果もある。

Amazon は，ユーザーによる書評によって電子書店という新市場を切り開いたといってよい。1995年に創業した当時，インターネットでは本は売れないという論調があった。読んでみるまで価値が判断できない経験財であるので，店頭で手にとることが重要だと考えられていたのである。

しかし，店頭での立ち読みにも限りがあるし，新刊と売れ筋に絞った品揃えでは，本当に欲しい本を探すこともできない。それに対して，Amazon の電子カタログに掲載される書籍は，創業当時で約250万点と街中の店舗の数倍から数十倍にのぼった。現在では，DVD や家電などカテゴリーが増え，品揃えもさらに拡充されている。また，新聞や専門家によっていた書評を一般読者に開放し，ウェブサイトで掲載する仕組みをつくった。2003年までは物流センター投資がかさみ赤字が続いたが，損益分岐点を超えると，現在の圧倒的なシェアを確立させた。当社の強みである書評情報や購買情報は，ユーザーの関与と経年による蓄積が必要であるので，後発企業が同じものを再現することは難しく，持続的競争優位を作り出している。

口コミ効果を利用した同様の例として，化粧品の口コミ情報をベースとして発展したアットコスメなどがある。

## (8) 消費者生成メディア

コンピュータとソフトウェアを使うことで，画像・音楽・映像といったデジタルコンテンツを，素人でも作成・編集できるようになった。最近では，You-

Tubeのような作品を投稿するサイトも増えている。ユーザーが制作したコンテンツがベースとなるサイトのことを，CGM（Consumer Generated Media；**消費者生成メディア**）と呼ぶ。

　消費者による情報発信はインターネット萌芽期から盛んであり，2ちゃんねるのような電子掲示板をはじめとして，最近ではブログやSNSなどがある。これらはすべてCGMである。SNSの主なコンテンツはユーザーの日記だったが，最近では，文字情報だけでなく動画やゲームアプリを発信できる場に発展している。

　ユーザーが作るコンテンツがマルチメディアになるにつれて，CGMという考え方がますます重要になっている。それは，コンテンツ配信とネットビジネスの考え方に関わるからである。コンテンツは企業から配信されるという考え方から，コンテンツはユーザーが自発的に作り出すという考え方への，発想の転換である。

## 4．ネットビジネスの課題

### (1) 信頼性の担保

　便利さの反面，セキュリティの問題や詐欺など新しい問題点が生じている。インターネットショッピングを利用しない人が挙げる理由として，個人情報の漏洩やウイルス感染などのセキュリティに関する不安，商品の現物確認ができないことやショップが信頼できないといった買い物に関する不安がある（日経ネットビジネス, 2001）。

　買い物に対する消費者の不安を**知覚リスク**（perceived risk）というが，新しい買物方法に対して不慣れであると，このレベルが高くなる。インターネットに限らずカタログ通販にも共通することだが，多くの知覚リスクは相対取引が行われないことに由来する。レジを介して商品と代金の受け渡しを同時に行うことができず，売り手と買い手の間に空間的・時間的隔たりが出来てしまう。そこで,商品を先に送ったが代金が振り込まれないなどという事態が発生する。

また，コンピュータ画面上に商品情報を示さねばならないという限界があることから，商品の仕様や品質について買い手と売り手とで齟齬が生じる危険もある。さらには，配送・代金決済に関わる個人情報（住所・クレジットカード番号等）を提示しなければならないが，なかにはそれを悪用するショップもある。

これに加えて，情報漏洩やウイルスというインターネット特有の技術リスクが，問題をより大きくしている。インターネットでは漏洩した情報が瞬時に伝わるため，問題が起こったときの被害が大きくなりがちである。

こうした事故は意図せずに起こることもあれば，意図的な詐欺行為も発生している。詐欺を行う者は全体からみると少数であったとしても，「インターネットは危ない」とひとくくりにされて論じられやすい。すると，誠実なショップやサイトがきちんと評価されず，本来あるべき市場成長が阻害されてしまうという産業全体に関わる問題になる。

現在では，こうした詐欺や事故をゼロにはできないものの，一度起きたことを繰り返さないための次善の策がとられている。前述の口コミによる商品やサイトの評価は，誠実なショップを見極めるための情報として機能し，詐欺的行為を行った者を衆目に晒すことで牽制している。

個々のサイトでの情報提供のほかに，第三者の立場から審査や情報提供を行うことも効果的である。たとえば，セキュリティに関して，プライバシーマークやeTrustなどの認証機関による審査制度がある。その他，決済機能を提供する企業，オークションで代金決済確認のサービスを行うエスクローなど，情報流通を整理・仲介する第三者的存在は，インフォメディアリ（Hagel and Singer, 1999）やプラットフォーム（國領, 1995）と呼ばれその重要性が論じられている。

## (2) 情報洪水と情報処理能力

インターネットでの信頼性を培うために，できるだけ多くの情報を消費者に提供すればよいと考えがちである。しかし，それでも問題が解決しないことがある。それは，情報を受け取る消費者側に起因する場合である。

ITによって飛躍的に情報の伝達・蓄積・検索の能力が向上し，最近ではブロードバンドとモバイル化でいつでもどこでも大量の情報を届けられるようになった。しかし肝心の人間の頭は，そんなに短期間で変わるものではない。サイモンは，来る情報化社会においてボトルネックとなるのは人間の情報処理能力という生物的限界であると予見し，情報過多（information rich）の時代と名づけた（Simon, 1971）。インターネットではクリック一つで膨大な関連情報を入手することができるが，その中から有用な情報をピックアップすることが困難になっている。

ネットビジネスというと情報処理量の増大や通信スピードといった技術的な進歩が議論されがちであるが，人間の情報処理能力との兼合いを考えなければならない時に来ている。ネットビジネスの本質を考え，その長所を活かしながら短所を補う仕組みを考え，生活や社会に根付いたビジネスの構築が求められる。

## 【アドバンス】

### インターネットの仕組み

複数のコンピュータが回線でつながれた状態をコンピュータ・ネットワークといい，データの共有やプリンタの共同利用などに用いられる。企業や学校などで作られたコンピュータ・ネットワークをさらにつなぎあわせ，世界中のコンピュータがつながったものを，インターネットという。

インターネットには世界標準の通信ルール（プロトコル）があり，TCP／IPという。プロトコルを守ることで，どのコンピュータでもインターネットを利用することができる。TCP／IPは，インターネットの通信を，アプリケーション（用途）と回線の種類とは独立したものとして規定している。たとえば，どのメールソフトを使っても，あるいはイーサネット・電話回線・ケーブルテレビのどの回線を介しても，電子メールを相手先に届けることができる。メールソフトのプログラムに関係なく，電子メールのデータ部分のみをとりだして，

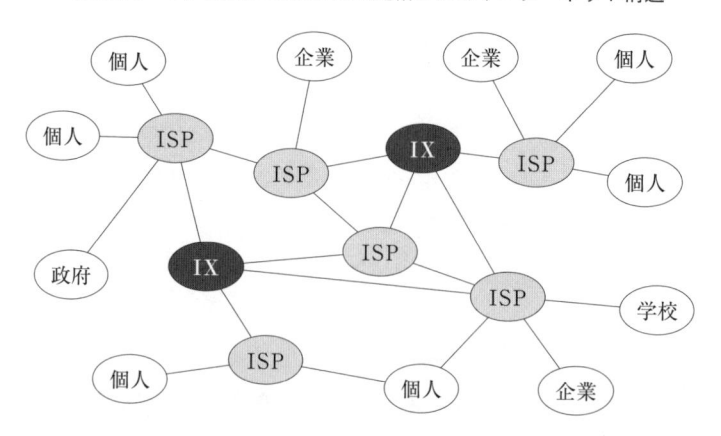

【図表16－6】蜘蛛の巣状に相互連結されたインターネット構造

ISP：Internet Service Provider　インターネット・プロバイダー
IX：Internet Exchange　　　　　ISPの相互連結

パケットという一定の容量に分割して電送しているのである。このように，通信機能に限定したプロトコルによって，さまざまな用途や伝送媒体に対処する拡張性を持つことができる。

　パケットの伝送を行っているのがルータと呼ばれる機器であり，企業や学校あるいは個人宅でも，コンピュータ・ネットワークやインターネットを用いる所には必ず設置されている。ルータは，入ってきたパケットを，その宛先をみてどの出口に出力するかを振り分ける。しかし，個々のルータはインターネットのすべてのアドレスを知っているわけではない。宛先のアドレスに近そうな別のルータや，あるいはインターネットプロバイダーのルータなど多くのアドレスを知っていそうな所にパケットを渡すのである。いわばバケツリレーのように，隣のルータにパケットを渡すことを繰り返して，宛先にたどり着くという仕組みである。

　このルータが無数につらなって情報を伝達しているのが，インターネットである。インターネットは，ルータと回線とが作り上げている巨大な網の目（web）と言い換えることができる。網の目はルータの配置だけでなく，インターネッ

ト上の情報流通を示す言葉にもなっている。w.w.w（World Wide Web）というソフトウェアは，リンク構造とハイパーリンクによって，クリック一つで世界中のコンピュータから情報を参照できるようにしたものであり，現在のウェブページの基本となっている（図表16－6参照）。

(野島美保)

＜参考文献＞

Anderson, C., *The Long Tail : Why the Future of Business is Selling Less of More*, Hyperion, 2006.（篠森ゆりこ訳『ロングテール：売れない商品を宝の山に変える新戦略』早川書房，2006年）

Arthur, B. W., *Increasing Returns and Path Dependence in the Economy*, USA : University of Michigan Press, 1994.

Christensen, M.C., Raynor M., Verlinden M., "Skate to Where the Money will be" *Harvard Business Review*, Nov., 2001.（スコフィールド素子訳『シフトする収益源を先読みする』ダイヤモンドハーバードビジネス，Feb., 2002年）

Evans P. B., and Wurster, T. S., "Strategy and the New Economics of Information," *Harvard Business Review*, Sep. –Oct., 1997.（鈴木貴博訳『ネットワーク経済が迫るバリューチェーン再構築』ダイヤモンドハーバードビジネス，Dec. –Jan. 1998年）

Hagel, III, J., and Singer, M., *Net Worth : Shaping Markets When Customers Make the Rules*, Harvard Business School, 1999.（小西竜治監訳『ネットの真価：インフォミディアリが市場を制する』東洋経済新報社，2001年）

Katz, M. L., and Shapiro, C., "Network Externalities, Competition, and Compatibility," *American Economic Review*, Vol. 75, No. 3, 1985.

Leibenstein, H., "Bandwagon, Snob, and Veblen Effects in the Theory of Consumer's Demand," Quarterly Journal of Economics, Vol. 64, pp. 183–207.

Malone, T. W., Yates, J., and Benjamin, R. I., "Electronic Markets and Electronic Hierarchies," *Communications of the ACM*, Vol. 30, No. 6, 1987, pp. 484–497.

Pottruck, D. S., and Pearce, T., *Clicks and Mortar*, Jossey-Bass, 2000.（坂和敏訳『クリッ

ク&モルタル』翔泳社，2000年)

Porter, M. E., *Competitive Advantage*, Free Press, 1985. (土岐坤・中辻萬治・小野寺武夫訳『競争優位の戦略』ダイヤモンド社，1985年)

Simon, H. A., "Designing Organization for an Information-Rich World in M. Greenberger et al., eds.," *Computers, Communications, and the Public Interests*, Johns Hopkins

國領二郎『オープンネットワーク経営』日本経済新聞社，1995年。

総務省「平成20年度通信利用動向調査」2009年。

日経ネットビジネス「第13回インターネット・アクティブ・ユーザー調査」日経ネットビジネス2001年1月10-25日号，2001年。

# 和文索引

## あ行

| | |
|---|---|
| アイデンティティ | 135, 205 |
| アウトソーシング | 111, 119, 274 |
| アジャイルソフトウェア開発 | 275 |
| アッシュ | 84 |
| 後入先出法 | 237 |
| アドバース・セレクション | 62 |
| アベイラビリティ | 109 |
| アメリカンシステム | 172 |
| アンカリング・アンド・アジャストメント | 109 |
| 安全余裕 | 243 |
| 安全余裕率 | 243 |
| アンソフ | 15 |
| アンドン | 182 |
| 暗黙知 | 13 |
| 意思決定 | 22, 74, 93 |
| 意思決定支援 | 110 |
| 意思決定支援システム | 269 |
| 意思決定者 | 74, 94 |
| 意思決定プロセス | 96 |
| 1年基準 | 235 |
| 一括処理 | 268 |
| 移動平均法 | 237 |
| イノベーターのジレンマ | 160 |
| 因果調査 | 196 |
| インシデント | 273 |
| インソーシング | 274 |
| インターネットオークション | 289 |
| インターネットビジネス | 284 |
| インターフェース | 276 |
| インタレスト・カバレッジ・レシオ | 240 |
| インテリジェンス | 75 |
| ウェーバー | 6 |
| ウェブサービス | 272 |
| ウォーターフォール | 274 |
| 売上原価 | 234 |
| 売上高経常利益率 | 242 |
| 売上高利益率 | 242 |
| 売上債権回転期間 | 241 |
| 売上債権回転率 | 241 |
| 売上総利益 | 234 |
| 売上高 | 235 |
| 営業活動 | 233 |
| 営業権 | 238 |
| 営業循環基準 | 235 |
| 営業利益 | 234 |
| 衛生要因 | 77 |
| エージェンシー理論 | 53, 258 |
| エージェント | 61 |
| エクストリームプログラミング | 275 |
| エンタープライズアーキテクチャ | 271 |
| エンドユーザ開発 | 270 |
| エンプロイアビリティ | 119 |
| オープン・アーキテクチャ | 166 |
| オープン・イノベーション | 168 |

| | | | | |
|---|---|---|---|---|
| オープン・システム | 9 | | 観察法 | 196 |
| オープンソースソフトウェア | 271 | | 間接金融 | 252 |
| オピニオンリーダー | 218 | | かんばん | 183 |
| オペレーションズ・リサーチ | 101 | | 関与 | 221 |
| オンライン即時処理 | 268 | | 管理会計論 | 231 |
| オンライン取引処理システム | 268 | | 管理過程論 | 5 |
| オンライン分析システム | 269 | | 管理的意思決定 | 99 |
| | | | 官僚制 | 6 |

**か行**

| | | | | |
|---|---|---|---|---|
| | | | 関連会社 | 237 |
| カーズナー | 67 | | 関連型 | 139 |
| 回収期間法 | 249 | | 機械観 | 7 |
| 改善 | 176 | | 機会主義 | 56 |
| 外的統制型 | 83 | | 企業コンセプト | 135 |
| 外部情報探索 | 215 | | 企業市民 | 43 |
| 価格差異 | 180 | | 企業情報の開示 | 256 |
| 科学的管理法 | 4, 172 | | 企業内労働組合 | 115 |
| 課業管理 | 4 | | 企業の社会的責任 | 35 |
| 拡散型 | 139 | | 記述調査 | 196 |
| 学習 | 149, 220 | | 記述的意思決定論 | 94 |
| 革新的イノベーション | 155 | | 技術的環境 | 38 |
| 拡張的問題解決 | 221 | | 期待値 | 105, 249 |
| 確定性下の投資 | 248 | | 期待値・分散原理 | 105 |
| 貸方 | 232 | | 期待値原理 | 105 |
| 加重平均資本コスト | 252 | | 期待理論 | 79 |
| 貸倒引当金 | 239 | | 機能情報関連図 | 278 |
| カッソン | 68 | | 機能的定義 | 137 |
| 金のなる木 | 142 | | 機能分析表 | 278 |
| 株式 | 251 | | 規範的意思決定論 | 94 |
| 株主資本等変動計算書 | 233 | | キャッシュ・フロー計算書 | 233 |
| 借方 | 232 | | 業界構造分析 | 143 |
| 感覚 | 81 | | 競合企業 | 136 |
| 環境 | 139 | | 競争戦略 | 134, 143 |

| | | | |
|---|---|---|---|
| 競争優位 | 134 | 経営理念 | 134 |
| 競争優位性 | 144, 147 | 計画 | 171 |
| 協働 | 22 | 計画的な戦略形成 | 17 |
| 協働システム | 9 | 経験効果 | 141 |
| 業務処理統制 | 273 | 経済業績 | 50 |
| 業務的意思決定 | 99 | 経済人 | 5, 259 |
| 業務分析 | 275 | 経済的環境 | 38 |
| 均衡 | 9 | 経済的責任 | 43 |
| 近代的組織論 | 9 | 経済的発注量 | 101 |
| 金融工学 | 259 | 形式知 | 13 |
| 苦情行動 | 217 | 経常利益 | 234 |
| 口コミ | 295 | 啓発された自利 | 43 |
| 口コミ行動 | 217, 218 | 経路目標理論 | 88 |
| クラウドコンピューティング | 271 | ゲーム論的視点 | 147 |
| グリーンコンピューティング | 271 | 結果的公正 | 89 |
| クリステンセン | 160 | 決算整理 | 233 |
| クリック＆モルタル | 291 | 決定 | 75 |
| グリッドコンピューティング | 271 | 決定理論的アプローチ | 104 |
| クリティカル・パス | 102 | 権威主義 | 83 |
| クリティカル・マス | 292 | 原価企画 | 176 |
| 繰延資産 | 239 | 原価計算 | 176 |
| グローバル・スタンダード | 256 | 減価償却 | 239 |
| クロスセクション分析 | 240 | 原価統制 | 179 |
| 経営科学的アプローチ | 100 | 原価法 | 237 |
| 経営資源 | 136, 139 | 言語的コミュニケーション | 85 |
| 経営者支援システム | 269 | 減損損失 | 238 |
| 経営者情報システム | 269 | 限定された合理性 | 22, 54 |
| 経営情報システム | 268 | 限定的問題解決 | 221 |
| 経営人 | 22 | 権力・責任均衡の鉄則 | 40 |
| 経営戦略 | 14, 133 | コア・コンピタンス | 147 |
| 経営報告システム | 268 | コア・リジディティ | 16 |
| 経営目標 | 135 | 合計試算表 | 233 |

| | | | |
|---|---:|---|---:|
| 貢献利益 | 243 | 理論 | 218 |
| 貢献利益率 | 243 | 雇用形態の多様化 | 116 |
| 広告 | 203 | コンティンジェンシー理論 | 11, 88 |
| 公式組織 | 8 | コンテンツ・サービス | 285 |
| 工数 | 173 | コントロール（統制） | 172 |
| 構造化検索言語 | 270 | コンピテンシー | 122 |
| 構造的問題 | 97 | コンピュータ犯罪やサイバーテロ | 273 |
| 工程イノベーション | 157 | コンプライアンス | 46 |
| 行動科学的アプローチ | 95, 108 | 根本的変化 | 59 |
| 公平理論 | 78 | | |
| 高齢者雇用安定法 | 126 | **さ行** | |
| コース | 53 | サービス | 197 |
| コーズリレーテッドマーケティング | 47 | サービス指向アーキテクチャ | 272 |
| コーポレート・ガバナンス | 248 | サイクルタイム | 175 |
| 子会社 | 237 | 再購買行動 | 216 |
| 顧客満足 | 216 | 最適化原則 | 95 |
| 国際化 | 138 | 財務会計論 | 231 |
| 国際経営財務 | 260 | 財務活動 | 233 |
| 個人的要因 | 219 | 財務指標分析 | 240 |
| コスト・リーダーシップ戦略 | 144 | 財務諸表 | 232 |
| 固定資産 | 235 | 財務的意思決定の3大コンポーネント | 248 |
| 固定長期適合率 | 240 | | |
| 固定費 | 242 | 財務リスク | 253 |
| 固定比率 | 240 | サイモン | 75, 95 |
| 固定負債 | 235 | 最尤未来原理 | 106 |
| 古典的条件付け理論 | 220 | 先入先出法 | 237 |
| 個別生産 | 173 | サプライ・チェーン・マネジメント | 184 |
| 個別法 | 237 | | |
| ごみ箱モデル | 97 | 差別化戦略 | 144 |
| コミュニケーション | 85 | 差別的出来高給 | 181 |
| コミュニケーション・ネットワーク | 86 | 差別的出来高給制度 | 5 |
| コミュニケーションの二段階フロー | | 残高試算表 | 233 |

| | | | |
|---|---|---|---|
| 事業継続管理 | 273 | 資本資産価格形成モデル | 259 |
| 事業継続計画 | 273 | 社会 | 218 |
| 事業部制組織 | 28 | 社会業績 | 50 |
| 時系列分析 | 240 | 社会貢献的責任 | 43 |
| 刺激―生体―反応アプローチ | 213 | 社会心理学 | 74 |
| 資源展開 | 134 | 社会的環境 | 37 |
| 資源ベース視点 | 147 | 社会的責任肯定論 | 41 |
| 自己実現の欲求 | 76 | 社会的責任否定論 | 41 |
| 自己資本調達 | 251 | 社会的促進 | 83 |
| 自己資本比率 | 252 | 社会的抑制 | 83 |
| 自己資本利益率 | 242 | 社債 | 251 |
| 仕事中心型 | 87, 88 | ジャスト・イン・タイム | 181 |
| 資産 | 232 | ジャニス | 85 |
| 資産回転率 | 241 | 収益 | 232 |
| 資産特殊性 | 58 | 収穫逓増 | 292 |
| 市場開発 | 138 | 習慣的問題解決 | 221 |
| 市場細分化 | 193 | 従業員中心型 | 87 |
| 市場浸透 | 137 | 集権型ネットワーク | 86 |
| 市場セグメント | 193 | 終身雇用 | 115 |
| システム開発ライフサイクル | 274 | 集団意思決定 | 94 |
| システム監査 | 272 | 集団思考 | 85 |
| 自然の状態 | 104 | 集団浅慮 | 85 |
| 自治体 EA | 278 | 集団分極化 | 84 |
| 実験法 | 196 | 集団力学 | 83 |
| 質問法 | 196 | 集中コスト戦略 | 144 |
| 悉皆調査 | 197 | 集中差別化戦略 | 144 |
| シックスシグマ | 178 | 集中戦略 | 144 |
| 自働化 | 181 | 集約型 | 139 |
| シナジー | 140 | 準拠集団 | 219 |
| 資本換元 | 249 | 純現在価値法 | 249 |
| 資本構成 | 252 | 純資産 | 236 |
| 資本コスト | 250 | シュンペーター | 66 |

| | | | |
|---|---|---|---|
| 障害者雇用促進法 | 126 | スケーラビリティ | 272 |
| 少数性 | 57 | スケジューリング | 173 |
| 上層吸収価格政策 | 203 | スチュワードシップ原則 | 42 |
| 消費者志向 | 192 | ステイクホルダー・アプローチ | 39 |
| 消費者情報処理アプローチ | 213 | ステイクホルダー・ダイアログ | 46 |
| 消費者生成メディア | 297 | ステイクホルダー・マネジメント | 45 |
| 商品 | 197 | ステレオタイピング | 82 |
| 情報技術 | 265, 283 | 擦り合わせ型(インテグラル)アーキテクチャ | 167 |
| 情報システム | 265 | | |
| 情報システム担当役員 | 276 | 生産管理 | 171 |
| 情報処理 | 94 | 生産性のジレンマ | 158 |
| 情報体系整理図 | 278 | 生産高比例法 | 239 |
| 情報的資源 | 147 | 政治の環境 | 38 |
| 情報の非対称性 | 54, 62 | 生態学的環境 | 38 |
| 情報メディア | 85 | 精緻化見込みモデル | 222 |
| 情報メディア選択 | 86 | 成長戦略 | 134, 137 |
| 職能化原理 | 4 | 税引前当期利益 | 235 |
| 職能別組織 | 27 | 製品アーキテクチャ | 164 |
| 職務拡大 | 78 | 製品イノベーション | 156 |
| 職務充実 | 78 | 製品開発 | 136, 138 |
| 処方的意思決定論 | 94 | 製品知識 | 221 |
| 所有権理論 | 53, 258 | 製品別配置 | 175 |
| 仕訳 | 232 | 製品ライフサイクル | 141 |
| 新株予約権 | 236 | 制約された合理性 | 95 |
| 新結合 | 154 | 制約条件理論 | 184 |
| 人口統計の要因 | 219 | 設計品質 | 177 |
| 新事業開発 | 138 | セプテンバー・アプローチ | 37 |
| 新制度派経済学 | 53 | セル生産方式 | 186 |
| 人的販売 | 203 | 線形計画法 | 103 |
| 浸透価格政策 | 203 | 全社横断的なプロジェクト・チーム | 32 |
| 信頼 | 66 | 漸進的イノベーション | 155 |
| 心理的要因 | 220 | 全数調査 | 197 |

| | | | |
|---|---|---|---|
| 選択的知覚 | 81 | 貸借対照表 | 232 |
| 全般統制 | 273 | 貸借対照表等式 | 232 |
| 戦略事業単位 | 141 | 退出行動 | 217 |
| 戦略的意思決定 | 99 | 態度 | 80, 216 |
| 戦略的情報システム | 269 | ダイナミック・ケイパビリティ | 17 |
| 戦略的フィランソロピー | 47 | ダイバーシティ | 126 |
| 相互作用公正 | 90 | 代表性 | 108 |
| 総資本回転率 | 241 | タイプA | 83 |
| 総資本事業利益率 | 242 | タイプB | 83 |
| 創造的破壊 | 154 | 多角化 | 136, 138 |
| 創発型戦略 | 149 | タクトタイム | 174 |
| 創発戦略 | 18 | 脱成熟 | 159 |
| 総平均法 | 237 | 脱バイアス | 109 |
| 組織均衡論 | 10 | 棚卸資産 | 236 |
| 組織公正 | 89 | 棚卸資産回転率 | 241 |
| 組織構造 | 24 | 他人資本調達 | 252 |
| 組織構造は戦略に従う | 31 | 短期記憶 | 213 |
| 組織行動論 | 73 | 探索調査 | 196 |
| 組織市民行動 | 91 | チーム生産 | 64 |
| 組織心理学 | 73 | 知覚 | 81, 297 |
| 組織能力 | 16 | 知覚の選択性 | 220 |
| 組織文化論 | 12 | 知覚符号化 | 215 |
| その他有価証券 | 238 | 知覚リスク | 297 |
| 損益計算書 | 232 | 知識管理システム | 269 |
| 損益分岐点売上高 | 243 | 知識創造論 | 13 |
| 損益分岐点販売量 | 243 | チャリティ原則 | 42 |
| 損益分岐点分析 | 242 | チャレンジャー | 145 |
| | | 長期記憶 | 213 |
| **た行** | | 調整・統合 | 24 |
| 代替案 | 75, 96 | 直接金融 | 252 |
| 代替案設計 | 75, 96 | 地理情報システム | 269 |
| 代替案選択 | 75, 97 | 低価法 | 237 |

| | |
|---|---|
| 定額法 | 239 |
| 定型的意思決定 | 97 |
| テイラー | 3, 4, 36, 172, 181 |
| 定率法 | 239 |
| データウェアハウス | 111, 271 |
| データベース管理システム | 270 |
| データマイニング | 111, 271 |
| 適合品質 | 177 |
| デジタルデバイド | 268 |
| 手続的公正 | 89 |
| デフォルト・リスク | 251 |
| デリバティブ | 259 |
| 転換社債 | 251 |
| 電子商取引 | 284 |
| 電子的データ処理システム | 268 |
| 伝統派 | 250 |
| 統一モデリング言語 | 276 |
| 同期 | 184 |
| 動機づけ衛生理論 | 78 |
| 動機づけ要因 | 77 |
| 当座比率 | 240 |
| 投資 | 248 |
| 投資活動 | 233 |
| 統制の位置 | 82 |
| 同調 | 84 |
| 同調性 | 219 |
| 独自資源・能力 | 147 |
| 特性5因子論 | 82 |
| ドミナント・デザイン | 156 |
| ドメイン | 134 |
| ドメイン・コンセンサス | 136 |
| トヨタ生産方式 | 181 |
| 取引 | 232 |
| 取引コスト理論 | 53, 258 |
| 取引処理システム | 268 |
| 取引頻度 | 58 |

## な行

| | |
|---|---|
| 内的統制型 | 83 |
| 内部資本 | 250, 251 |
| 内部収益率法 | 249 |
| 内部情報探索 | 215 |
| 成行管理 | 4 |
| ナレッジマネジメント | 13 |
| ニッチャー | 145 |
| ニューエコノミー | 285 |
| 二要因理論 | 78 |
| 人間関係論 | 8, 10, 14 |
| 認知科学 | 74 |
| 認知的組織論 | 12 |
| 認知的不協和 | 80 |
| ネットビジネス | 284 |
| ネットワーク構造 | 111 |
| 年功序列型賃金 | 115 |
| 納期管理 | 178 |
| 能率差異 | 180 |
| 能率性 | 10 |
| のれん | 238 |

## は行

| | |
|---|---|
| ハーヴィッツの原理 | 107 |
| ハーズバーグ | 77 |
| パーソナリティ | 80, 82, 83 |
| バーナード=サイモン理論 | 9 |

| | | | |
|---|---|---|---|
| バーリー | 65 | ファヨール | 5 |
| 売買目的有価証券 | 237 | フィドラー | 88 |
| バズ・マーケティング | 218 | フェスティンガー | 80 |
| 端数価格 | 203 | フォード・システム | 181 |
| 発生主義 | 233 | フォロワー | 87, 145 |
| 花形 | 142 | 不確実性 | 12, 57, 104, 249 |
| パブリシティ | 203 | 不確定性下の投資 | 248 |
| バリューチェーン | 287 | 複式簿記 | 231 |
| ハロー効果 | 82 | 含み経営 | 256 |
| 半構造的問題 | 98 | 負債 | 232 |
| 販売費および一般管理費 | 234 | 負債比率 | 240 |
| ヒエラルキー | 60 | プッシュ戦略 | 204 |
| 非関連型 | 139 | 物的資源 | 147 |
| 非言語的コミュニケーション | 85 | 物理的定義 | 137 |
| 非公式組織 | 8 | ブランド | 199 |
| 非構造の問題 | 98 | ブランド・エクイティ | 205 |
| ビジネスプロセスリエンジニアリング | | ブランド・ロイヤルティ | 205 |
| | 276 | プリンシパル | 61 |
| ビジョン | 135 | プル戦略 | 204 |
| 非定型的意思決定 | 97 | フレームワーク | 278 |
| ヒューリスティックス | 108, 216 | プロジェクト管理 | 274 |
| 費用 | 232 | プロセス配置 | 175 |
| 評価・換算差額等 | 236 | プロダクト | 197 |
| 費用収益対応の原則 | 234 | プロダクト・コンセプト | 198 |
| 標準原価 | 180 | プロダクト・ライフサイクル | 200 |
| 標準原価計算 | 180 | プロモーション・ミックス | 203 |
| 標準作業 | 173 | 文化 | 218 |
| 標準時間 | 173 | 分業 | 24, 171 |
| 標本調査 | 197 | 分権型ネットワーク | 86 |
| 品質 | 172, 177, 178, 179, 182, | 分散 | 249 |
| | 183, 194, 195, 203, 209, 276, 290, 298 | 分析的視点 | 215 |
| 品質管理 | 177 | 分配的公正 | 89 |

| | |
|---|---|
| ペイオフ | 104 |
| ベストプラクティス | 272 |
| 変動 | 68 |
| 変動費 | 242 |
| 法的責任 | 43 |
| 法令遵守 | 272 |
| ポーター | 15 |
| ポートフォリオ・セレクション | 250 |
| ホールド・アップ | 59 |
| ポカヨケ | 182 |
| ポジショニング | 143 |
| ポジショニング視点 | 146 |
| ポストモダン・アプローチ | 223 |
| ボディランゲージ | 85 |

### ま行

| | |
|---|---|
| マーケティング近視眼 | 136 |
| マーケティング戦略 | 192 |
| マーケティング・チャネル | 204 |
| マーケティング調査 | 196 |
| マーケティング・ミックス | 195 |
| マキャベリズム | 83 |
| マクシマックス原理 | 107 |
| マクシミン原理 | 107 |
| マグレガー | 77 |
| マクロ的アプローチ | 73 |
| 負け犬 | 142 |
| マズロー | 76 |
| マトリックス組織 | 29 |
| 満期保有目的の債券 | 238 |
| 満足化原則 | 95 |
| ミーンズ | 65 |
| ミクロ的アプローチ | 73 |
| ミスマッチ | 122 |
| ミニマックス原理 | 107 |
| ミニマックス後悔原理 | 107 |
| ミニミン原理 | 107 |
| 無形固定資産 | 238 |
| メイヨー | 8 |
| 名声価格 | 203 |
| メディア | 86, 136, 296, 297, 298 |
| 目的 | 93 |
| 目的派生的カテゴリー化 | 225 |
| 目標 | 215 |
| 目標設定理論 | 78 |
| モジュール | 165 |
| モジュラー・イノベーション | 165 |
| モジュラー化 | 165 |
| 持合 | 255 |
| 持分法 | 237 |
| モティベーション | 76 |
| モディリアーニ&ミラー派 | 251 |
| 模倣 | 219 |
| 模倣困難性 | 147 |
| モラルハザード | 63 |
| 問題児 | 142 |

### や行

| | |
|---|---|
| 役割 | 87, 219 |
| 役割曖昧性 | 87 |
| 役割コンフリクト | 87 |
| 役割分化 | 87 |
| 有機体観 | 10 |
| 有形固定資産 | 238 |

| | | | |
|---|---|---|---|
| 有形固定資産回転率 | 241 | リスク志向性 | 83 |
| 有効性 | 10 | リッカート | 87 |
| ユビキタス | 283 | リッチネス | 286 |
| 要求水準 | 106 | リニアモデル | 162 |
| 要求水準原理 | 106 | 流動資産 | 235 |
| 要求分析 | 275 | 流動性配列法 | 235 |
| 欲求 | 76 | 流動比率 | 240 |
| 欲求段階説 | 77 | 流動負債 | 235 |
| | | リレーションシップ・マーケティング | 206 |

### ら行

| | | | |
|---|---|---|---|
| ライフスタイル | 219 | リレー方式 | 200 |
| ライン生産方式 | 175 | 稟議 | 94 |
| ラグビー方式 | 200 | 倫理オフィサー | 46 |
| ラプラスの原理 | 106 | 倫理綱領 | 46 |
| リアルタイム処理 | 268 | 倫理的責任 | 43 |
| リース会計 | 239 | レスリスバーガー | 8 |
| リーダー | 87, 145 | 連鎖モデル | 162 |
| リーダーシップ | 87 | 連続生産 | 173 |
| リーチ | 286 | 労働力の流動化 | 116 |
| リードタイム | 173 | ロングテール | 293 |
| リエンジニアリング | 276 | | |
| リスク | 104, 249 | | |

### わ行

| | |
|---|---|
| 割引率 | 249 |

リスク管理　　272

# 欧文索引

| | | | |
|---|---|---|---|
| 4 P | 195 | One to One マーケティング | 295 |
| AIDMA | 203 | PERT | 102 |
| ASP | 271 | PDCA サイクル | 176 |
| B to B | 284 | PLC | 200 |
| B to C | 284 | PPM | 140 |
| COBIT | 272 | QC | 177 |
| CSR | 35 | ROA | 242 |
| C to C | 284 | ROE | 242 |
| CVP 分析 | 240 | SaaS | 271 |
| ERP | 111, 271 | SOA | 272 |
| IDC モデル | 75, 97 | SRI | 48 |
| IT 統制 | 272 | TOC | 184 |
| ITIL | 272 | Web2.0 | 272 |
| IT ガバナンス | 272 | X 理論 | 77 |
| JIT | 181 | Y 理論 | 77 |

## 【編著者略歴】

**手塚　公登**（てづか　きみと）……………… 第 1 章，第 4 章
　早稲田大学政治経済学部卒業，一橋大学大学院商学研究科博士課程単位修得。
　現在，成城大学社会イノベーション学部教授
　【最近の業績】
　　『意思決定の経済分析』（共著，有斐閣），『企業組織の経営学』（共著，早稲田大学出版部），『経営教育論』（共著，中央経済社）

**小山　明宏**（こやま　あきひろ）…………… 第14章
　一橋大学商学部卒業，一橋大学大学院商学研究科博士課程単位修得。
　現在，学習院大学経済学部教授・博士（経営学）
　【最近の業績】
　　『コーポレート・ガバナンスの日独比較』（白桃書房），『財務と意思決定』（朝倉書店），『経営財務論（新訂第 2 版）』（創成社）

**上田　泰**（うえだ　ゆたか）……………… 第 5 章
　学習院大学経済学部卒業，一橋大学大学院商学研究科博士課程単位修得。
　現在，成蹊大学経済学部教授・博士（経済学）
　【最近の業績】
　　『組織行動研究の展開』（白桃書房），『文科系の意思決定分析入門』（日科技連），『会社入門』（共著・多賀出版）

**米山　茂美**（よねやま　しげみ）……………… 第 8 章
　学習院大学経済学部卒業，一橋大学大学院商学研究科博士課程単位修得。
　現在，学習院大学経済学部教授
　【最近の業績】
　　Mad Technology : How East Asian Companies Are Defending Their Technological Advantages, Palgrave Macmillan.『知財マネジメント入門』（日本経済新聞社），『日中韓企業の経営比較』（税務経理協会）

## 【著者略歴】（五十音順）

池田　武俊（いけだ　たけとし）……………第9章
　　　千葉商科大学サービス創造学部准教授

遠藤　健哉（えんどう　たけや）……………第1章・第2章
　　　成城大学社会イノベーション学部教授

小沢　　浩（おざわ　ひろし）………………第10章
　　　名古屋大学大学院経済学研究科教授・博士（経済学）

金田　直之（かねだ　なおゆき）……………第13章
　　　学習院大学経済学部教授・Ph.D.

佐藤　　修（さとう　おさむ）………………第15章
　　　東京経済大学経営学部教授

鈴木　賞子（すずき　しょうこ）……………第7章
　　　成蹊大学常勤講師（前経済学部客員教授）

高橋　昭夫（たかはし　あきお）……………第11章
　　　明治大学商学部教授・博士（商学）

谷口　勇仁（たにぐち　ゆうじん）…………第3章
　　　北海道大学大学院経済学研究科教授・博士（経済学）

野島　美保（のじま　みほ）…………………第16章
　　　成蹊大学経済学部教授・博士（経済学）

福田　康典（ふくた　やすのり）……………第12章
　　　明治大学商学部准教授

山崎由香里（やまざき　ゆかり）……………第6章
　　　成蹊大学経済学部教授

2010年6月15日　初版第1刷発行
2020年3月16日　初版第3刷発行

## 現代経営学再入門
――経営学を学び直すための基礎～最新理論

編著者 ⓒ　手　塚　公　登
　　　　　小　山　明　宏
　　　　　上　田　　　泰
　　　　　米　山　茂　美

発行者　　脇　坂　康　弘

発行所　株式会社 同 友 館
東京都文京区本郷6-16-2（郵便番号113-0033）
TEL 03-3813-3966 FAX 03-3818-2774
URL http://www.doyukan.co.jp/

落丁・乱丁本はお取り替えいたします。　神谷印刷／松村製本所
ISBN978-4-496-04683-4　Printed in Japan